SANDFUCHS / LINK / KLINKHARDT
VERLAG JULIUS KLINKHARDT 1834-2009

VERLAG JULIUS KLINKHARDT
1834-2009
Verlegerisches Handeln zwischen Pädagogik, Politik und Ökonomie

herausgegeben von
Uwe Sandfuchs, Jörg-W. Link und
Andreas Klinkhardt

VERLAG
JULIUS KLINKHARDT
BAD HEILBRUNN • 2009

Bibliografische Information der Deutschen Nationalbibliothek
Die Deutsche Nationalbibliothek verzeichnet diese Publikation in der Deutschen
Nationalbibliografie; detaillierte bibliografische Daten sind im Internet abrufbar über
http://dnb.d-nb.de.

2009.5.Kl. © by Julius Klinkhardt.
Das Werk ist einschließlich aller seiner Teile urheberrechtlich geschützt.
Jede Verwertung außerhalb der engen Grenzen des Urheberrechtsgesetzes ist ohne
Zustimmung des Verlages unzulässig und strafbar. Das gilt insbesondere für Vervielfältigungen,
Übersetzungen, Mikroverfilmungen und die Einspeicherung und Verarbeitung in elektronischen
Systemen.

Druck und Bindung: AZ Druck und Datentechnik, Kempten.
Printed in Germany 2009.
Gedruckt auf chlorfrei gebleichtem alterungsbeständigem Papier.

ISBN 978-3-7815-1834-6

Vorwort 7

I. Der Verlag im 19. Jahrhundert

Über die Anfänge des Verlags Julius Klinkhardt 13
Gerhard Meyer-Willner

Julius Kells Franklin-Biographie bei Klinkhardt (1845)
als Mittel der demokratischen Selbsterziehung im Vormärz 23
Jürgen Overhoff

Friedrich Dittes (1829-1896) und das „Paedagogium" 39
Frank Tosch

II. Die erste Hälfte des zwanzigsten Jahrhunderts

Johannes Kühnel (1869-1928).
Ein Seminar- und Reformpädagoge als Klinkhardt-Autor 57
Uwe Sandfuchs

Die Pädagogik konstituiert sich als universitäres Fach 81
Eva Matthes

Der Verlag als Begleiter sächsischer Schulreformen
im Kaiserreich und in der Weimarer Republik 95
Andreas Pehnke

Publizieren im Erziehungsstaat. Der Verlag Julius Klinkhardt
im Nationalsozialismus im Spiegel seiner Publikationen 109
Jörg-W. Link

III. Nachkriegszeit bis zur Gegenwart

Ein Weg in den Westen.
Der Verlag Julius Klinkhardt in den Jahren 1945-1950 143
Rüdiger Hartmann

Klinkhardts Pädagogische Quellentexte – ein kreativer Prozess 169
Andreas Klinkhardt

Verleger und Wissenschaftler – eine spannungsreiche Beziehung 185
Werner Sacher

Ein Bestseller entsteht ... –
Zum Buch „Pädagogisches Grundwissen" 197
Herbert Gudjons

IV. Verlegen im Netzwerk

Unter Kollegen – Arbeiten in der UTB 211
Volker Hühn

Druckerei und Verlag – eine Partnerschaft im Fluss 217
Reinhard Graf

Der VdS, die Verlage und die Erziehungswissenschaften –
eine Notiz über ein entstandenes Netzwerk 223
Andreas Baer

Vom Buchstaben zum Buch – vom Typoskript zu XML 229
Thomas Tilsner

V. Anhang

Vorbemerkung 239

Firmenchronologie und Auswahlbibliographie 240
Andreas Klinkhardt

Autorenverzeichnis 255

Vorwort

Am 1. Mai 1834 zeigte Friedrich Julius Klinkhardt (1810-1881) der buchhändlerischen Geschäftswelt die Gründung eines eigenen Verlagsgeschäftes in der Leipziger Nikolaistraße 46 an. Seitdem sind 175 Jahre vergangen, und dieses Jubiläum ist der Anlass für die vorliegende Festschrift.
Festschriften haben allerdings ihre Tücken. Festschriften für verdiente Wissenschaftler zum Beispiel sind im Verlagswesen nicht die beliebteste Textsorte. Verleger sind in der Regel nur unter vielen Einschränkungen und nach Berechnung stattlicher Druckkostenzuschüsse bereit, sie in ihr Verlagsprogramm aufzunehmen. Der Markt gibt ihnen später meistens Recht. Nur wenige Festschriften werden über den Wirkungskreis des Geehrten hinaus rezipiert, rezensiert oder gar gekauft.
Anders verhält es sich mit Festschriften zu Firmenjubiläen. Kaum ein Verlag lässt es sich nehmen, circa alle 25 Jahre eine Festschrift zur Feier seiner Jubiläen vorzulegen. Dieser Widerspruch lässt sich gut erklären. Für Verlage ist die Selbstdarstellung in Buchform ein sinnvolles Kommunikationsmittel. Dazu muss sie aber bestimmten Ansprüchen genügen:
Eine Festschrift sollte der Dokumentation der Firmengeschichte als Teil der Wirtschaftsgeschichte eines Landes dienen. Durch den Verlust des Verlagsarchivs durch Bombenschaden 1943 in Leipzig ist eine solche Rekonstruktion für Julius Klinkhardt nicht zu leisten. Der Verlag hätte sie verdient und dafür auch berechtigtes Interesse gefunden.
Festschriften sind Darstellungen unternehmerischen Handelns. Unternehmerpersönlichkeiten gestalten tatkräftig die Geschicke der Firma, nutzen weitsichtig Marktchancen, sorgen sich in sozialer Verantwortung um ihre Mitarbeiter und agieren auch in Krisenzeiten geschickt und umsichtig. Das ist zunächst einmal richtig – ohne Weitsicht und Tatkraft kann kein Unternehmen blühen. Gleichwohl dürfen Widersprüche und Konflikte nicht ausgeblendet und Entscheidungsprozesse verkürzt dargestellt werden. Nur so kann eine Firmenfestschrift öffentliches Interesse finden.
Eine Festschrift eines familiengeführten Unternehmens ist zwangsläufig auch ein Beitrag zur Familiengeschichte; Familien- und Unternehmensgeschichte sind untrennbar verbunden. Die Geschichte der Familie ist jedoch nur für einen sehr engen Kreis von Lesern interessant. Eine offene Darstellung der zuweilen konfliktträchtigen Wechselbeziehung zwischen Familie und Unternehmen kann nicht im Interesse von Unternehmen oder Familie liegen und somit Gegenstand einer Festschrift sein.

Vorwort

Bei der Konzeption dieser Festschrift haben wir nach Inhalten gesucht, die der verlegerischen Leistung von sechs Generationen gerecht werden. Dabei sind wir folgenden Fragen nachgegangen:
– In welchen historischen Umgebungen hat sich der Verlag in seinen 175 Jahren bewegt?
– In welchem Verhältnis stehen bildungshistorische Entwicklungen zur Verlagsgeschichte?
– Welche Rolle kann ein in sechster Generation familiengeführter wissenschaftlicher Verlag heute spielen?
– Was bietet er seinen Autoren an, was ihn von seinem Konkurrenzumfeld abhebt?
– Wie gestaltet sich das Wechselspiel zwischen Tradition und Wandel?

Die Beiträge des ersten Teils diskutieren das Wirken des Verlages und seiner Autoren in ihrem ökonomischen, verlegerischen und vor allem pädagogischen Umfeld. Gerhard Meyer-Willner zeichnet mit seinem Beitrag ein Portrait des Firmengründers und macht deutlich, mit welchen Ansprüchen der Verlag sein Geschäft aufnahm. Jürgen Overhoff zeigt den liberalen Kontext auf, in dem sich der Verlag im Vormärz bewegte. Mit Friedrich Dittes und Johannes Kühnel (Frank Tosch und Uwe Sandfuchs) werden zwei höchst produktive Schulmänner in ihrem bildungshistorischen Umfeld dargestellt, die als Verlagsautoren über viele Jahre hinweg das Verlagsprogramm, das sich überwiegend an Volksschullehrer richtete, prägten.

Eröffnete die Etablierung der Erziehungswissenschaft als universitäre Disziplin zu Beginn des 20. Jahrhunderts (Eva Matthes) ein neues Publikationsfeld, so avancierte der Verlag Julius Klinkhardt parallel dazu auch zum Multiplikator der sächsischen Reformpädagogik (Andreas Pehnke). Jörg-W. Link thematisiert mit seinem Beitrag ein Kapitel der Verlagsgeschichte, das in Festschriften gerne kurz gehalten wird: Auf der Grundlage der Verlagspublikationen sowie mit Blick auf das Verlegerhandeln wird deutlich, wie der Verlag auf die pädagogischen Veränderungen in der NS-Zeit reagierte. Rüdiger Hartmann rekonstruiert mit seinem Beitrag das Ende des Verlages in Leipzig und den Neubeginn in Oberbayern nach dem Zweiten Weltkrieg.

In einem weiteren Teil wird die Verlagstätigkeit in der jüngeren Vergangenheit und der Gegenwart thematisiert. Am Beispiel von Klinkhardts Pädagogischen Quellentexten zeigt Andreas Klinkhardt die langjährige, von Diskussionen, drohendem Scheitern und dialogischen Neuansätzen begleitete Entstehungsgeschichte eines erfolgreichen Verlagssegments auf. Dem hier schon deutlich werdenden Spannungsfeld zwischen Autoren und Verlag widmet sich Werner Sacher unter systematischer und aktueller Perspektive. Herbert Gudjons schließlich zeichnet konkret nach, wie aus einer Publikationsidee letztlich ein pädagogischer Bestseller entstanden ist.

Die Vernetzung des Verlages in der Gegenwart – in seiner Kooperation mit der UTB, den verlegerischen Verbandsaktivitäten ebenso wie in der Auseinandersetzung mit neuen Techniken und veränderten Druckmöglichkeiten – wird schließlich in den Beiträgen von Volker Hühn, Reinhard Graf, Andreas Baer und Thomas Tilsner thematisiert.

Ergänzt werden die Beiträge durch eine kommentierte Auswahlbibliographie und einen chronologischen Abriss der Eckdaten zur Firmengeschichte.

Julius Klinkhardt präsentiert sich heute als renommierter erziehungswissenschaftlicher Verlag. Wir sind der Überzeugung, dass das Konzept des inhabergeführten Familienunternehmens, das die Firma durch die Vergangenheit getragen hat, den Verlag auch für die Zukunft wappnet.

Bei allem verlegerischen Selbstbewußtsein:

Ein Verlag ist wenig ohne seine Geschäftspartner. Wir danken unseren Lieferanten, Dienstleistern, Druckereien und dem Buchhandel, insbesondere Geese Papier, AZ Druck und Datentechnik und der Firma Franz Kraus Druckverarbeitung für ihren besonderen Beitrag zu dieser Festschrift.

Ein Verlag ist nichts ohne seine Autoren. Ihnen möchten wir diese Festschrift widmen – von Johannes Kühnel bis zum Doktoranden, der seine erste Arbeit hergibt. Ihre Manuskripte rechtfertigen den Verlag in seinem wissenschaftlichen Umfeld.

Ein Verleger ist ohne seine Mitarbeiter und ihr Engagement handlungsunfähig. Ihre Leistung ist immer Voraussetzung für das verlegerische Wirken des Verlages, und die von ihnen erbrachte Wirtschaftsleistung rechtfertigt den Verlag in seinem ökonomischen Umfeld. Ihnen möchte der Verleger an erster Stelle danken.

Bad Heilbrunn, im Frühjahr 2009

Uwe Sandfuchs   Jörg-W. Link   Andreas Klinkhardt

I.
Der Verlag im 19. Jahrhundert

1.
Der Verlag im 19. Jahrhundert

Über die Anfänge des Verlags Julius Klinkhardt
Gerhard Meyer-Willner

Der Name Klinkhardt lässt sich urkundlich bis in das Jahr 1437 zurückverfolgen. Vermutlich sind die Klinkhardts aus Mähren in schlesische und sächsische Gebiete eingewandert. Mindestens drei unterschiedliche Linien (Langenbielau, Halbau, Herrnhut) lassen sich nachweisen, wobei die Schreibweise des Familiennamens im Laufe der Jahrhunderte sehr unterschiedlich war. Sie reichte von Klinghart über Klinckart, Klinkardt, Klinckhart, Klinghardt bis zum heutigen Klinkhardt.

Abb. 1: Julius Klinkhardt

Noch 1918 erschienen zum Beispiel *Klinghartsche Familien-Blätter* in zwangloser Folge, die von Martin *Klinghardt* begründet und von Julius *Klinkhardt* in Leipzig gedruckt worden sind, also in dreifach verschiedener Schreibweise des Familiennamens.

Der heute 175 Jahre alte Verlag wurde von Friedrich Julius Klinkhardt (1810-1881) am 1. Mai 1834 gegründet. Sein Vater, der aus der Halbauer Linie stammte und dessen Vorfahren Wirte, Fleischhauer und Landrichter waren, siedelte sich um 1804/05 in Leipzig als Schuhmacher an. Woher der Verlagsgründer, der 1824 eine Buchhändlerlehre begann, 1829 den Gesellenbrief erwarb und 1834 seine Meisterprüfung bestand, das Geld hatte, um als gerade 24jähriger junger Mann eine Sortimentsbuchhandlung zu begründen und zugleich die Verlagsexpedition von J. Sühring zu übernehmen, lässt sich nur vermuten. Vielleicht hatte sein Vater durch die kriegerischen Auseinandersetzungen (z. B. Völkerschlacht bei Leipzig 1813) ausreichend Geld verdient.

14 | Der Verlag im 19. Jahrhundert

Für die Gründung eines solchen Unternehmens, das ja nicht ohne Risiko war, war Leipzig offenbar ein guter Platz. Die dortige Universität (seit 1409) und die Messeprivilegien, die Ende des 15. und zu Beginn des 16. Jahrhunderts erteilt wurden, beförderten u.a. die Entwicklung zu einem bedeutenden Handelszentrum. Auch im Bereich von Kunst und Kultur hatte Leipzig im 18. Jahrhundert europäische Bedeutung erlangt. Neben dem Rauchwaren- und Musikalienhandel traten Buchhandel und Buchdruck immer mehr in den Vordergrund.

So heißt es z. B. in einem Zitat aus dem Jahre 1792 in Rauch (1965, 21):

> *Die wichtigsten unter den Leipziger Fabriken sind unstreitig die Buchdruckereien. Nirgends in Deutschland wird so viel gedruckt wie hier.*

Abb. 2: Geschäftslokal Nikolaistraße

Nicht zuletzt gründete sich dort 1825 der Börsenverein des Deutschen Buchhandels. Zwar hatte der wirtschaftliche Aufschwung nach den napoleonischen Kriegen bei weitem nicht alle Bevölkerungsschichten erfasst, doch für kluge Unternehmer war der Boden bereitet.

Julius Klinkhardt begann 1834 neben dem Sortimentsbuchhandel mit dem Vertrieb von elf disparaten Titeln aus dem übernommenen Verlag. Einige davon seien hier genannt:

- *Handbuch der englischen Handelscorrespondenz*
- *Römisch-juristisches Gesangbuch. Eine kannibalische Witzsünde*
- *Der Liebe Lust und Freuden. Ein Schatzkästlein für Verliebte und Ehelustige*
- *Tafeln der Geschichte des römischen Reiches*
- *Johannes Bugenhagen*
- *Flowers of german poetry*
- *Was haben die Stadträthe Sachsens für die Verbesserung ihrer Gelehrtenschulen gethan*

Neben Klinkhardt wurden in der ersten Hälfte des 19. Jahrhunderts zahlreiche Verlage gegründet, die in der Pädagogik bis heute einen Namen haben bzw. hatten, z. B. Bagel, Dürr, Hirt, Oldenbourg, Schöningh, Schwann, Teubner, Vieweg und Westermann. Sie waren, wie auch Klinkhardt, ursprünglich keineswegs Verlage, die sich ausschließlich der Pädagogik gewidmet haben. So wurden

Über die Anfänge des Verlags Julius Klinkhardt

etwa Westermann vor allem durch seine Kulturzeitschrift Westermanns illustrierte deutsche Monatshefte und Schwann durch religiös orientierte Literatur bekannt.

Im Grunde genommen hatte Klinkhardt schon bei seiner Gründung einige im weiteren Sinne pädagogisch orientierte Titel im Programm. Doch bis zu einem ausschließlich auf die Pädagogik konzentrierten Verlag mit allen relevanten Nebengebieten dieses Bereichs dauerte es noch eine geraume Zeit. Dies lag nicht zuletzt daran, dass sich eine pädagogische Wissenschaft erst zu konstituieren begann und ein Verlag herausfinden musste, auf welchen Gebieten er seine Produkte absetzen konnte.

Einen guten Einblick in die Entwicklung des Verlags geben *Goldene Erinnerungsblätter zum fünfzigjährigen Buchhändlerjubiläum von Julius Klinkhardt*, die von seinen beiden Söhnen Bruno und Robert 1874 in Leipzig herausgegeben wurden.

Hier muss angemerkt werden, dass der Verlag zu diesem Zeitpunkt erst 40 Jahre bestand. Die Zählung der Jahre beginnt offensichtlich 1824 mit dem Eintritt des 14jährigen Julius in die Buchhändlerlehre.

Die Erinnerungsblätter enthalten, von wenigen Ausnahmen abgesehen, alle von Klinkhardt bis 1874 publizierten Titel und wesentliche Verlagsdaten. Nachfolgend wird daraus ohne weitere Quellenangabe zitiert. Ergänzend kann auf einen nicht veröffentlichten Vortrag von Theo Dietrich zum 150. Verlagsjubiläum im Jahre 1984 zurückgegriffen werden.

Die Anzahl der Titel, die Klinkhardt bis in die 1850er Jahre jährlich herausgab, war im Vergleich zu heute relativ bescheiden. Sie bewegte sich im Durchschnitt zwischen drei und 15 Büchern. Auch lässt sich noch kein inhaltliches Konzept ausmachen. Eine Auswahl der Titel bis 1847 mag dies verdeutlichen:

– *Vergangenheit und Zukunft der Philologie* (1835)
– *Über den Einfluss der schönen Künste auf die Religion und den Cultus* (1835)
– *Über das Einstudiren der Composition* (1836)

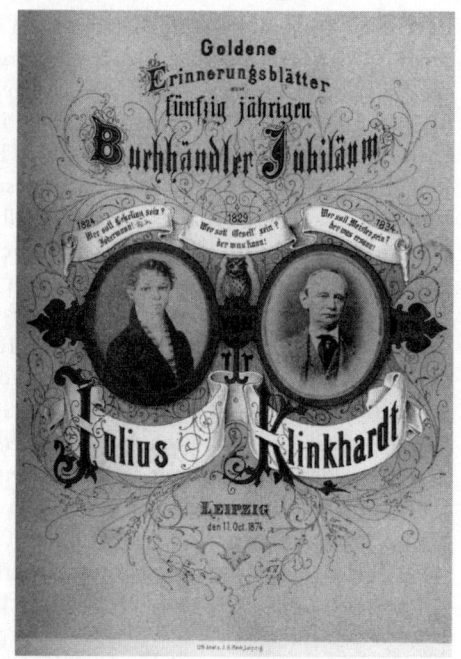

Abb. 3: Titel Goldene Erinnerungsblätter

16 | Der Verlag im 19. Jahrhundert

- *Schriftgemäße Predigtentwürfe über Texte eines vollständigen Kirchenjahres (1837)*
- *Anbau und Behandlung der Runkelrüben (1837)*
- *Das Neue Testament (1837)*
- *Doppelte oder italienische Buchhaltung (1838)*
- *Praktisches Handbuch der englischen Handelscorrespondenz (1838)*
- *Das Leben des Gefühls als des Geistes ursprünglichen Urtheil's (1838)*
- *Practical mercantile correspondence or english commercial letters with german notes (1839)*
- *Ausführliche deutsche Grammatik (1839)*
- *1001 anecdotes faite pour l'amusement et l'instruction (1839)*
- *Collectio confessionum in ecclesiis reformatis publicatorum cum appendix (1840)*
- *Jest-book, or 1001 anecdotes for everybody knowing english (1841)*
- *Deutsche Schulgrammatik (1841)*
- *Trost und Mahnung an Gräbern (1842)*
- *Material zu Stylübungen an Töchterschulen (1842)*
- *Vorschläge und Wünsche für eine Reform des Religionsunterrichts (1843)*
- *Geschichtstafel – Aufgaben aus der Geschichte und Geographie (1843)*
- *Grundlinien der evangelischen Homiletik (1845)*
- *Katharina von Bora, oder Martin Luther als Gatte und Vater (1845)*
- *Die Not der Armen (1845)*
- *Lebensbeschreibung Benjamin Franklins (1845)*
- *Lehrerleben. Eine Schrift für das deutsche Volk und seine Lehrer (1847)*
- *Pädagogisch-diätetische Behandlung Schwach- und Blödsinniger (1847)*

Bei dieser Auswahl der aufgelisteten Titel muss berücksichtigt werden, dass die religiös orientierten Bücher unterrepräsentiert sind. Auffallend ist, dass Titel, die der Belletristik zuzuordnen wären, eigentlich nicht vorkommen, es sei denn, man rechnet die Anekdotensammlungen in englischer und französischer Sprache dazu. Bemerkenswert sind auch einige Publikationen in lateinischer Sprache. Die überwiegende Zahl der Bücher lässt sich der Pädagogik im weiteren Sinne zuordnen. Es handelt sich dabei um Schulbücher, um Bücher für die Berufsausbildung, vor allem im Handelsbereich, aber auch um solche für die Fortbildung von Lehrern. Dennoch bleibt das Konzept zufällig. Es ist weder auf den Bereich der Schulbücher noch auf die Aus- und Fortbildung von Lehrern konzentriert. Auch die reichlich beliebige Auswahl der für Schulen relevanten Wissensgebiete hat sich wohl primär an den Angeboten von Autoren orientiert.

Über die politische Einstellung des Verlagsgründers ist so gut wie nichts bekannt. Somit wird man kaum behaupten können, dass Julius Klinkhardt in der Zeit zwischen 1830 und 1848, als Leipzig ein Zentrum der revolutionären Bewegung war, dieser sehr nahe stand. Aus dem Verlagsprogramm lassen sich höchstens den Schriften *Not der Armen* (1845) und *Lehrerleben* (1847) gesellschaftskritische Aspekte entnehmen. Interessant ist aber in diesem Zusammenhang ein Vorfall, den Westerkamp (1999, 162-163) nach Studien im sächsischen Hauptstaatsarchiv entdeckte. Danach wurde 1847 bei einer Durchsuchung der Geschäftsräume ein Exemplar der schon im November 1846 verbotenen *Deut-*

sche Zeitung ohne Zensur gefunden. Klinkhardt hatte es unterlassen, wie es nach Bekanntgabe durch die oberste Zensurbehörde die Pflicht jedes Buchhändlers war, diese Schrift abzuliefern. So wurde er zur Zahlung von fünf Talern und zur Kostenerstattung des Verfahrens verurteilt. Klinkhardt ersuchte um Erlass der Strafe und der Kostenerstattung, weil er von der Existenz dieses Exemplars nichts gewusst und zur Verbreitung auch nichts beigetragen habe. Die Leipziger Behörden dagegen zweifelten die Glaubwürdigkeit des Buchhändlers an und beschieden sein Gesuch abschlägig.

Julius Klinkhardt hat dieser Vorfall offensichtlich nicht besonders berührt. Vielmehr verstärkte er sein Engagement in der Verlagsproduktion. Ein Zeichen dafür ist die Allgemeine Deutsche Lehrerzeitung, die er seit 1849 herausgab. Ihre Auflage stieg von Jahr zu Jahr und betrug 1874 2300 Exemplare pro Ausgabe. Diese Zeitung vertrat die liberal-revolutionären Ideen der Lehrerschaft der 1848er Jahre, war das am meisten verbreitete Lehrerorgan und trug viel zum Bekanntheitsgrad des Verlags in Deutschland bei, erst recht das intensivierte Engagement im Schulbuchgeschäft seit 1848.

Erstes Schulbuch nach Erfindung des Buchdrucks durch Gutenberg war eine lateinische Grammatik, die Mitte des 15. Jahrhunderts erschienen war. Nachgewiesen sind auch ABC-Büchlein und Fibeln aus dem 16. Jahrhundert. Von großer Bedeutung für die Entwicklung von Schulbüchern war der *Orbis sensualium pictus* des J.A. Comenius von 1568, sowohl ein Sprach- als auch ein Sachbuch, in dem das Wissen über die Realien zur Zeit des 17. Jahrhunderts in lateinischer und deutscher Sprache dargestellt und mit Holzschnitten illustriert worden war. Ab „Mitte des 19. Jahrhunderts kann man von einer Massenproduktion" (Jürgens 2006, 405) von Schulbüchern sprechen; erste Schulbuchverlage wurden aber schon zu Beginn des 19. Jahrhunderts gegründet (vgl. Jürgens 2006, 407). Hierzu haben besonders J.H. Pestalozzi (Tröhler 2003) und F.A.W. Diesterweg (Schütze 2003) beigetragen. Titel stellt fest, dass es auf dem Schulbuchmarkt in den 1840er Jahren zu einer „Takeoff-Phase" gekommen sei und Julius Klinkhardt und Friedrich Brandstetter in Leipzig ihre umfassenden Schulbuchverlage entwickelt hätten (Titel 2002, 80). In der Folge zitiert Titel (2002, 83) den Passus:

> *Vom Jahre 1848 nahm Klinkhardts Verlag eine entschieden pädagogische Richtung an, die ihm speziell durch das in diesem Jahr erfolgte Erscheinen der „Lebensbilder" gegeben wurde. Durch die schnelle und große Verbreitung, welche dieses von den Schuldirektoren Berthelt, Jäkel, Petermann, Thomas und Kell herausgegebene vierteilige Lesebuch in den Volksschulen namentlich Sachsens erlangte, wurde Klinkhardt alsbald zu weiteren und größeren pädagogische Unternehmungen angeregt.*

18 | Der Verlag im 19. Jahrhundert

Schon der erste Titel der genannten Autoren *Lebensbilder I Lese- und Schreibfibel für Elementarschulen* (1848) wurde bis 1874 in der 54. Auflage insgesamt 720.000mal verkauft. Die *Lebensbilder II Lesebuch für Mittelklassen der deutschen Volksschulen* verkauften sich bis 1874 mit 680.000 Exemplaren. Ausführungen zu den Inhalten und zum methodischen Ansatz der Lebensbilder finden sich bei Moderow, der auch auf die Überarbeitung der Bücher und ihre Umbenennung in „Muttersprache" ab 1878 hinweist (Moderow 2002, 274ff.).

Nicht unerwähnt bleiben darf der überwältigende ökonomische Erfolg von *Methodisch-geordnete Aufgaben zum Tafelrechnen* (neun Hefte). Von ihnen wurden bis 1874 2.474.000 Exemplare abgesetzt.

Die Erweiterung des Schulbuchgeschäftes ab 1848 bezog sich auf alle Schularten und fast alle Fächer. Schwerpunktmäßig wurden aber Bücher für die Volksschule und für den Unterricht in der Muttersprache, im Rechnen, in Religion und in Musik verlegt. Für den wissenschaftlichen Bereich gewann Klinkhardt im Jahre 1853 den damals sehr angesehenen Pädagogen Friedrich Dittes. Von ihm wurden die folgenden Bücher publiziert:

Abb. 4: Geschäftshaus Windmühlenstraße

– *Das menschliche Bewußtsein, wie es psychologisch zu erklären und pädagogisch auszubilden sei* (1853)
– *Das Aesthetische nach seinem Grundwesen und seiner pädagogischen Bedeutung* (1854)
– *Ueber die sittliche Freiheit mit besonderer Berücksichtigung der Systeme von Spinoza* (1860)
– *Grundriß der Erziehungs- und Unterrichtslehre* (1868)
– *Geschichte der Erziehung und des Unterrichts* (1870)
– *Methodik der Volksschule* (1874)

Einige weitere Werke von anderen Autoren befassten sich mit der Anthropologie, Psychologie, Logik und der Geschichte der Pädagogik, aber auch mit dem Anschauungsunterricht, und diskutierten neue Methoden zum Erlernen des Lesens und Schreibens. Man kann also davon ausgehen, dass es dem Verleger neben dem wirtschaftlichen Erfolg im Schulbuchgeschäft auch an der Förderung einer wissenschaftlich fundierten Pädagogik gelegen war.

Über die Anfänge des Verlags Julius Klinkhardt

Abb. 5: Geschäftshaus Nürnberger Straße

Die ökonomische Prosperität des Verlages, der seinen ursprünglichen Sortimentsbuchhandel längst verkauft hatte, lässt sich gut an der Entwicklung seit 1860 illustrieren. In diesem Jahr wurde der Leipziger Verlag Mertens mit einem bunten Programm übernommen. Die Titel (z.B. *Taschenbuch der Erbauung, Praktische Anleitung zum Lupinenanbau, Die Wurmkrankheiten des Menschen, Anweisung zum Schlittschuhfahren, Das Dresdner Hoftheater),* die zum nun stark pädagogisch ambitionierten Verlag kaum passten, waren kein Hinderungsgrund. 1861 übernahm Klinkhardt die Leipziger Buch- und Notendruckerei Umlauf und Lüder, 1869 den Leipziger Verlag Mayer und begründete im gleichen Jahr eine eigene Buchbinderei.

1870 traten die Söhne des Gründers, Bruno und Robert, die schon vorher Mitarbeiter gewesen waren, als Teilhaber in das Geschäft ein. 1871 erfolgte die Übernahme der lithographischen Kunstanstalt Bach, der Schriftgießerei Scheiter und des Verlags Gräbner. Klinkhardt wurde auf diese Weise in kurzer Zeit mit seinen später gegründeten Niederlassungen in Wien und Berlin zu einem pädagogischen Verlag von europäischer Bedeutung, der auch in Übersee von anderen Firmen vertreten wurde.

Abb. 6: Bruno und Robert Klinkhardt

Der Verlag im 19. Jahrhundert

1874 beschäftigte Klinkhardt in seinen Abteilungen Verlagsbuchhandlung, Buchdruckerei, Buchbinderei, Schriftgießerei und lithographische Anstalt 226 Personen, 1884 waren es über 600, 1910 etwa 800 (vgl. Rost 1918, 2).

Julius Klinkhardt war, so lässt sich zusammenfassen, ein äußerst erfolgreicher Mann, dem innerhalb von rund 40 Jahren der Aufstieg vom kleinen Buchhändler zu einem der größten europäischen Verleger pädagogischer Literatur gelang. Hierzu haben nicht nur Glück und fachliche bzw. ökonomische Weitsicht beigetragen, sondern auch seine besonderen menschlichen Qualitäten. Wie sein Sohn Bruno beim Gedenken zum 100. Geburtstag seines Vaters sagte (vgl. Klinghartsche Familienblätter 1918, 2), pflegte der Verlagsgründer ein enges persönliches Verhältnis zu den von ihm gewonnenen Autoren, eine gute Tradition, die den Verlag noch heute auszeichnet.

Abb. 7: Geschäftshaus Liebigstraße

Erwähnt sei abschließend, dass Julius Klinkhardt sich auch als Lyriker versucht hat. Laut Rost (1918,2) hat er unter dem Pseudonym Karl Th. Kind 1867 eine Sammlung von Gedichten publiziert, die 1877 als 193seitiger Band unter dem Titel *Gedichte von Julius Klinkhardt* im eigenen Verlag nochmals erschienen ist. Diese Gedichte, in denen er seine Gedanken, Hoffnungen und Empfindungen mitteilt, waren aber ursprünglich nur für seine beiden Töchter und die sieben Söhne gedacht.

Literatur

Dietrich, Th.(1984): ohne Titel, unveröff. Ansprache zum 150jährigen Verlagsjubiläum. o.O.
Jürgens, U. (2006): Lehrwerke. In: Arnold, K.-H. u.a. (Hg.): Handbuch Unterricht. Bad Heilbrunn, 404-413.
Klinkhardt, B. und R. (1874): Goldene Erinnerungsblätter zum fünfzigjährigen Buchhändlerjubiläum von Julius Klinkhardt, Leipzig.
Klinghardt, M. (Hg.) (1918): Klinghartsche Familienblätter. Nr. 4. Leipzig.
Moderow, H.M. (2002): Zu den sächsischen Lesebüchern für die Volksschule 1850-1918. In: Wollersheim, H.W. u.a. (Hg.): Die Rolle von Schulbüchern für Identifikationsprozesse in historischer Perspektive. Leipzig, 217-285.
Rauch, K.(1965) Mein Leipzig lob ich mir. Aus 800 Jahren Leipziger Geschichte. Frankfurt a.M.
Rost, B. (1918): Julius Klinkhardt, ein sächsischer Buchhändler und Dichter. In: Klinghartsche Familienblätter (1918) Leipzig, 2-3. Ursprünglich in: Sachsen-Post vom 20. Juli 1910.
Schütze, S. (2003): Lesefertigkeit und Emanzipation – Didaktische Innovationen zwischen 1835 und 1850 im Spiegel von F.A.W. Diesterwegs „Wegweiser zur Bildung für deutsche Lehrer, mit besonderer Berücksichtigung der Schullesebücher". In: Matthes, E./ Heinze, C. (Hg.): Didaktische Innovationen im Schulbuch, Bad Heilbrunn, 53-77.
Titel, V. (2002): Die Marktsituation des Schulbuchhandels im 19. und frühen 20. Jahrhundert. In: Wollersheim, H.-W. u.a. (Hg.): Die Rolle von Schulbüchern für Identifikationsprozesse in historischer Perspektive, Leipzig, 71-85.
Tröhler, D. (2003): Auswirkungen Pestalozzis auf das Schulbuch. In: Matthes, E./ Heinze, C. (Hg.): Didaktische Innovationen im Schulbuch. Bad Heilbrunn, 33-52.
Westerkamp, D. (1999): Pressefreiheit und Zensur im Sachsen des Vormärz. Baden-Baden.

Julius Kells Franklin-Biographie bei Klinkhardt (1845) als Mittel der demokratischen Selbsterziehung im Vormärz
Jürgen Overhoff

Anfang des Jahres 1845 erschien im Königreich Sachsen im Verlag des Leipziger Buchhändlers Julius Klinkhardt eine politisch brisante Lebensbeschreibung Benjamin Franklins, des erfindungsreichen Naturwissenschaftlers, republikanisch-demokratischen Staatsmannes und Gründervaters der USA (vgl. Kell 1845). Mit dieser Biographie wollte der Autor, Julius Kell, der zu den prominentesten deutschen Lehrern und Schulreformern seiner Zeit zählte, dem Liberalismus im sächsischen Staat eine Lanze brechen. Denn seit der erzkonservative Justizminister Julius Traugott von Könneritz das Amt des leitenden sächsischen Ministers im

Abb. 1: Julius Kell

September 1843 von dem gemäßigten Regierungschef Bernhard August von Lindenau übernommen hatte, war die liberale Bewegung in Sachsen – in einer ihrer deutschen Hochburgen – in arge Bedrängnis geraten: Zeitungen und Bücher wurden wieder mit großer Unnachgiebigkeit zensiert, freisinnige Persönlichkeiten in unerträglicher Weise gegängelt und schikaniert.[1]

---

1 Meine Ausführungen zur Entwicklung von Politik und Gesellschaft des Königreichs Sachsen im Vormärz sind vornehmlich folgenden einschlägigen und grundlegenden Darstellungen verpflichtet: Gerhard Schmidt: Die Staatsreform in Sachsen in der ersten Hälfte des 19. Jahrhunderts. Eine Parallele zu den Steinschen Reformen in Preußen. Weimar 1966; Rolf Weber: Die

Der Verlag im 19. Jahrhundert

Dabei hatten die sächsischen Liberalen bis zum Amtsantritt des neuen Premierministers eine Dekade des kontinuierlichen und ungetrübten Fortschritts erleben dürfen, in der sich ihr Land von einem der politisch rückständigsten Mitglieder des 1815 geschaffenen Deutschen Bundes zu einem der freiheitlichsten deutschen Staaten wandelte. Zwar wurde Sachsen noch bis 1830 von dem greisen König Anton nach gewohnt altständisch-absolutistischen Grundsätzen regiert, während Bayern, Baden, Württemberg und Hessen-Darmstadt sich bereits zwischen 1818 und 1820 fortschrittliche Landesverfassungen gegeben und moderne Volksvertretungen eingerichtet hatten. Als jedoch die Pariser Julirevolution ausbrach und der revolutionäre Funke rasch ganz Europa erfaßte, kam es nicht nur in Belgien, Polen und Italien zu Volksaufständen, sondern auch in den besonders reformbedürftigen deutschen Klein- und Mittelstaaten: Neben dem Königreich Hannover, dem Herzogtum Braunschweig, dem Kurfürstentum Hessen, dem Großherzogtum Hessen und einigen thüringischen Kleinstaaten wurde vor allem das Königreich Sachsen von den politischen Unruhen bis in die Grundfesten erschüttert.

In Leipzig demonstrierten am 2. September 1830 etliche Handwerksgesellen mit Tüchern und Bändern in den Farben der französischen Trikolore. Sie forderten größere politische Mitspracherechte und eine freiheitliche Verfassung auch in Sachsen. In den folgenden Tagen wuchs der Aufruhr weiter an, wobei sich zahlreiche Studenten und Bürger den Handwerkern anschlossen. Am 9. September wurde dann auch die Hauptstadt Dresden vom Aufstand erfaßt: Handwerker und Arbeiter stürmten das Rathaus, demolierten die Räume der verhaßten Polizeibehörde und verbrannten Akten und Inventar auf der Straße. Sogar aus den entlegensten Regionen des Erzgebirges, des Vogtlandes und der Oberlausitz wurden ähnliche Vorgänge gemeldet. Allerorten forderte man jetzt eine größere Beteiligung der Bürgerschaft an den Regierungs- und Verwaltungsgeschäften des sächsischen Staates. Als sich auch zahlreiche höhere Beamte auf die Seite der Aufständischen schlugen, wurde der Übergang vom absoluten zum konstitutionellen Königtum in Sachsen unabweisbar.

Schon am 13. September suchten die Geheimen Räte Sachsens den König Anton in seiner Sommerresidenz in Pillnitz auf und bedrängten ihn, seinen jungen Neffen, den äußerst populären Prinzen Friedrich August, zum Mitregenten zu ernennen. Da der 75jährige König einwilligte und sich bereit erklärte, die

---

Revolution in Sachsen 1848/49. Entwicklung und Analyse ihrer Triebkräfte. Berlin 1970; Günter Jäckel: Dresden zwischen Wiener Kongress und Maiaufstand. Die Elbestadt von 1815 bis 1850. Berlin 1989; Michael Hammer: Volksbewegung und Obrigkeiten. Revolution in Sachsen 1830/31; Jörg Ludwig/Andreas Neemann: Revolution in Sachsen 1848/49. Darstellung und Dokumente. Dresden 1999; Dominik Westerkamp. Pressefreiheit und Zensur im Sachsen des Vormärz. Baden-Baden 1999.

Ausübung seines Amtes nur noch auf die formalen Regierungsgeschäfte zu beschränken, wurde die königliche Gewalt von nun an de facto von Friedrich August ausgeübt. Gleichzeitig wurde der liberale Jurist von Lindenau Sachsens leitender Minister. Schon am 5. Oktober erklärte die neue Regierung in einer öffentlichen Bekanntmachung, daß sie „eingreifende Verbesserungen in der Verfassung und Verwaltung" (Zit. nach Schmidt 1966, S. 106) für notwendig halte und vorbereite.

Diese Versprechungen wurden auch eingelöst. Mit der am 4. September 1831 erlassenen „Constitution, wie sie das sächsische Volk wünscht" (Zit. nach Jäckel 1989, S. 324), trat Sachsen endlich in den sich beständig erweiternden Kreis der deutschen Verfassungsstaaten ein. Die seit dem Spätmittelalter bestehende Institution der Landstände wurde in ein modernes Zweikammerparlament umgewandelt, dessen Abgeordnete wesentliche Mitbestimmungsrechte im Hinblick auf die allgemeine Gesetzgebung und die Staatsführung erhielten. Auf der Grundlage der neuen Konstitution erließ die Regierung überdies eine Reihe grundlegender Reformgesetze, darunter das Gesetz über Ablösungen und Gemeinheitsteilungen vom 17. März 1832, durch welches die noch bestehenden feudalen Abhängigkeitsverhältnisse in der Landwirtschaft beseitigt wurden. Die im selben Jahr verabschiedete neue Städteordnung wies auch den Kommunen eine zeitgemäße bürgerliche Verfassung zu und gewährte den Stadtbewohnern größere Rechte.

Im Gefolge dieser Reformen stellte sich in Sachsen ein erstaunlicher wirtschaftlicher und kultureller Aufschwung ein. So breitete sich die zunehmende Industrialisierung des Königreichs ab Mitte der 1830er Jahre von der Baumwoll- und Wollspinnerei auf das Transportwesen und den Maschinenbau aus. Ein herausragendes Beispiel dieser Aktivitäten war der zwischen 1836 und 1839 erfolgte Bau der Eisenbahnverbindung Leipzig-Dresden, der ersten Ferneisenbahnstrecke auf dem europäischen Kontinent (Vgl. dazu Borchert 1989). Zur Finanzierung der Eisenbahnen, aber auch der Spinnereien, Webereien und Maschinenbaufabriken wurden Aktiengesellschaften gegründet, die das Problem der Kapitalbeschaffung lösten und Privatvermögen für die Industrialisierung nutzten. Auch in der Landwirtschaft kam es infolge der Agrarreformen und der technischen Modernisierung zu einer deutlichen Steigerung der Erträge.

Auf kulturellem Gebiet und im Bildungswesen nahm Sachsen nun ebenfalls eine führende Stellung in Deutschland ein. In der bildenden Kunst gingen von dem Baumeister Gottfried Semper, dem Bildhauer Ernst Rietschel und dem Maler und Illustrator Ludwig Richter wichtige Impulse aus. Das Musikleben konnte mit Robert Schumann, Felix Mendelssohn-Bartholdy und dem Königlich Sächsischen Hofkapellmeister Richard Wagner, dessen Oper „Der fliegende Holländer" am 2. Januar 1843 in Dresden uraufgeführt wurde, sogar internationale Berühmtheiten vorweisen. Die Landesuniversität Leipzig stieg zu einer der bedeutendsten europäischen Hochschulen auf, wo mehr Studenten immatrikuliert waren als an jeder anderen deutschen Universität.

Der zunehmende Bildungshunger wurde in Sachsen durch einen hochentwickelten Zeitschriften- und Büchermarkt gestillt sowie durch unzählige Leihbibliotheken. Auch Lesegesellschaften trugen zur Befriedigung der Leselust bei, wie zum Beispiel der 1841 in Zwickau ins Leben gerufene „Verein zur Verbreitung guter und wohlfeiler Volksschriften", der schon wenige Monate nach seiner Gründung 8700 Mitglieder zählte (Vgl. Ludwig/Neemann 1999, S. 43). Und immer mehr Menschen wurden des Lesens kundig: So sank die Analphabetenquote in Sachsen bis 1841 auf verschwindend geringe 1,2 Prozent (Vgl. Wehler 1987, S. 485). Mit Leipzig stand zudem der wichtigste Buchhandelsplatz im Deutschen Bund zur Verfügung: Mehr als ein Drittel aller deutschen Bücher wurde hier gedruckt. Zu Beginn der 1840er Jahre besaß die Stadt 113 Buchhandlungen, während das sechsmal größere Berlin nur 108 vorweisen konnte, in Wien zählte man lediglich 52 (Vgl. Wittmann 1991, S. 220). Die Zentrale des gesamten deutschen literarischen Schaffens bildete der in der Messestadt ansässige Börsenverein Deutscher Buchhändler.

Getragen wurde dieser beeindruckende gesellschaftliche Aufbruch Sachsens vom liberalen Bürgertum, welches durch die von ihm selbst geschaffenen politischen und kulturellen Institutionen an Zahl und Kraft beständig zunahm. Der erstaunliche Erfolg des Liberalismus führte in Sachsen jedoch nicht zu einer selbstzufriedenen Sattheit der freiheitlich gesinnten Bürger, sondern eher noch zu einer Ausweitung ihres Forderungskataloges. So verlangten die Liberalen von der seit Ende der 1830er Jahre in ihrem Reformeifer erlahmenden Regierung die entschlossene Fortführung der Verwaltungsreformen, eine grundlegende Reform der Gerichtsverfahren sowie eine uneingeschränkte Vereins- und Versammlungsfreiheit. In diesem Zusammenhang knüpften sie auch ein dichtes organisatorisches Netzwerk, das verschiedenste Vereine umfaßte und entsprechende Kommunikationsmöglichkeiten schuf. Unter dem Einfluß dieser neuen politischen Zirkel entstanden nach 1840 etliche liberale Zeitungen unterschiedlichster Akzentuierung.

Auch die Radikalliberalen, die immer unverhohlener mit einer republikanisch-demokratischen Staats- und Gesellschaftsordnung sympathisierten – wie sie in den Vereinigten Staaten von Amerika schon seit sieben Jahrzehnten fest etabliert war –, verfügten mit den seit 1840 erscheinenden „Sächsischen Vaterlandsblättern" über ein einflußreiches Publikationsorgan. Herausgeber und Finanzier der „Vaterlandsblätter" war der Leipziger Theatersekretär Robert Blum. Dieser talentierte Journalist, der schon ernsthaft über eine Auswanderung in die USA, das „gelobte Land der Freiheit" (Zit. nach Zerback 2007, S. 94), nachgedacht

Julius Kells Franklin-Biographie bei Klinkhardt (1845)

hatte, doch nach gründlichem Abwägen ein dauerhaftes politisches Engagement in Deutschland vorzog, zählte zu den populärsten Oppositionspolitikern. Seit 1839 war er die unumstrittende Gallionsfigur der sächsischen Linksliberalen. Ohne Zweifel war es jene von Blum inspirierte Neuausrichtung des immer selbstbewußter auftretenden politischen Liberalismus, die Friedrich August dann im Herbst des Jahres 1843 dazu veranlaßte, den gemäßigten Regierungschef von Lindenau zu entlassen, um ihn durch den sehr viel unnachgiebigeren Justizminister von Könneritz zu ersetzen. Zugleich war dieser Entschluß ein Beleg dafür, daß das Denken und Handeln des Monarchen – der nach dem Tod seines Onkels Anton im Jahr 1836 sächsischer König geworden war – in den jahrelangen Auseinandersetzungen mit den Liberalen immer konservativere Züge bekommen hatte. Gemeinsam mit dem neuen Premierminister setzte König Friedrich August II. eine rigorose Verschärfung der Zensur durch. 1844 mußte Blum als Herausgeber der regierungskritischen „Vaterlandsblätter" sogar eine zweimonatige Haftstrafe verbüßen. Weil Blum aber dem kritischen Journalismus auch nach seiner Freilassung nicht abschwor, wurden seine „Vaterlandsblätter" schließlich zusammen mit vielen anderen liberalen Zeitungen verboten.

Es waren diese bedrückenden Maßnahmen der sächsischen Regierung, die den freisinnigen Pädagogen Julius Kell also zu Beginn des Jahres 1845 dazu bewogen, im Leipziger Klinkhardt-Verlag eine Biographie des amerikanischen Freiheitshelden Benjamin Franklin zu veröffentlichen. Am vorbildlichen Lebensweg des Amerikaners sollten sich die in die Enge getriebenen sächsischen Liberalen orientieren, um wieder frischen Mut zu schöpfen. Schließlich hatte doch auch Franklin in der außerordentlich schwierigen Gründungsphase des mittlerweile so erfolgreichen amerikanischen Freistaates etliche Rückschläge hinnehmen müssen. Mehr als einmal hatte er geglaubt, mit seinen politischen Vorstellungen auf der ganzen Linie gescheitert zu sein, bis seine langgehegte Vision einer demokratischen Republik als Ergebnis einer von ihm selbst angeführten revolutionären Erhebung dauerhaft verwirklicht werden konnte. Für den sächsischen Schulmann Kell war der Amerikaner also das Musterbeispiel eines demokratischen Politikers mit unverrückbaren republikanischen Prinzipien und einem bemerkenswert langen Atem.

Daß Kell sich einmal so sehr für einen unerschrockenen amerikanischen Rebellen begeistern würde, war zum Zeitpunkt seiner Geburt keineswegs zu erwarten gewesen. Denn das Licht der Welt erblickte er am 2. Mai 1813 im erzgebirgischen Pappendorf nahe der Stadt Hainichen als Kind des lutherischen Pfarrers Karl Ludwig Kell, der den Unterricht seines Erstgeborenen zunächst selbst besorgte, um ihn, laut eigener Aussage, zu einem schlichten Leben in christlicher

„Demut" und „Einfachheit" zu erziehen.[2] Erst als 1821 auch der dritte Sohn des Pfarrers schulfähig wurde, stellte der Vater einen versierten Hauslehrer an, dessen ausgewiesenes Ziel es war, die Brüder gemeinsam auf den Besuch des Gymnasiums vorzubereiten.

Zu Ostern 1827 kam Julius Kell als erster Sohn des Pappendorfer Pastors auf die traditionsreiche Dresdener Kreuzschule. Hier erwarb er nicht nur eine umfassende Gymnasialbildung, sondern zeichnete sich – wie vielfach bezeugt wurde – vor seinen Lehrern und Mitschülern durch eine große „Offenheit", „Herzensgüte" und „Lebendigkeit" aus (Zille 1850, S. 4). Nachdem er die Kreuzschule dann im April 1832 mit einem vorzüglichen Abschlußzeugnis verlassen konnte, bezog er umgehend die Universität Leipzig, wo er sich für das Studium der Theologie entschied. Genau wie sein Vater wollte Kell nämlich in seinem zukünftigen Berufsleben „Menschen für das Himmelreich gewinnen und erziehen" (ebd.).

Doch die erregenden revolutionären Ereignisse, die seit der Pariser Staatsumwälzung vom Sommer 1830 ganz Europa aufwühlten und auch Sachsen in den Strudel der großen gesellschaftlichen Veränderungen hineinzogen, weckten bei Kell daneben ganz handfeste politische Interessen. Insbesondere der unglückliche Ausgang des polnischen Aufstandes gegen die russische Herrschaft berührte den mitfühlenden Kell ganz unmittelbar. Denn im Verlauf des Jahres 1831 machten sich tausende von polnischen Exilanten auf den Weg nach Sachsen, wo zugunsten dieser zumeist mittellosen Freiheitskämpfer zahlreiche Unterstützungsvereine gegründet wurden. Auf der ersten deutschen republikanischen Massenversammlung, dem Hambacher Fest, das Ende Mai 1832 mit rund 30.000 freiheitsbegeisterten Teilnehmern in der Pfalz gefeiert wurde, wehten polnische Fahnen gemeinsam mit der schwarz-rot-goldenen Flagge im Frühlingswind (Vgl. dazu Kermann/Nestler/Schiffmann 2006). Kurz darauf trat auch Kell einem liberalen Leipziger Studentenbund bei, der den in Verbindung mit der deutschen Trikolore bedeutungsvollen Namen „Utopien" führte und sich in gleicher Weise für Sachsens, Deutschlands, Polens, ja ganz Europas Freiheit einsetzte.

Um sich über die höchst unterschiedlichen politischen Realitäten und Verfassungen der europäischen Staaten aus eigener Anschauung zu unterrichten, reiste Kell nach Abschluß seiner Studien im Sommer 1836 mit einem seiner Brüder von Sachsen durch Bayern, Württemberg, Baden, die Schweiz und das Elsaß bis in die europäische Revolutionsmetropole Paris. Erst nach fünfmonatiger Wan-

---

2 Zit. nach Zille 1850, S. 4. Zilles biographischer Abriß ist bis auf den heutigen Tag die kenntnisreichste Lebensbeschreibung des Pädagogen Kell geblieben. Seiner Darstellung sind auch meine Ausführungen verpflichtet. Moderne Beschreibungen von Kells Lebensweg fehlen ganz. Lediglich folgender älterer Beitrag bietet noch einige weitere verläßliche Informationen zu Kells Lebensgang: Alfred Leuschke: Julius Kell, in: Die deutsche Schule (1913), S. 282-284.

derschaft kehrte er wieder in die Heimat zurück. Hier bewarb er sich rasch und mit Erfolg um die soeben freigewordene Stelle des Rektors der Stadtschule zu Kirchberg bei Zwickau. Nach einem ungewöhnlich zügigen Berufungsverfahren konnte er sein neues Amt schon am 6. November 1836 antreten. Dank seiner neuen und gut dotierten Anstellung wurde es ihm überdies möglich, einen eigenen Hausstand zu gründen: Im Frühjahr 1838 heiratete er seine Jugendliebe, die erzgebirgische Pfarrerstochter Minna Preußer. Aus dieser ehelichen Verbindung gingen vier Kinder hervor.

Wiewohl Kell ja ursprünglich das Pfarramt angestrebt hatte und noch nach seinem Umzug nach Kirchberg mit dem Gedanken spielte, bei passender Gelegenheit eine vakante Pfarrstelle zu übernehmen, wurde die Schule für ihn je länger je mehr ein Betätigungsfeld, auf dem er mit großer Begeisterung arbeitete. Vor allem der Religionsunterricht lag ihm am Herzen, weil er der religiösen Unterweisung von Kindern und Jugendlichen nun einen weitaus höheren Stellenwert – und eine nachhaltigere Wirkung – zuschrieb als der seelsorgerischen Begleitung von Erwachsenen. So suchte er die ihm anvertrauten Schüler für eine weitherzige, lebendige und tatkräftige Frömmigkeit zu gewinnen, die sich in erster Linie der Beförderung des Gemeinwohls in einer freiheitlichen Gesellschaft verschrieb. Zugleich warnte er eindringlich vor den Gefahren eines gehässigen Religionseifers oder eines rechthaberischen Dogmatismus. Weiterhin befand Kell, daß Kindern in jedem Fall ein *vernunft*geleiteter Begriff von Religiosität vermittelt werden mußte, um sie in die Lage zu versetzen, religiöse Wahrheiten eigenständig, selbstdenkend und mit freiem Gewissen zu beurteilen. Vehement wandte er sich deshalb gegen jenen noch immer an zu vielen Schulen praktizierten Religionsunterricht, in dem Schüler in kritikloser Unterwürfigkeit an die Untrüglichkeit des eigenen Bekenntnisses glauben mußten.

Schon bald war Kell so sehr von der Bedeutung und befreienden Kraft seines liberalen Religionsunterrichts überzeugt, daß er mit Beginn der 1840er Jahre ein neues Lehrbuch für die religiöse Unterweisung in der Schule konzipierte, in welchem er vernunftbetonten Erzählungen moralischen Inhaltes den Vorrang vor dogmatischen Lehrsätzen der Kirche einräumte. Da Kell daneben auch für den „Zwickauer Verein zur Verbreitung guter und wohlfeiler Volksschriften" kleinere moralische Erzählungen verfaßte, die sich schnell großer Beliebtheit erfreuten, wurde auch der Verleger Julius Klinkhardt, der sich beständig nach neuen schriftstellerischen Talenten umsah, auf den Kirchberger Rektor aufmerksam. Nach einer ersten Kontaktaufnahme bot er Kell an, dessen neues Unterrichtswerk zu verlegen. Kell willigte ein. So konnte sein neues „Lehrbuch für den gesammten Religionsunterricht" schon 1842 bei Klinkhardt in Leipzig erscheinen (Vgl. Klinkhardt/Klinkhardt 1874, S. 5).[3]

---

3 Vgl. Robert Klinkhardt/Bruno Klinkhardt (Hg.): Goldene Erinnerungsblätter zum fünfzig-

Der Verlag im 19. Jahrhundert

Was den Leipziger Buchhändler dazu bewog, das Buch des jungen Kirchberger Pädagogen in sein Verlagsprogramm aufzunehmen, war nicht allein die Aussicht auf wirtschaftlichen Erfolg: Vielmehr war es das in Kells Texten zum Ausdruck kommende freiheitliche Denken, dem sich auch der Verleger zutiefst verpflichtet fühlte. Zu Beginn der 1830er Jahre hatte sich Klinkhardt sogar selbst als Gelegenheitsdichter betätigt und mehrere „Polenlieder" verfaßt, in denen er nicht nur seine Sympathie für die polnischen Freiheitskämpfer in wohlgesetzten Versen zum Ausdruck brachte, sondern „Freiheit" und „unabhäng'ges Leben" als „ew'ge Rechte" der „Menschen" und „Bürger" *aller* europäischen Nationen pries (Klinkhardt 1831, S. 49 u. 121). Somit fand bei ihm jeder Versuch, der darauf abzielte, in Schule und Gesellschaft einen immer größeren Freiheitsgeist zu wecken, vorbehaltlose Unterstützung.

1843 kamen Kell und Klinkhardt dann überein, einen möglichst präzisen Vorschlag für die Reform des gesamten sächsischen Religionsunterrichtes zu erarbeiten, der dem Dresdener Landtag schließlich in Form einer Petition überreicht werden sollte. Die daraufhin von Kell verfaßten „Vorschläge und Wünsche über eine Reform des Religionsunterrichts", die Klinkhardt noch im selben Jahr verlegte, riefen ein großes Echo hervor. Vor allem Kells Forderung nach einer strikten Trennung von Kirche und Schule wurde von den immer besser organisierten Lehrern nicht nur Sachsens, sondern des gesamten Deutschen Bundes gelesen und diskutiert.

Großes Lob spendete Kell auch der Direktor des preußischen Seminars für Stadtschullehrer in Berlin, Adolph Diesterweg, der sich zu diesem Zeitpunkt bereits in ganz Deutschland durch ein bemerkenswertes pädagogisches Engagement hervorgetan und dabei einen ausgezeichneten Ruf erworben hatte. In den von ihm selbst herausgegebenen „Rheinischen Blättern für Erziehung und Unterricht" bekannte Diesterweg: „Herr Kell verdient sämtlicher sächsischen und deutschen Lehrer Dank" (Diesterweg 1964, S. 153). Da ja außer in Sachsen auch in den anderen Mitgliedsstaaten des Deutschen Bundes die jeweiligen Aufgabenbereiche der Kultusministerien und der Unterrichtsministerien strikt voneinander geschieden werden müßten, habe dieser Schulmann mit seinen Vorschlägen „die Sache aller zu der seinigen gemacht" (ebd., S. 149). Überdies habe er das von der großen Mehrzahl der deutschen Lehrer artikulierte „Verlangen nach freierer Tätigkeit, größerer Selbständigkeit" mit besonderer „Sachkenntnis" und in herausragender schriftstellerischer „Darstellung" auf den Punkt gebracht (ebd., S. 152). So schloß Diesterweg seine Besprechung von Kells Vorschlägen mit den anerkennenden Worten: „Unserer Hochachtung halte er sich versichert" (ebd., S. 153).

---

jährigen Buchhändler-Jubiläum von Julius Klinkhardt (1824-1874). Leipzig 1874, S. 5.

Julius Kells Franklin-Biographie bei Klinkhardt (1845)

Ganz und gar nicht erbaut von Kells Gedankengängen zeigte sich hingegen die neue sächsische Regierung unter der Leitung des Premierministers von Könneritz, dessen Kurs Sachsen geradewegs zurück in die Vergangenheit führte: Jeder Winkel des Landes wurde nun wieder nach Freunden der Freiheit und des Fortschritts durchstöbert. Auch Kell, der seit 1844 zusätzlich zu seinen anderen Verpflichtungen die „Sächsische Schulzeitung" herausgab, geriet unter massiven Druck. Kaum hatte er die ersten kritischen Anmerkungen über das sächsische Schulwesen veröffentlicht, sollte er auf Verlangen der Regierung wieder aus der Redaktion des Blattes entfernt werden (Vgl. dazu Zille 1850, S. 6). Zwar wußte er durch einige stilistisch meisterhafte Besprechungen dieser Angelegenheit so sehr die öffentliche Meinung für sich zu gewinnen, daß er die Redaktionsleitung letztlich doch behalten konnte. Doch wußte er spätestens jetzt sehr genau, wie prekär die Situation für freisinnige Geister in Sachsen geworden war. Es bedurfte nun immer geschickterer literarischer Strategien, um als Autor im Kampf um die Beibehaltung der 1830/31 so mühsam errungenen Bürgerrechte bestehen zu können.

In diesem Zusammenhang verfiel Kell nun auf die gewiefte Idee, eine Franklin-Biographie zu publizieren. Den Verleger Klinkhardt konnte er sehr schnell für dieses Vorhaben gewinnen, weil der belesene und geschichtskundige Mann genau wußte, daß der Amerikaner einerseits ein auch von Konservativen bewundertes Genie der neueren Wissenschaftsgeschichte war, dessen große Kenntnisse auf den Gebieten der Elektrizität und Physik jeden gebildeten Leser fesselten. Schon Goethe und Herder hatten Franklin, den respektgebietenden Erfinder des Blitzableiters, wegen seiner „tiefen Einsicht" in die Zusammenhänge der Natur als einen der „Lieblinge" ihres Jahrhunderts gefeiert (Vgl. Overhoff 2006, S. 14). Kell und Klinkhardt konnten also sehr wohl davon ausgehen, daß die Veröffentlichung einer Franklin-Biographie bei den sächsischen Zensoren keinen Anstoß erregen würde. Andererseits aber war Franklin als Politiker so beharrlich wie nur wenige andere Menschen für die Errichtung einer selbstbewußten, freiheitlichen Bürgergesellschaft eingetreten. Sein packend geschilderter Lebensgang mußte demnach großen Eindruck auf jeden deutschen Freiheitskämpfer machen.

Aus eben diesem Grunde hatte ja bereits Georg Forster, der Mitbegründer der Mainzer Republik von 1793, über Franklin geschrieben: „So lange das Menschengeschlecht der Macht des Beispiels bedarf wird dieser Mann leben und wirken" (Vgl. ebd., S. 303) Und genau deshalb hatte auch der philanthropische Pädagoge Christian Gotthilf Salzmann für die von ihm selbst herausgegebene Zeitschrift „Der Bote aus Thüringen" eine längere Darstellung von Franklins Leben und Wirken verfaßt, in der er 1798 – acht Jahre nach Franklins Tod – hervorhob, daß die politischen Aktivitäten des Amerikaners auch für Deutsche vorbildlich blieben (Vgl. Overhoff 2008). Seither wurden in den verschiedensten volksaufklärerischen Kalenderschriften der einzelnen deutschen Länder immer neuere literarische Skizzen veröffentlicht, die an Franklins Lebensweg erinnerten. Erst 1843 war im Stuttgarter „Volksboten für das Jahr 1844" wieder eine solche, nur fünfzehn Seiten umfassende Beschreibung von Franklins politischem Werdegang erschienen (Vgl. Andree 1843).

Kells Absicht war es nun, möglichst rasch eine sehr viel umfangreichere und gut recherchierte Franklin-Biographie vorzulegen, die den Freiheitskampf des Amerikaners unter Bezug auf die aktuellen Geschehnisse in Sachsen erzählen sollte. Dabei war ihm durchaus bewußt, daß die brisantesten Anspielungen auf zeitgenössische Zustände selbstredend nur zwischen den Zeilen zu finden sein durften. Schon im Januar 1845 konnte er seine sechs Monate zuvor begonnene Niederschrift der Biographie vollenden. Gedruckt und gebunden erschien Kells Franklin-Buch dann pünktlich zur Leipziger Ostermesse desselben Jahres im Verlag von Julius Klinkhardt unter dem Titel: „Lebensbeschreibung Benjamin Franklin's, des thatkräftigen Mannes und freisinnigen Volksfreundes. Eine Volksschrift zur Beförderung edler Menschlichkeit, tüchtigen Bürgersinnes und uneigennütziger Vaterlandsliebe".

Kell schilderte in seiner Lebensbeschreibung des Amerikaners zunächst in aller Ausführlichkeit dessen ärmliche Kindheit. Er wies darauf hin, wie der 1706 geborene Franklin sich als fünfzehntes Kind eines schlichten Seifensieders nur aus eigener Anstrengung und mit eisernem Willen zum Buchdrucker, Zeitungsverleger, geschätzten Abgeordneten des Kolonialparlaments von Pennsylvania und eben auch zum herausragenden Naturwissenschaftler emporgearbeitet hatte, ohne je eine ordentliche Schule durchlaufen zu haben. Allein durch seine bewunderungswürdige „Lernbegierde" und „seinen unermüdlichen Fleiß" habe dieser außergewöhnliche Autodidakt vermocht, die Geheimnisse der Elektrizität zu entschlüsseln (Kell 1845, S. 165). Ausschließlich im Selbststudium habe er den Nachweis erbracht, daß Blitze elektrischer Natur waren und daß die Entladung dieser Elektrizität durch zugespitzte Metallstäbe künstlich herbeigeführt und somit gelenkt werden konnte. Dank dieser Entdeckung verfüge die gesamte Menschheit nun über ein einfaches und doch probates Mittel zur Bändigung einer der bedrohlichsten Naturerscheinungen. Dadurch, daß Franklin in so faszinierender Weise gezeigt habe, welche Leistungen auch ein Autodidakt erbringen kann, sei sein Leben zu einer einzigartigen „Schule für die Nachwelt geworden" (ebd., S. 166). Denn von dem Amerikaner, so Kell, könne jeder Mensch, ob jung oder alt, „lernen, wie man Etwas wird, – wie man in den drückendsten Verhältnissen Etwas werden kann; wie man die größten Schwierigkeiten überwindet!" (ebd.).

Deswegen, so Kell weiter, bleibe Franklin auch jedem politisch ambitionierten „Staatsbürger ein lehrreiches Vorbild", insbesondere dem freiheitlich gesinnten Bürger, und zwar „in allen Ländern, unter allen Menschen" (Kell 1845, S. 167). Im zwischen 1775 und 1781 ausgefochtenen Unabhängigkeitskrieg der Amerikaner gegen die Briten habe „der edle Republikaner" (ebd., S. 153) Franklin nämlich nicht allein für die nationale Eigenständigkeit seiner Landsleute gestritten, sondern für universal gültige politische Prinzipien einer liberalen Gesellschaftsordnung. So habe er eine ganz neuartige „Staatseinrichtung" mitbegründet, in der die Regierenden „ihre gerechte Macht von der Zustimmung" des Volkes „ableiten" (ebd., S. 152). Deshalb heiße es ja auch in der von Franklin redigierten amerikanischen Unabhängigkeitserklärung von 1776, „daß, wenn irgendeine Form der Staatsregierung diese Zwecke vereitelt, das Volk ein Recht hat, sie zu ändern oder abzuschaffen und eine neue einzuführen, welche auf solche Grundsätze gebaut ist, und ihre Macht so fördert" (ebd., S. 143).
Dieser Hinweis auf das nicht nur in Amerika gültige Prinzip der Volkssouveränität barg so viel politischen Zündstoff, daß Kell in seiner Franklin-Biographie davon absah, zuviele Details über den revolutionären Charakter des amerikanischen Freiheitskampfes auszubreiten. Indem er aber zugleich durchgängig von „unserm Franklin" (Vgl. z.B. ebd., S. IV) sprach, machte er deutlich genug, daß sich auch die Sachsen mit den Zielen dieses amerikanischen Staatsmannes identifizieren konnten und sollten. Zwar spürten die „Bürger unseres Sächsischen Vaterlandes" schon seit 1831, so Kell, „wie viel wir als constitutionelle Staatsbürger von dem, was Franklin für sein Volk erkämpfte", durch „eine freie Verfassung" ja immerhin „bereits besitzen!" (ebd., S. VII). Doch dürften die sächsischen Bürger in ihrer Liebe zu „gesetzmäßiger Freiheit" (ebd., S. VI). nicht nachlassen. Eher müßten sie dafür Sorge tragen, daß die Verhältnisse noch „besser werden" (ebd.). Gerade „in einer Zeit wie der unsrigen", wie Kell unter klarer Anspielung auf den reaktionären Kurs der Könneritz-Regierung hervorhob, in der „das öffentliche Leben [...] dringender als je des Einzelnen Kraft in Anspruch nimmt", könne man „unserm Volke" kein „beßres Beispiel" vor Augen führen, „als das des großen Amerikaners" (Kell 1845, S. V). Denn wie kaum ein anderer Mensch habe Franklin vorgelebt, daß man auch auf politischem Gebiet „sein eigener Erzieher" (ebd., S. 165) sein könne und müsse. Folglich war die Lektüre einer gut geschriebenen Franklin-Biographie in Kells Augen ein besonders geeignetes Mittel zur dringend erwünschten demokratischen Selbsterziehung seiner Landsleute.
Trugen Kells wohlüberlegte Aktivitäten zur Beförderung eines liberalen Denkens und einer freiheitlichen Gesellschaftsordnung die erwünschten Früchte? Zumindest setzte seine Franklin-Biographie einen neuen Standard: Auch in anderen deutschen Staaten erschienen nun umfassende Lebensbeschreibungen

des Amerikaners, in denen die Verfasser auf die nun auch dort immer ähnlicher und bedrückender werdende politische Situation eingingen (Vgl. Overhoff 2007, S. 86). Alle diese Franklin-Biographien des Vormärz trugen dazu bei, daß die Liberalen und Demokraten ihren Kampf für größere Freiheitsrechte immer stärker als gesamtdeutsches Anliegen begriffen. Nur eine Verfassungsreform des Deutschen Bundes schien ihren gemeinsamen Zielen jetzt noch zum Erfolg verhelfen zu können.

Der Zeitpunkt zur Verwirklichung dieses ehrgeizigen Projektes schien gekommen, als im Februar 1848 der französische König Louis Philippe gestürzt wurde und die Franzosen sich einmal mehr daran machten, eine Republik zu errichten. Abermals sprang der in Frankreich gezündete Funke der Revolution auf zahlreiche europäische Staaten über, darunter auch Deutschland. Anders als 1830 gingen diesmal wirklich alle Deutschen auf die Barrikaden, um sowohl in den einzelnen deutschen Ländern als auch im Bund insgesamt einen freiheitlichen und föderalen Verfassungsstaat zu erkämpfen. Schon im März 1848 wurde eine Versammlung von Volksvertretern aus allen deutschen Staaten nach Frankfurt einberufen; bereits im Mai desselben Jahres trat ebendort die deutsche Nationalversammlung zusammen, die eine neue deutsche Reichsverfassung ausarbeiten sollte.

Doch dieser hoffnungsvolle politische Aufbruch versandete bereits im Herbst 1848, als sich die gegenrevolutionären Kräfte immer effektiver zu formieren begannen. Nach der am 9. November 1848 vom österreichischen Feldmarschall Alfred Fürst zu Windischgrätz betriebenen widerrechtlichen Erschießung des Leipziger Abgeordneten Robert Blum, der einer der führenden Frankfurter Parlamentarier gewesen war, gerieten die bestürzten deutschen Demokraten immer stärker in die Defensive. Zunehmend verbittert über das Wiederanwachsen der konservativen Kräfte zeigte sich auch Blums Landsmann Julius Kell, der Ende 1848 in den Dresdener Landtag gewählt wurde, wo er als Mitglied des Schulausschusses zumindest sein Herzensanliegen, die Reform des sächsischen Schulwesens, weiter vorantreiben wollte. Die gezielte Hinhaltetaktik der Regierung brachte ihn jedoch so sehr in Rage, daß er in einer besonders hitzig geführten Debatte schließlich seinen Unwillen äußerte, die Darlegungen der leitenden Minister überhaupt noch weiter mitanzuhören: In später berühmt gewordenen Worten rief er am 12. Februar 1849 im sächsischen Landtag aus, daß er die Beweggründe für das Handeln der Regierung zwar nicht kenne, daß sie ihm aber ohnehin gleichgültig seien, weil er sie in jedem Fall mißbillige (Vgl. Neemann 1998, S. 172).

Als der sächsische Monarch dann am 28. April 1849 den Landtag auflöste, griffen die Dresdener Bürger entschlossen zu den Waffen. Auch Kell schlug sich auf die Seite der Barrikadenkämpfer. Tatsächlich mußte König Friedrich August II.

vorübergehend in die sächsische Schweiz auf die Festung Königstein fliehen, doch schlugen die mit ihm verbündeten preußischen Truppen den Dresdener Aufstand schon am 5. Mai blutig nieder. Diese Machtdemonstration des preußischen Militärs traumatisierte die meisten Sachsen zutiefst. Zu den bleibenden Preußenverehrern des Landes gehörte allerdings der spätere Reiseschriftsteller und Lehrer Karl May, der sich im Mai 1849 in seiner erzgebirgischen Heimat über den Sieg der preußischen Truppen hocherfreut zeigte, weil sie seines Erachtens wieder für Ruhe und Ordnung gesorgt hatten (May 1910, S. 71). Später ließ May sogar in seiner fiktiven Reiseerzählung „Winnetou I" unter dem Namen „Klekih-petra" einen bußfertigen Achtundvierziger auftreten, einen ehemaligen Gymnasiallehrer, der nach dem Scheitern des von ihm mitgetragenen Volksaufstandes nach Amerika ausgewandert war, wo er nach erfolgter Reue über seine revolutionären Verfehlungen Indianer zum christlichen Glauben bekehrte (May 1892, S. 120ff.) Dem Lehrer und Politiker Julius Kell blieben solche bizarren Gedankengänge allerdings fremd. Wie die Mehrheit seiner sächsischen Landsleute erlebte er das Scheitern seiner demokratischen Träume als Katastrophe. Und er sollte sich vom schrecklichen Ausgang des Dresdener Maiaufstandes nicht mehr erholen: Am 28. Mai 1849 starb er, erst 36jährig, an den Folgen einer schweren Kehlkopfentzündung, die er sich in den stürmischen Revolutionstagen als Folge der permanenten Überanstrengung seiner Stimme zugezogen hatte (Zille 1850, S. 9).

Kell verschied als körperlich und seelisch gebrochener Mann, doch war sein permanentes Eintreten für die Freiheit von Schule und Gesellschaft deswegen nicht vergebens gewesen. Schon 1850 hieß es in der „Sächsischen Schulzeitung" in einem Nachruf auf Kell: „[S]ein Geist wirkt fort in seinen Schriften und in allen [...], die gleich ihm wirken für [...] eine selbständige, neubelebte Schule" (ebd.). Und in einem Gedenkartikel zu Kells 100. Geburtstag bezeichnete Alfred Leuschke den mutigen Reformer noch im Jahr 1913 in der Zeitschrift „Die deutsche Schule" als „sächsische[n] Diesterweg", weil er die Lehrerschaft Sachsens in einem entscheidenden historischen Moment dauerhaft „aus ihrem Schlafe aufrüttelte und durch sein temperamentvolles Wesen für die Sache der Volksschule und Volksbildung zu begeistern wußte" (Leuschke 1913, S. 282). Auch wenn Kell heute sehr viel weniger bekannt sein dürfte als noch zu Beginn des 20. Jahrhunderts, bleibt er doch eine bedeutende Gestalt der deutschen Bildungsgeschichte. Sein pädagogisches und politisches Wirken im Kontext von Vormärz und achtundvierziger Revolution weiter zu erforschen, wäre für die historische Bildungsforschung demnach eine äußerst lohnende Aufgabe und trüge – wie die Beschäftigung mit dem Leben von Kells leuchtendem Vorbild Franklin – zu unserer fortlaufenden demokratischen Selbsterziehung und Selbstvergewisserung bei.

Der Verlag im 19. Jahrhundert

Quellen und Literatur

Gedruckte Quellen

Andree, Karl Theodor: Benjamin Franklin, in: Der Volksbote für das Jahr 1844. Stuttgart 1843, S. 24-39.
Diesterweg, Friedrich Adolph: Sämtliche Werke, Bd. 7, hg. v. Heinrich Deiters. Berlin 1964.
Kell, Julius: Lehrbuch für den gesammten Religionsunterricht. Leipzig 1842.
Kell, Julius: Vorschläge und Wünsche über eine Reform des Religionsunterrichts. Leipzig 1843.
Kell, Julius: Lebensbeschreibung Benjamin Franklin's, des thatkräftigen Mannes und freisinnigen Volksfreundes. Eine Volksschrift zur Beförderung edler Menschlichkeit, tüchtigen Bürgersinnes und uneigennütziger Vaterlandsliebe. Leipzig 1845.
Klinkhardt, Julius: An die Polen/Die polnischen Auswanderer [1831], in: Kozielek, Gerard (Hg.): Polenlieder. Eine Anthologie. Stuttgart 1982, S. 49 u. S. 121.
Klinkhardt, Robert/Klinkhardt, Bruno (Hg.): Goldene Erinnerungsblätter zum fünfzigjährigen Buchhändler-Jubiläum von Julius Klinkhardt (1824-1874). Leipzig 1874.
Karl May: Mein Leben und Streben – Text nach der Erstausgabe von 1910, in: E.A. Schmid/Roland Schmid/Lothar Schmid (Hg.): „Ich". Karl Mays Leben und Werk. Bamberg/Radebeul 1992, S. 71.
Karl May: Winnetou. Erster Band [1892], Bamberg 1951.
Zille, Moritz Alexander: Karl Julius Kell. Ein Kämpfer für die deutsche Schule [Abdruck aus der „Sächsischen Schulzeitung" vom 6. Januar 1850]. Weißenfels 1913.

Literatur

Borchert, Fritz (Hg.): Die Leipzig-Dresdner Eisenbahn. Anfänge und Gegenwart einer 150jährigen. Berlin 1989.
Hammer, Michael: Volksbewegung und Obrigkeiten. Revolution in Sachsen 1830/31.
Jäckel, Günter: Dresden zwischen Wiener Kongress und Maiaufstand. Die Elbestadt von 1815 bis 1850. Berlin 1989.
Kermann, Joachim/Nestler, Gerhard/Schiffmann, Dieter (Hg.): Freiheit, Einheit und Europa. Das Hambacher Fest von 1832. Ursachen, Ziele, Wirkungen. Ludwigshafen 2006.
Leuschke, Alfred: Julius Kell, in: Die deutsche Schule (1913), S. 282-284.
Ludwig, Jörg/Neemann, Andreas: Revolution in Sachsen 1848/49. Darstellung und Dokumente. Dresden 1999.
Andreas Neemann: Kontinuitäten und Brüche aus einzelstaatlicher Perspektive. Politische Milieus in Sachsen 1848-1850, in: Christian Jansen/Thomas Mergel (Hg.): Die Revolutionen von 1848/49. Erfahrung-Verarbeitung-Deutung. Göttingen 1998, S. 172-189.
Overhoff, Jürgen: Benjamin Franklin. Erfinder, Freigeist, Staatenlenker. Stuttgart 2006.
Overhoff, Jürgen: Benjamin Franklin und die Berliner Aufklärung, in: Ursula Goldenbaum/Alexander Kosenina (Hg.): Berliner Aufklärung. Kulturwissenschaftliche Studien, Bd. 3. Hannover 2007, S. 65-86.
Overhoff, Jürgen: Christian Gotthilf Salzmanns philanthropische Toleranzerziehung: Ihre Programmatik und ihre amerikanischen Vorbilder, in: Zeitschrift für Museum und Bildung 68/69 (2008), S. 35-46.
Schmidt, Gerhard: Die Staatsreform in Sachsen in der ersten Hälfte des 19. Jahrhunderts. Eine Parallele zu den Steinschen Reformen in Preußen. Weimar 1966.
Weber, Rolf: Die Revolution in Sachsen 1848/49. Entwicklung und Analyse ihrer Triebkräfte. Berlin 1970.

Julius Kells Franklin-Biographie bei Klinkhardt (1845)

Wehler, Hans-Ulrich: Deutsche Gesellschaftsgeschichte, Bd. 2. München 1987.
Westerkamp, Dominik: Pressefreiheit und Zensur im Sachsen des Vormärz. Baden-Baden 1999.
Wittmann, Reinhard: Geschichte des deutschen Buchhandels. München 1991.
Zerback, Ralf: Robert Blum. Eine Biografie. Leipzig 2007.

Friedrich Dittes (1829-1896) und das „Paedagogium"
Frank Tosch

Vorbemerkung und Erkenntnisinteresse

Aufsätze über Leben und Werk einzelner Pädagogen sind von den jeweiligen Autoren meist das Produkt einer längeren und gezielten Auseinandersetzung mit ihrem Schaffen. Sie sind dann inspirierend, wenn der gewonnene Ertrag systematisch aufbereitet und kontextualisiert werden kann. Gelingt es, mit der Auseinandersetzung über die jeweilige Persönlichkeit zugleich neue Fragen an aktuelle Reformprozesse im Bereich von Bildung und Erziehung zu formulieren, werden mit einer solchen Analyse zuweilen selbst neue bildungshistorische Erfahrungen generiert. – Anders in diesem Fall: Eine Einladung des Verlegers Andreas Klinkhardt informierte mich in wenigen Sätzen über eine Buchpublikation zum 175-jährigen Jubiläum des Klinkhardt-Verlages (2009, seit 1834)[1]. Friedrich Dittes habe im Klinkhardt-Verlag wesentliche Schriften publiziert; er gehört – wie auch der Verlag – in besonderer Weise zur pädagogischen Historiographie in

Abb. 1: Friedrich Dittes

der zweiten Hälfte des 19. Jahrhunderts. Dass Dittes Eingang in die von Heinz-Elmar Tenorth herausgegebene zweibändige Ausgabe der „Klassiker der Päda-

---

[1] Diese Einladung habe ich sehr gern angenommen, da mich mit Herrn Verleger Andreas Klinkhardt über mehrere Projekte eine überaus kollegiale Zusammenarbeit verbindet, für die ich an dieser Stelle sehr herzlich danke.

gogik" (München: Bd. 1; 2003, 236-243) als „Schulmann" gefunden hatte, wusste ich; ein Friedrich Dittes in der Reihe „Lebensbilder großer Pädagogen" – erschienen im „Volk und Wissen" Verlag Berlin im Jahre 1962 – musste in meinem Bücherbestand erst ‚wiederentdeckt' werden; mit einigem Erstaunen dann sogar danebenstehend Dittes „Schule der Pädagogik"[2] in der dritten, verbesserten Auflage mit den Ortsangaben Leipzig und Wien 1880 – erschienen im „Verlag von Julius Klinkhardt" – hinzugefügt auf der Seite 1.024 mit der Angabe: „Druck von Julius Klinkhardt in Leipzig". Aber mein kleiner Grundbestand an Primär- und Sekundärliteratur zu Dittes war bislang nicht mit einer intensiven Beschäftigung verbunden. Wie also sich einer Person nähern, von der die „Deutsch-österreichische Lehrer-Zeitung. Organ des Deutsch-österreichischen Lehrerbundes" in ihrer Nummer 11 v. 1. Juni 1896 im Nachruf auf den am 15. Mai 1896 in Wien verstorbenen Dr. Friedrich Dittes festhielt: „In unseren Reihen gibt es keinen zweiten Dittes mehr. Die Lücke, die sein Heimgang veranlasst, lässt sich nicht schließen." (Lehrerzeitung 1 (1896) 11, 121). Oder aber die Charakteristik Dittes in einer Gedächtnisrede des Lehrers H. Drewke aus Elberfeld, der den Pädagogen in der „Sammlung pädagogischer Vorträge" 1897 „als hervorragendsten Pädagogen seit Pestalozzi und Diesterweg" bezeichnet hat. Mehr noch: „Er ist der Baumeister, der den stolzen Bau, zu dem Pestalozzi den Grund legte und welchen Diesterweg fortführte, ausbaute und krönte." (Drewke, 1897, 1) Ein so wortgewaltiger, titulierender Ansatz mag zeitgeschichtlich durchaus verständlich erscheinen, erzeugte aber in streng bildungshistorisch-analytischer Perspektive zunächst eher meinen inneren Widerspruch. Als ich beim Aufschlagen meines Exemplares der „Schule der Pädagogik" im Buchdeckel in säuberlicher Handschrift eine zweispaltige Tabelle entdeckte, im Tabellenkopf links mit dem Wortlaut: „Den Herren" und darunter stehenden 26 Lehrernamen sowie rechts „1 Monat" und dann für jeden Namen exakt ein Monat der Ausleihe – beginnend mit dem 1. Februar 1881, dann fortlaufend bis Anfang des Jahres 1883 – vorgetragen war, erwuchs nun doch mein Interesse, mit nachstehendem Aufsatz persönliches pädagogisches Neuland zu betreten. Welches Interesse hatte offensichtlich ein Schulleiter, sein gesamtes Kollegium durch einen planmäßigen Umlauf mit dem Inhalt des genannten Buches in Kenntnis zu setzen? Da Dittes bis heute eher nur einem engen Kreis einer historisch-pädagogisch interessierten Leserschaft bekannt sein dürfte, sei die folgende Annäherung an die Person mit meinem Erkenntnisfokus in drei

---

2 Dieses Exemplar hat mir Prof. Dr. Herbert Flach (1928-2002) beim Auflösen seiner Privatbibliothek geschenkt. Die Titelseite des Buches trägt die Stempel dreier Leipziger Institutionen: vermutlich in der Reihenfolge der „Lehrer-Bibliothek zu Reudnitz" (1889 Leipzig eingemeindet), der „VIII.-Bürger-Schule Leipzig – Lehrerbibliothek" sowie der „Lehrerbücherei 13. Grundschule".

Friedrich Dittes (1829-1896) und das „Paedagogium"

Fragen knapp umrissen:
1. Wer war Friedrich Dittes? – Biographische Schaffensskizze
2. Welche Aktivitäten – insbesondere Schriften – sind mit seinem Namen verbunden, die auswahlweise nicht nur erinnert, sondern aus aktueller Sicht erneut hinterfragt werden sollten?
3. Worin liegt die bildungsgeschichtliche Bedeutung von Friedrich Dittes?

1. Friedrich Dittes – Biographische Schaffensskizze

Dittes wurde am 23. September 1829 als Sohn eines Bauern in Irfersgrün im sächsischen Vogtland geboren. Er besucht die Dorfschule seiner Heimat und erhält beim Lehrer und beim Pfarrer zusätzlichen Privatunterricht u.a. in Latein. Von 1844 bis 1848 ist er Seminarist im vierklassigen Lehrerseminar zu Plauen. 1848 wird er Schulvikar in Thalheim bei Chemnitz. Hier setzt er durch, dass der Kirchner- und Glöcknerdienst von seinem Lehramt getrennt wird. Es folgen pädagogische Lehrertätigkeit und Studienphasen: als Bürgerschullehrer in Reichenbach, von wo aus er auch die zweite Lehrerprüfung und später die Rektoratsprüfung in Plauen besteht. 1850 bis 1852 studiert Dittes drei Semester Mathematik und Naturwissenschaften, Geschichte, Philosophie und Sprachen. Dann wird er Bürgerschullehrer in Plauen und Leipzig, besteht die Maturitätsprüfung und bezieht abermals die Universität zu Leipzig für vier Semester, um sich von 1858 bis 1860 philosophischen, pädagogischen, historischen und philologischen Studien zu widmen. 1860 schließt Dittes sein akademisches Studium mit der Prüfung für das höhere Lehramt und dem Erwerb des Doktortitels erfolgreich ab. In dieser Zeit war er nicht nur ein schon erfahrener Schulpraktiker, sondern wird durch erste philosophisch-pädagogische Publikationen in Fachkreisen bekannt. In Auseinandersetzung mit den psychologisch-pädagogischen Werken Friedrich Eduard Benekes (1798-1854) veröffentlichte Dittes: „Das menschliche Bewußtsein, wie es psychologisch zu erklären und pädagogisch auszubilden sei" (1853) und bald darauf „Das Ästhetische nach seinem eigenthümlichen Grundwesen und seiner pädagogischen Bedeutung dargestellt" (1854); beide Schriften wurden von der Universität Leipzig preisgekrönt und bei J. Klinkhardt in Leipzig verlegt. Ihnen folgten: „Über Religion und religiöse Menschenbildung" (1855), eine „Naturlehre des Moralischen und Kunstlehre der moralischen Erziehung" (1856) sowie wiederum preisgekrönt „Über die sittliche Freiheit mit besonderer Berücksichtigung der Systeme von Spinoza, Leibniz, Kant. Nebst einer Abhandlung über den Eudämonismus" (1860 bei Klinkhardt in Leipzig). Alle diese Schriften enthalten Grundlagen zu einer philosophischen Pädagogik mit dem Ziel, „Philosophie, oder bestimmter: naturwissenschaftliche Psychologie in die Pädagogik zu bringen" (Dittes

1854, VII). Das war „die Abwendung von unbeweisbarer, von hypothetischer Spekulation und der Versuch, die Psychologie und damit die Pädagogik von der naturwissenschaftlichen Methodologie her zu erfassen, mit der Erfahrung, mit der Induktion" (Günther 1963, 132). Erwähnt sei, dass zu jenen, die Benekes Psychologie als eine mögliche Grundlegung für die Pädagogik und damit im betonten Gegensatz zur kirchlichen Orthodoxie anerkannten, neben Diesterweg auch der Philosoph Johann Gottlieb Dresler (1799-1867) aus Bautzen zählte, Dittes Schwiegervater. Dresler hatte u.a. als langjähriger Direktor des Bautzener evangelischen Lehrerseminars (1831-1858) in Diesterwegs „Pädagogischen Jahrbüchern" zahlreiche Artikel über Beneke veröffentlicht.

In Chemnitz erhielt Dittes 1860 eine Anstellung als Konrektor an der mit einem Progymnasium verbundenen Realschule. Sofort gehörte er zu den Aktivisten der Lehrervereinsbewegung, so dass er 1864-65 zum Vorsitzenden des „Pädagogischen Vereins" in Chemnitz gewählt wurde. Auf der dort stattfindenden 12. Allgemeinen Sächsischen Lehrerversammlung am 3. Oktober 1864 trat er im Auftrage seines Vereins in hervorragender Weise für eine liberale Neugestaltung des sächsischen Volksschul- und Seminarwesens ein. Vor fast 1.700 Teilnehmern analysierte er die Auswirkungen der Regulativpädagogik (seit 1854) in Sachsen und übte scharfe Kritik an der Volksschullehrerausbildung. Er richtete seinen Blick insbesondere auf das Beziehungsgeflecht von Schule und Kirche und auf den Zustand der Lehrerseminare. In diesen werden seiner Ansicht nach nicht demokratische Volkslehrer, sondern vorwiegend nur ‚Schulhandwerker' ausgebildet. Aber schon 1862 hatte Diesterweg Friedrich Dittes „als einen äußerst klaren und scharfsinnigen Kopf" (Diesterweg 1862/1984, 346) gewürdigt. Es verwundert nicht, wenn Dittes 1865 – vermutlich auf Empfehlung Diesterwegs (Zens 1882, 29) – Seminardirektor, Landesschulinspektor und vortragender Rat im Ministerium im liberalen und schulfreundlichen Herzogtum Gotha wurde. Zu seinen Obliegenheiten zählte nun auch, 30 Volksschulen zu revidieren. Hier liegt der Beginn der bedeutungsvollen Tätigkeit von Dittes als *Schulreformer und Lehrerbildner*. Es blieb nicht aus, dass fortan Schulmänner aus nah und fern nach Gotha zum Studium des Schulwesens entsandt wurden, vor allem aber seine Seminaristen mit Liebe und Begeisterung an ihrem Lehrer hingen. Zu den Leistungen als Seminardirektor zählten vor allem seine Bemühungen, von Diesterweg erprobte Prinzipien der Lehrerbildung in der Praxis zu evaluieren und konzeptionell die gesammelten Erfahrungen in einem verbindlichen Lehrplan zu verdichten (Dittes 1868). Dabei sollten sich die theoretische wie die praktische Pädagogik – auch im Sinne der Heranbildung ‚erziehender Lehrer' – wechselseitig beflügeln. Dittes bestand auch in dem von ihm selbst gehaltenen Unterricht in Pädagogik und Psychologie auf die komplexe Ausprägung des Volksschullehrers:

Friedrich Dittes (1829-1896) und das „Paedagogium"

1. „Er ist Erzieher, Pädagog, nicht blos Lehrer, oder gar blos Stundenhalter"; 2. „Der gute Lehrer achtet und liebt seinen Beruf. Wer den Schuldienst nicht aus innerem Drange und reiner Begeisterung für Volks- und Jugendbildung ergriffen hat, wer sich in demselben nicht glücklich fühlt, der kann ihn nicht mit Freudigkeit und daher nicht mit vollem Erfolge führen."; 3. „Der gute Lehrer liebt die Kinderwelt, ihr Wol und ihre Entwickelung ist ihm Herzenssache [...].."; 4. „Ferner sind ihm eigen: Geduld, Gerechtigkeit, Herrschaft über sich selbst und stete Wachsamkeit über seine Kinder."; 5. „Der gute Lehrer beherrscht den Lehrstoff, die Methode und die Disciplin."; 6. „Der gute Lehrer ist fleißig und gewissenhaft. Er widmet seinem Berufe seine beste Kraft, [...]." (Dittes ³1880, 531f.).

Dittes veranlasste Musterlektionen und wöchentliche Konferenzen zur Auswertung der seminaristischen Übungsstunden sowie didaktische Übungen (Dittes 1868, 7ff.). Auf eine wesentliche Neuerung am Gothaer Lehrerseminar weist zu Recht Paul Mitzenheim hin, wenn er die *Jahresberichte* erwähnt. Im Vorwort des ersten Berichts über das Schuljahr 1865/66 heißt es: „Unsers Wissen ist der vorliegende Jahresbericht der erste, welcher von einem deutschen Lehrerseminar ausgeht." (Jahresbericht 1866, Vorwort) Der Seminarbericht sollte das allgemeine Interesse für die Lehrerbildung wecken, die Kommunikation zwischen den Seminaren anbahnen und aufrecht erhalten. Zur Funktion schrieb Dittes weiter: „Der Jahresbericht gleicht uns zur Selbstprüfung, zum Festhalten des Guten und Bewährten, zur Erkenntnis dessen, was zur Ausgestaltung des Ganzen noch fehlt." (Dittes 1866, 1). Ganz in der Tradition der Jahresberichte für das höhere Schulwesen in Preußen wurden darin auch die Lehrgegenstände des Seminars erfasst: Religion; Deutsche Sprache und Literatur; Pädagogik, dazu Schulpraxis; Weltgeschichte; Geographie; Naturwissenschaften; Mathematik; Musik; Kalligraphie; Zeichnen; Turnen; Obst- und Gartenbau." (Dittes 1868, 42f.) Das Spektrum verdeutlicht sehr prägnant, dass die Absolventen der Volksschule im Seminar eine umfassende „allgemeine Menschenbildung" mit Anwendungsbezügen erfahren sollten. Zur liberalen Grundhaltung von Dittes als Seminardirektor zählt in dieser Schaffensphase auch die von ihm im Auftrage des Ministeriums verfasste „Anweisung zur Erteilung des Religionsunterrichts in den Volksschulen des Herzogtums Gotha" (Dittes 1868, Anlage zum Dritten Jahresbericht des Seminars über das Schuljahr 1867/68), in der er für eine konfessionslose christliche Simultanschule eintrat. In seiner „Erziehungs- und Unterrichtslehre" (1868) verdichtet er sein Eintreten für einen *konfessionslosen Religionsunterricht*, und zwar durchgeführt vom Volksschullehrer – nicht vom Geistlichen.

„Das Confessionelle geht die allgemeine Volksschule überhaupt nichts an. Sie braucht sich nicht darum zu kümmern, ob die Kinder irgend einer Religionspartei bereits angehören oder künftig beitreten werden. Ihr Standpunkt ist der allgemein menschliche und pädagogische. Auf diesem Standpunkte ehrt sie die Glaubensfreiheit, betrachtet sie es aber auch als ihren Beruf, der religiösen Jugenderziehung sich anzunehmen, so weit sie es vermag. Sie will auf diesem Felde keinen Bildungszwang ausüben, sondern lediglich eine Bildungsgelegenheit darbieten. (Dittes ³1880, 447).

In dem offensichtlichen Bestreben, seine pädagogischen Ansichten auch in der Praxis in seinem Sinne bewusster und einflussreicher gestalten und mit Lehrpersonal besetzen zu können, nahm Dittes schon 1869 die Stelle eines Direktors des „Pädagogiums" in Wien an. Für Dittes sprach, dass er dieses Angebot erhalten hatte, nachdem 59 Bewerber vom Magistrat der österreichischen Hauptstadt als nicht geeignet zurückgewiesen wurden. Gesucht wurde ein pädagogischer Fachmann, der den Unterricht in sämtlichen pädagogischen Disziplinen einschließlich der praktischen Schulpädagogik übernehmen konnte, Organisationstalent unter Beweis stellte, Kenntnis der Wiener Schulzustände und Lehrerbedürfnisse, Verständnis für das autonome Gemeindewesen der Stadt Wien aufbrachte sowie den richtigen Takt und eine fortschrittliche Gesinnung besaß (vgl. Dietrich 1896, 634). Aber auch in Wien hatte er manche pädagogische Gegnerschaft sowie erbitterte Kritik v.a. seitens der Vertreter der Kirche auszufechten, wozu er freilich in Wort und Schrift genug Anhaltspunkte bot. Seit 1868 hatte Dittes den Inhalt seiner Schriften in lehrbuchgemäßer Form für den Schulmann neu bearbeitet und ergänzt. Sie erschienen als „Grundriß der Erziehungs- und Unterrichtslehre" (1868), „Geschichte der Erziehung und des Unterrichts" (1871), „Lehrbuch der praktischen Logik" (1872) und „Methodik der Volksschule auf geschichtlicher Grundlage" (1874) und wurden 1876 unter dem einführend genannten Titel „Schule der Pädagogik" zusammengefasst bei Klinkhardt herausgegeben.

Der neue Wirkungskreis von Dittes, das Wiener „Pädagogium", stellte ein – modern gesprochen – Lehrer-Fortbildungsseminar dar, das „die ungenügende wissenschaftliche und berufliche Ausrüstung der Volksschullehrer [...] verbessern, ergänzen, überhaupt tüchtige Lehrer für die städtischen Volksschulen bilden" (Dietrich 1896, 636) sollte. Dittes hegte seit seinem Amtsantritt Änderungs- und Umgestaltungswünsche am „Pädagogium". So weitgehend formulierte Forderungen, so z.B., dass die Beeinflussung des „Pädagogiums" durch Geistliche, gleich welcher Konfession, vollständig ausgeschlossen sein sollte, nahm Dittes nach einer Intervention des Bürgermeisters noch vor seinem Amtsantritt formlos zurück. Aber dies entfachte – im Grunde von Anbeginn – nicht nur Misstrauen, sondern steigerte im Verlaufe seiner Tätigkeit durchaus den Unmut des liberalen Gemeinderates und der Aufsichtskommission des „Pädagogiums" an einen Mann, der jedoch auf eben diese Statuten und den darin verankerten Bestimmungen der Lehreinrichtung – ebenso verfasst vom Gemeinderat Wiens – verpflichtet war. Hierin lag wohl auch ein Grund für dauernde Kontroversen und der letztlich resignative Rückzug des 52-jährigen Dittes von diesem Amt mit seiner Pensionierung im Jahre 1881. Dittes – neben seiner Tätigkeit am

Friedrich Dittes (1829-1896) und das „Paedagogium"

Wiener „Pädagogium" – Bezirksschulinspektor, Landesschulrat und Mitglied der Lehrerprüfungskommission, übernahm von 1873-1979 als Mitglied des Reichsrates und der Demokratischen Partei auch ein politisches Amt; darüber war der liberale Gemeinderat Wiens, wie Dietrich feststellt, „umsoweniger erbaut" (vgl. Dietrich 1896, 636).

2. Würdigung ausgewählter pädagogischer Schriften sowie editorischer Tätigkeit von Dittes

Zusammengefasst sind es *drei Quellengattungen;* erstens Dittes *philosophisch-pädagogische Schriften* (1853-1860), zweitens Dittes leitende Mitarbeit am *„Pädagogischen Jahresbericht für Deutschlands Volksschullehrer"*[3] (1846-1913, begründet von August Lüben und Karl Nacke) – Dittes übernahm hier die Leitung nach Lübens Tod 1873 bis 1886. Hier übte er scharfe Kritik gegenüber allen Seiten der Pädagogik, auch der des höheren Schulwesens. „Das Gute und Tüchtige wurde von Dittes gefördert, das Mittelmässige, das wilde Durcheinanderschreiben, die rein industrielle Büchermacherei und die Broschürensucht bekämpft" (Drewke, 1897, 10). Drittens begründete und edierte Dittes im Zeitraum 1878-1896 bis kurz vor seinem Tode das *„Paedagogium"*, „die unstreitig wichtigste pädagogische Zeitschrift unseres Zeitalters" (Drewke 1897, 10) – wie Drewke selbstbewusst einschätzte. Alle diese Schriften ermöglichen Zugänge zu Dittes pädagogischen und schulpolitischen Ansichten und erzeugen ein differenziertes Bild seiner Persönlichkeit.

Im Folgenden rücken ausgewählte Aspekte des *„Paedagogiums"* in den Mittelpunkt: Das *„Paedagogium"* war eine neue pädagogische Monatsschrift, die in 17 ½ Jahren bis 1896 maßgeblich die wissenschaftliche und praktische Pädagogik der Gegenwart und Vergangenheit einer scharfen Kritik unterzog und in der fundierte Beiträge zum weiteren Ausbau nach den Forderungen des modernen Kulturlebens geliefert wurden (vgl. Jopp 1948, 97). Die Monatsschrift vertrat vor allem die verbandspolitischen Positionen der liberalen Lehrerschaft in Deutschland und Österreich. Ihre Gedanken waren ganz im Geiste der Aufklärung gegen den obrigkeitlichen Staat und gegen den Zugriff der Kirche auf die Schule fokussiert. Im Vorwort (Programm) zum ersten Heft, das im Oktober 1878 bei J. Klinkhardt in Leipzig erschien, wird folgender komplexer programmatischer Ansatz erkennbar, der hier ausführlich zitiert wird (Dittes 1879, 9-13):

---

3 Ab 12 (1860) *„Pädagogischer Jahresbericht für die Volksschullehrer Deutschlands und der Schweiz"*.

Der Verlag im 19. Jahrhundert

„Wir sind überzeugt, dass kein anderer Weg zum wahren und dauernden Heile der Menschheit führt, als der lange und beschwerliche Weg der Erziehung, aber einer Erziehung, die sich auf alle Schichten der Bevölkerung ohne Ausnahme erstreckt, um jedem Individuum die Möglichkeit eines menschenwürdigen Daseins zu verschaffen, [...] so wollen wir nicht irgend einer Classe, einem Stande, einer Partei, einer Secte, einer Nation, sondern der Menschheit dienen: unser Standpunkt ist der kosmopolitische, der internationale, der humane. Aus allen Culturvölkern der Gegenwart wollen wir Mitarbeiter für unser Unternehmen werben, damit die gemeinsame Sache der Menschheit gemeinsam berathen und gefördert werde. Das Bildungswesen aller civilisirten Nationen unserer Zeit soll in seiner Wirklichkeit dargestellt und geprüft werden, damit ebenso die Mängel wie die Vorzüge des Bestehenden hervortreten und die erforderlichen Reformen angebahnt werden. Hierdurch sollen zugleich die Bestrebungen der verschiedenen Culturvölker vor Zersplitterung bewahrt und auf ein gemeinsames Ziel hingelenkt werden, damit alle von einander lernen, alle einander Warnungen oder Vorbilder darbieten, keines aber in Selbstüberhebung und Ungerechtigkeit verfalle. (Ebd., 10) [...] Wir werden daher die principiell wichtigen Punkte dieses grossen Erkenntnisgebietes[4] beleuchten müssen, um die Fundamente einer befriedigenden allgemeinen Weltanschauung zu gewinnen und um Stellung zu nehmen zu den wissenschaftlichen, socialen, politischen und religiösen Zeitfragen, [...]. (Ebd., 11) Für wen wir schreiben? – Für Pädagogen jeder Kategorie und jeder Stufe, sofern sie geneigt sind, neben den speciellen Angelegenheiten ihres persönlichen Dienstes den Zusammenhang derselben mit dem Culturganzen zu würdigen und zu pflegen; für Staatsmänner, Landes- und Gemeindevertreter, sofern sie unsere Überzeugung theilen, dass das Bildungswesen eine wichtige Angelegenheit der Völker sei; für Väter und Mütter, für alle Freunde menschlicher Gesittung und Wolfahrt, so fern sie bereit sind, unseren Anschauungen und Vorschlägen eine unparteiische Prüfung zu widmen." (Ebd., 13)

Dieser Anspruch von Dittes – in der Tradition der von J. H. Campe (1746-1818) herausgegebenen „Allgemeinen Revision des gesammten Schul- und Erziehungswesens" (1785-1792) – war kühn, wenngleich wohl eher unrealistisch, denn in der Gesamtsicht auf alle 18 Jahrgänge konnte diese Komplexität durchaus angedeutet, aber nicht immer eingelöst werden. So ist ‚das Bildungswesen aller zivilisierten Nationen' nicht wirklich systematisch ‚dargestellt und geprüft' worden, auch der überaus breit angezielte Adressatenkreis sollte wohl in der Realität ein Postulat bleiben, ja zuletzt (bis zum 6. Heft im März 1896) musste sogar „ein Mangel an zahlenden Lesern" (Dietrich 1896, 644) konstatiert werden. Dennoch: Dittes hat in diesem Periodikum eine beachtliche Expertise einer erfahrenen Autorenschaft[5] versammelt, mit dem wegweisenden Anspruch, *Wissenschaftlichkeit als Prinzip einer Zeitschrift* – auch als Gegenentwurf zu anderen zeitgenössischen Lehrerzeitschriften – durchzusetzen. Das wird schon in der Anlage des in jedem Jahrgang enthaltenen Gesamt-Inhaltsverzeichnisses

---

4 Dittes nennt ebenda die „Anthropologie in allen ihren Verzweigungen", „Physiologie und Psychologie", „Erkenntnislehre und Ethik" sowie „Socialwissenschaft und Culturgeschichte".

5 Dietrich erwähnt u.a.: den Mathematiker und Naturwissenschaftler J.A. Pick, den Seminardirektor Th. Vernaleken, den Pestalozziforscher H. Morf, später auch den Philosoph J. Frohschammer, den Realgymnasialdirektor und Redakteur der „Rheinischen Blätter" R. Köhler bzw. den Didaktiker, Ethiker und Ästhetiker A. Görth (vgl. Dietrich 1896, 641).

Friedrich Dittes (1829-1896) und das „Paedagogium"

deutlich: die Beiträge werden „a) Nach der Reihenfolge" sowie „b) Logisch geordnet" verzeichnet. In Abhängigkeit vom Inhalt werden die Beiträge – hier am Beispiel des I. Jahrganges 1878/79 – weiter systematisiert: „I. Zur anthropologischen Grundlegung"; „II. Zur Geschichte der Erziehung und des Unterrichtes"; „III. Zur Statistik des Bildungswesens der Gegenwart"; „IV. Pädagogische Leitartikel"; „V. Untersuchungen über Unterricht und Unterrichtsanstalten"; „VI. Lehrerversammlungen" und „VII. Literarisches". Insgesamt betrachtet, ist Dittes mit eigenen Beiträgen eine die Zeitschrift mit unterschiedlicher Intensität prägende Größe: Zwischen 1879 und 1896 lassen sich 105 Aufsätze bzw. Beiträge (!) auflisten; dabei nicht gezählt die von Dittes als Herausgeber verfassten jährlichen Vor- und z.T. Schlussworte sowie Erwähnungen in der Literatur. Dabei fällt auf, dass die überaus produktive Phase von Dittes im „Paedagogium" nur die ersten sieben Jahre bis 1885[6] währt; bis dahin erscheinen allein 78 Aufsätze bzw. Beiträge (ca. 75%), von denen der erste Jahrgang 1878/79 allein mit 18 Beiträgen dominiert wird.

Aber mit der programmatischen Bindung und Konzentrierung der Zeitschrift an die Person Dittes musste das „Paedagogium" wohl auch zeitlich auf dessen Wirken begrenzt bleiben, ja Dietrich führt sogar aus: Dittes ...

> „'habe an einen Freund und Mitarbeiter geschrieben, die Zeitschrift soll, so lange er lebe, keinem andern zur Leitung übergeben werden; er habe seine ganze Kraft für deren Gedeihen und die Klärung der durch sie verbreiteten Ansichten und Grundsätze eingesetzt und wolle nicht erleben, dass man wohl gar das Gegenteil zu lehren beginne. Darum solle das Unternehmen bis auf den Namen aufhören zu existieren'. Der Verleger Klinkhardt bestätigt das in der Hauptsache: ‚Es war sein Wunsch und Wille (das Paedagogium eingehen zulassen), und dem fügten wir uns.'" (Dietrich 1896, 644)

Dittes wollte den Wissenschaftscharakter der Pädagogik fördern und ebenso im Lehrerstand zur breiten Anerkennung bringen. So veröffentlicht er u.a. im VII. Jahrgang (1885) des „Paedagogiums" eine – für die Disziplin wichtige – Abhandlung „Über Pädagogik als Wissenschaft" und stellt fest, dass die Pädagogik zu den „praktischen Wissenschaften oder Kunstlehren gehört" (Dittes 1885, 8). Ihre wesentliche Aufgabe besteht darin, „zu zeigen, durch welche Mittel, Methoden und Veranstaltungen die heranwachsenden Generationen den Idealen der menschlichen Vollkommenheit entgegengeführt werden können und sollen" (Ebd., 8). Ihre Ideale muss die Pädagogik „aus dem Gesammtschatze menschlicher Erkenntnis entnehmen, wie er in der bisher errungenen Cultur und speciell in den Wissenschaften vom Menschen (Anatomie, Physiologie, Hygiene, Psychologie, Logik, Ethik, Socialwissenschaft, Ästhetik, Religionsphilosophie

---

6 In diesem Jahrgang erscheinen von acht Aufsätzen allein vier zur Pädagogik, Psychologie sowie Ethik und Kritik der Pädagogik Herbarts.

usw.) vorliegt" (Ebd., 8). Endlich handelt es sich in der Pädagogik „um historische Klarstellung von Thatsachen, um sprachliche Erschließung literarischer Werke, um formelle und materielle Kritik derselben", das alles sind Aufgaben, „an welchen die Pädagogik ebensowenig scheitern kann, als irgendeine andere Wissenschaft" (Ebd., 8). Zielführend heißt es:

> „Da die Pädagogik, wie alle Wissenschaft, die Erkenntnis der Wahrheit zum Ziel hat, so ist auch für sie die freie Forschung und Prüfung erste Lebensbedingung" (Ebd., 87). „Die Idee der Menschheit rein und voll auszuprägen, sie vor Verdunkelung zu bewahren und stets im Bewusstsein der Gesellschaft zu erhalten, sie aus den in jedem Menschenkinde schlummernden Keimen nach den unwandelbaren Gesetzen der Entwickelung unseres Geschlechtes naturgemäß, frei und allseitig herauszubilden, vor den falschen Bahnen zu warnen, die von ihr abführen, die Schäden zu heilen, durch welche ihr erhabenes Bild getrübt wird: das ist die Aufgabe der Pädagogik" (Ebd., 95f.).

Von diesen Gesichtspunkten aus unterzog Dittes die in Theorie und Praxis herrschende Pädagogik einer scharfen Kritik und kämpfte in zweierlei Richtung: gegen die staatlichen Ansprüche (namentlich gegen die Regulativ- bzw. Büropädagogik) sowie gegen die kirchlich-orthodoxen Forderungen (vgl. Günther 1963, 153).

Eine abschließende Annäherung an das *Gesamtbild seiner Persönlichkeit* gelingt vielleicht am besten, Schilderungen von Zeitzeugen ernst zu nehmen. So schrieb z.B. der namhafte Vertreter des Deutschen Lehrervereins Robert Rißmann (1851-1913) in seinen durchaus unprätentiösen „Erinnerungen an Friedrich Dittes" (1896) über die persönliche Bekanntschaft mit Dittes auf dem 8. Deutschen Lehrertag in Berlin 1890:

> „Ich glaube überhaupt nicht, daß sich jemand ein richtiges Bild von Dittes als Persönlichkeit machen wird, der ihn nur aus seinen Schriften kennt. So schlicht und einfach sein Äußeres war, – man konnte ihn bei seinem gebräunten, bartlosen Gesicht etwa für einen intelligenten Landmann halten – so einfach und bescheiden gab er sich auch in seinem ganzen Auftreten. Er hatte weder die Neigung, in der Tafelrunde, die sich um ihn scharte, das beherrschende Wort zu führen, noch sich überhaupt als Berühmtheit feiern zu lassen" (Rißmann 1896/1910, 192).

Über die Eröffnung des Lehrertages in der Philharmonie mit einer Diesterweg-Gedächtnisrede von Dittes, skizzierte Rißmann dann folgendes Situation:

> „Wir, die wir dabei waren, standen allesamt machtlos unter der Gewalt ihres Eindrucks. Wie gebannt hingen die Augen Tausender an dem schlichten Manne auf der Rednerbühne, der in einfachen und doch wunderbar eindringenden Worten ein Bild entwarf von der Neige des Jahrhunderts, wie es seinem Geiste sich darstellte. Es mögen viele in jener großen Versammlung mit dem und jenem in der Rede nicht einverstanden gewesen sein; aber auch sie vermochten nicht der elementaren Macht zu widerstehen, mit der sie auf die Hörer eindrang.

Friedrich Dittes (1829-1896) und das „Paedagogium"

Solange Dittes sprach, schwieg die Kritik. Und als er nach fast einundeinhalbstündiger Rede schloß, da rollte ein Beifallsdonner durch den Saal, wie ihn der Deutsche Lehrertag noch nie erlebt hatte" (Ebd., 193f.).

3. Bildungsgeschichtliche Bedeutung des Pädagogen Friedrich Dittes

Systematisiert man den bleibenden bildungsgeschichtlichen Ertrag von Dittes, so lassen sich m.E. mit der ausgewerteten Autorenschaft thesenhaft zumindest fünf Punkte festhalten:

1. Dittes gehörte zu den führenden, auch international beachteten Autoren und Lenkern der liberalen deutschsprachigen Lehrerbewegung (vgl. Tenorth 2003, 237). Zeitlebens ist in seinem Schaffen eine Bezugname auf die Klassiker der Pädagogik, auf Comenius und Pestalozzi und vor allem auf Diesterweg als Leitfigur einer Lehrerbildung, die der „allgemeinen Menschenbildung" verpflichtet war, erkennbar. Mit Dietrich wird die Geschichtsschreibung Dittes „nicht unter die ‚großen Pädagogen' versetzen, denn er war, [...] kein schöpferischer Geist. Aber sie wird ihn den rührigsten Verbreitern pestalozzischer und comenianischer Ideen zuzählen, ihn im Berichte über die Herbart-Zillersche Schule, in dem großen Kapitel von der Schulpolitik, in der Geschichte der Lehrerbildung, der Lehrervereine, der pädagogischen Presse eine gewichtige Rolle spielen lassen" (Dietrich 1896, 650).

2. Mit Dittes Hauptwerk „Schule der Pädagogik" (1876, 1901 bereits in 6. verb. Aufl. bei J. Klinkhardt) – wurde der demokratisch-freiheitlich gesonnene Pädagoge zum anerkannten Sprachrohr und Streiter für die Sache der Lehrer. In der Tradition des Wirkens der „Schulmänner" des 19. Jahrhunderts machte Dittes mit seiner Gesamtausgabe der darin verankerten vier Erkenntnisfelder (Erziehungs- und Unterrichtslehre, Geschichte der Erziehung und des Unterrichts sowie Praktische Logik und Methodik der Volksschule) gleichsam den Versuch, kanonartig eine „Form des pädagogischen Wissens zwischen Grundlegung und Anwendung, Hilfswissenschaften und Praxiserfahrung, also durchaus konventionell" (Tenorth 2003, 238) zu präsentieren; dabei die neuen Möglichkeiten einer empirisch orientierten Pädagogik eher skeptisch gegenüber stehend. Mit diesem Werk nährt Dittes den Kampf um den Wissenschaftscharakter der Pädagogik, und doch bleibt die primäre Bestimmung seiner Position „politisch, vom Verbandsethos eines aufgeklärten, an der Verbreitung allgemeiner Bildung in einem national definierten und insofern jenseits der Standesgrenzen begründeten Sinne interessiert, auch dabei nicht unkritisch gegenüber der eigenen Tradition, wie es seine Kritik an Pestalozzi (1885) zeigt" (Ebd., 239).

3. Dittes kämpfte für die „Ideale einer freien deutschen Schule gegen Dunkelmänner und Finsterlinge" (Freie Schulzeitung Reichenberg, in Hamburgische Schulzeitung 1900, 399), insbesondere mit der von ihm 1878 begründeten Monatsschrift *„Paedagogium"*. Zugleich wollte Dittes Wissenschaftlichkeit – insbesondere an die Lehrerschaft – herantragen. Bemerkenswert erscheint bis heute der Versuch, dem großen Kreis der Pädagogen aller Stufen mit einem übergreifenden Periodikum einen breiten und tiefgründigen wissenschaftlichen Reflexionshorizont ihrer täglichen praktischen Arbeit anzubieten, der den gesamten Zusammenhang von Kultur und Erziehung umfassen sollte. Diese Dimensionierung vor Augen, schloss für Dittes dann aber ein, dass sich auch die Lehrerschaft den Mühen der fachinternen Diskussionen und dem Ringen um eine Streitkultur zu unterziehen habe; und diese wiederum sich nicht eilfertig mit schnellen Antworten – vorrangig mit Blick auf „den Werth des pädagogischen Kleingeldes" (Dittes 1878/79, 12) – zufrieden geben sollte. Hier erhält das Bild eines Lehrerbildners scharfe Konturen, der mit dem „Paedagogium" vorrangig Problembewusstsein „gegenüber den Zuständen der Gegenwart und im Interesse einer besseren Zukunft" (ebd., 12) entfachen will, ja von ihm der bildungshistorische Erfahrungserwerb selbst modellhaft exemplifiziert wird, wenn Dittes z.B. mit einer anspruchsvollen Artikelfolge eine proportionierte Auseinandersetzung mit zentralen Fragen an das Herbartsche System und seine Kritikpunkte in der Lehrerschaft anzuregen versuchte (vgl. Gerdenitsch/Hopfner 2008, 97ff.).
4. Mit Dittes ambitionierter Festrede auf dem 8. Deutschen Lehrertag in Berlin 1890 „Zum Gedächtnis Adolph Diesterwegs" anlässlich dessen 100. Geburtstages lebt bis heute die Idee, dass der Weg zur pädagogischen Meisterschaft nur mit der Orientierung an den Meistern der Pädagogik erfolgversprechend ist (vgl. Mitzenheim 1999, 52), denn „wer auf- und vorwärtskommen will, der muß sich Meister wählen, die höher stehen als er selbst; wer immer zu kleinen Geistern in die Schule geht, wird selbst ein kleiner Geist" (Dittes 1890, zit. nach Günther 1957, 244). Aber zugleich wird mit dem mobilisierenden Lob und dem darin aufgehobenen Ethos der liberalen Lehrerbewegung und ihrer Protagonisten auch deutlich, dass zur Lösung der drängenden aktuellen Tagesfragen v.a. Antworten auf den „tiefgreifenden Formwandel innerhalb der Unterrichtswelt im ausgehenden 19. Jahrhundert" (Tenorth 2003, 241) gefunden werden müssen: Dittes sieht diesen Formwandel noch – auch im Ausloten der Frage, ob „die Reformversuche unserer Zeit als Fortschritte oder als Rückschritte anzusehen" (Dittes 1896, 4) sind; aber er begegnet diesem nicht mehr mit den Stilmitteln der Wissenschaft – also mit reflexiver Distanz und analytischem Verständnis –, sondern mit abwehrender Begleitung.

Friedrich Dittes (1829-1896) und das „Paedagogium"

5. Dittes Beispiel eines ‚schleichend-kontinuierlichen' Zurückdrängens aus der Tätigkeit als Direktor des Wiener „Pädagogiums" geht mit der Erkenntnis einher, dass zur längerfristigen Durchsetzung pädagogischer Vorstellungen und Interessen ein Wirken allein im pädagogischen Raum nicht ausreicht (vgl. Mitzenheim 1999, 52); mehr aber mit der Einsicht verbunden sein muss, dass es für die je notwendige Anbindung an die schul- und verbandspolitische und wissenschaftstheoretische Argumentation überzeugender Topoi im Denken *und* ihrer kompromisshaften Ausformung im Handeln bedarf. In aktueller Wendung gesagt, sind zwei personale Reformebenen zusammenzuführen: Erst die gegenseitige Wahrnehmung, Akzeptanz, Toleranz sowie das Aushalten divergierender Anschauungen und Meinungen und ihre Konzeptualisierung – ohne Preisgabe des Selbst – auf der einen Seite und die sich hierauf *unaufgesetzt* gründenden Handlungsmuster und Vernetzungsperspektiven auf der anderen Seite, schaffen letztlich eine Dynamik, die wohl entscheidend für gelingende Reformen auch im Bereich von Bildung und Erziehung bis heute sind.

Eine Nachbemerkung mit Ausblick

Fragt man in pädagogischer Wendung nach einer Formel, die mit Dittes eine Pädagogik des 21. Jahrhunderts begründet, so lassen sich aus meiner Sicht drei Dinge an die Lehrerbildner, Lehrerinnen und Lehrer und an die Schulpolitik formulieren: Erstens, Wahrhaftigkeit und pädagogisches Ethos, ausgedrückt in *Professionswissen und -handeln – auch mit den Erfahrungen der Geschichte der Pädagogik (vgl. Goerth 1898)*; zweitens, in Reformprozessen *richtig erkannte Gedanken* – auch gegen erbitterten Widerstand im inner- und außerpädagogischen Raum – im kultivierten Dialog mit argumentativer Stärke der Wissenschaftsdisziplin und Überzeugungstreue *durchzusetzen versuchen*; und schließlich drittens, in einer sich pluralisierenden und divergierenden Gesellschaft weiter *für eine allgemeine öffentliche Bildung und Erziehung und ihre wirksame Hebung streiten und kämpfen:* – drei personale Haltungen, schulpolitische und pädagogische Forderungen sowie interdisziplinäre Wissenschaftsperspektiven, die Dittes nach wie vor interessant machen.

Ich schlage daher den erneuten – nun namentlich mit allen Lehrerbildnern und Kultusministern zu kennzeichnenden – Buchumlauf von Dittes „Schule der Pädagogik" vor. Vielleicht erzeugt allein die Summe der Randbemerkungen am hier verankerten ‚System Dittes' ein aggregiertes ‚Pädagogium des 21. Jahrhunderts' – als denkbare Richtschnur für eine Theorie und Praxis der Pädagogik im ‚Jahrhundert der Wissensgesellschaft'. Der Publikationsort könnte – mit den Lehren einer 175-jährigen Geschichte – erneut der Klinkhardt-Verlag sein.

Der Verlag im 19. Jahrhundert

Quellen und Literatur

Quellen

Diesterweg, F.A.W.: (1862/1984) Rezension zu Friedrich Dittes: Über die sittliche Freiheit. In: Ders.: Gesammelte Werke, Bd. XV, 346-347.

Dittes, F. (1853): Das menschliche Bewußtsein, wie es psychologisch zu erklären und pädagogisch auszubilden sei. Leipzig (Klinkhardt).

Dittes, F. (1854): Das Ästhetische nach seinem eigenthümlichen Grundwesen und seiner pädagogischen Bedeutung dargestellt. Leipzig (Klinkhardt).

Dittes, F. (1855): Über Religion und religiöse Menschenbildung. Plauen.

Dittes, F. (1856): Naturlehre des Moralischen und Kunstlehre der moralischen Erziehung. Leipzig.

Dittes, F. (1860) Über die sittliche Freiheit mit besonderer Berücksichtigung der Systeme von Spinoza, Leibniz, Kant. Nebst einer Abhandlung über den Eudämonismus. Leipzig (Klinkhardt).

Dittes, F. (1866): Erster Jahresbericht über das Lehrerseminar zu Gotha. Schuljahr 1865/66. Gotha.

Dittes, F. (1868): Der Lehrplan des Herzoglichen Lehrerseminars zu Gotha. Gotha.

Dittes, F. (1868): Dritter Jahresbericht über das Lehrerseminar zu Gotha. Schuljahr 1867/68. Gotha.

Dittes, F. (1868): Grundriß der Erziehungs- und Unterrichtslehre. Leipzig (Klinkhardt).

Dittes, F. (1871): Geschichte der Erziehung und des Unterrichts. Für deutsche Volksschullehrer. Leipzig (Klinkhardt).

Dittes, F. (1872): Lehrbuch der praktischen Logik. Wien.

Dittes, F. (1874): Methodik der Volksschule auf geschichtlicher Grundlage. Leipzig (Klinkhardt).

Dittes, F. (1876/³1880): Schule der Pädagogik. Gesammtausgabe der Psychologie und Logik; Erziehungs- und Unterrichtslehre, Methodik der Volksschule, Geschichte der Erziehung und des Unterrichtes. Leipzig (Klinkhardt). 3. verb. Aufl. Leipzig/Wien (Klinkhardt).

Dittes, F. (1878/79): Vorwort. In: Paedagogium. Monatsschrift für Erziehung und Unterricht, I. Jg., 9-13.

Dittes, F. (1885): Über Pädagogik als Wissenschaft. In: Paedagogium. Monatsschrift für Erziehung und Unterricht, VII. Jg., 1-13; 81-98.

Dittes, F. (1890): Zum Gedächtnis Adolf Diesterwegs. Gesprochen auf dem achten deutschen Lehrertage am 27. Mai 1890 im Festsaale der Philharmonie zu Berlin. In: Paedagogium. Monatsschrift für Erziehung und Unterricht, XII. Jg., 545-564.

Dittes, F. (1896): Die Zersetzung der deutschen Pädagogik. In: Paedagogium. Monatsschrift für Erziehung und Unterricht, XVIII. Jg., 1-21.

Literatur

Dietrich, R. (1896): Friedrich Dittes. In: Neue Bahnen. Monatsschrift für Haus-, Schul- und Gesellschafts-Erziehung, VII. Jg., 12, 625-667.

Drewke, H. (o.J. [1897]): Dittes. Eine Gedächtnisrede (= Sammlung pädagogischer Vorträge). Bielefeld.

Freie Schulzeitung Reichenberg (1900): Die Enthüllung des Denkmals für Dr. Friedrich Dittes. In: Hamburgische Schulzeitung. Eine Wochenschrift für pädagogische Theorie, Kunst und Erfahrung, 8. Jg., 49, 398-399.

Gerdenitsch, C./Hopfner, J. (2008): Die „Tracht des Herbartianismus ... als Priestertalar und Küstermäntelchen". Die Herbartrezeption in österreichischen Zeitschriften für die Lehrerbil-

Friedrich Dittes (1829-1896) und das „Paedagogium"

dung am Beispiel von Friedrich Dittes. In: Hopfner, J./Nemeth, A. (Hg.): Pädagogische und kulturelle Strömungen in der k. u. k. Monarchie. Lebensreform, Herbartianismus und reformpädagogische Bewegungen. Frankfurt a.M. u.a., 89-101.

Gläser, L. (1982): Friedrich Dittes (= Lebensbilder großer Pädagogen). Berlin.

Goerth, A. (1898): Dr. Friedrich Dittes in seiner Bedeutung für die Geschichte der Pädagogik des 19. Jahrhunderts. In: Neue Bahnen. Monatsschrift für Haus-, Schul- und Gesellschafts-Erziehung, IX. Jg., 10, 513-533; IX. Jg., 11, 569-585; IX. Jg., 12, 625-640.

Günther, K.-H. (1957): Friedrich Dittes. Reden und Aufsätze zur Schulpolitik. Berlin.

Günther, K.-H. (1963): Bürgerlich-demokratische Pädagogen in Deutschland während der zweiten Hälfte des 19. Jahrhunderts. Diesterweg – Roßmäßler – Dittes – Sack. Berlin.

J.[essen] (1896): Dr. Friedrich Dittes †. In: Deutsch-österreichische Lehrer-Zeitung. Organ des Deutsch-österreichischen Lehrerbundes, 1. Jg., [Nr.] 11, 121-122.

Jopp, H. (Hg.) (1948): Beiträge zur Geschichte der Pädagogik. Zwickau, 96-99.

Jung, H./Katschinka, A./Clausnitzer, L. (1896): An die Lehrerschaft Österreichs und Deutschlands. In: Hamburgische Schulzeitung. Eine Wochenschrift für pädagogische Theorie, Kunst und Erfahrung, 4. Jg., 23, 292.

Mitzenheim, P. (1999): Ein Lehrerbildner im Geiste Diesterwegs – Über die Tätigkeit von Friedrich Dittes als Seminardirektor im Herzogtum Gotha. In: Blätter des Vereins für Thüringische Geschichte, 1. Jg., 9, 47-53.

Rißmann, Robert (1910): Erinnerungen an Friedrich Dittes. 1896. In: Ders.: Deutsche Pädagogen des 19. Jahrhunderts. Leipzig, 185-200.

Tenorth, H.-E. (2003): Schulmänner, Volkslehrer und Unterrichtsbeamte – F.W.A. Diesterweg, F.W. Dörpfeld, F. Dittes – In: Ders. (Hg.): Klassiker der Pädagogik. – Von Erasmus bis Helene Lange. 1. Bd. München, 236-243 [Dittes].

Zens, M. (1882): Dr. Friedrich Dittes. In: Wiener Pädagogische Gesellschaft (Hg.): Pädagogisches Jahrbuch. Wien/Leipzig, 29.

II.
Die erste Hälfte des zwanzigsten Jahrhunderts

Johannes Kühnel (1869-1928).
Ein Seminar- und Reformpädagoge als Klinkhardt-Autor
Uwe Sandfuchs

Der Seminaroberlehrer Johannes Kühnel ist einer der erfolgreichsten Klinkhardt-Autoren, der in seiner Zeit eine enorme Wirksamkeit gehabt hat. Obwohl er inzwischen häufig als zu Unrecht vergessener Pädagoge bezeichnet wird, wirken seine Beiträge zur universitären Lehrerbildung, zur Arbeitsschul- und Technikdidaktik sowie zur Mathematikdidaktik bis in unsere Zeit.

Sein Werdegang und sein praxisorientiertes Verständnis von Pädagogik als möglichst exakt arbeitende Berufswissenschaft von Lehrern weisen ihn als prototypischen Vertreter der Seminarpädagogik aus. Das gibt seinen Kontroversen mit Eduard Spranger, dem exponiertesten Vertreter der geisteswissenschaftlichen Universitätspädagogik, ihren besonderen Rang.

Vor diesem Hintergrund stellen wir ihn daher als Klinkhardt-Autor vor; verfolgen seine Biografie; stellen seine Arbeitsgebiete und sein Pädagogikverständnis vor; skizzieren seine Kontroversen mit Spranger und schätzen diese ein; verfolgen seine Rezeption als Arbeitsschulpädagoge in der DDR im Zusammenhang mit der staatlich verordneten Aburteilung der

Abb.1: Johannes Kühnel (Freundlich überlassen von Christoph Selter)

Reformpädagogik sowie als Technikdidaktiker und vor allem als herausragender Mathematikdidaktiker in der Bundesrepublik.

1. Kühnel als Klinkhardt-Autor

Johannes Kühnel (1869-1928) ist lange Jahre einer der erfolgreichsten Autoren des Verlages Julius Klinkhardt. Sein erstes Buch „Lehrproben aus dem Anschauungsunterricht mit methodischer Begründung" erscheint 1899. Unter dem griffigeren Titel „Moderner Anschauungsunterricht" erreicht das Buch zwischen 1907 und 1932 neun Auflagen. Zum Themenkreis Anschauung und Anschauungsunterricht gehören auch die „Neubearbeitung zu Jüttings und Webers Anschauungsunterricht und Heimatkunde für das erste bis dritte bzw. vierte Schuljahr" (eine Lektionensammlung, ab 1909 in vielen Auflagen), eine kommentierte Neuauflage von Comenius' „Orbis sensualium pictus" (1910) sowie Kühnels Dissertation „Comenius und der Anschauungsunterricht" 1911.
Ein weiterer Schwerpunkt sind Publikationen zum Handfertigkeits- und Technikunterricht, der „Technische Vorkurs" (1912)[1], „Der Handfertigkeitsunterricht vom Standpunkte der Pädagogen" (1915), „Technische Bildung" (1927)[2]. Der Leipziger Arbeitsschulpädagoge Otto Scheibner vermerkt im Nachruf auf Kühnel (1928, 530), dieser habe, um zu „voller Kennerschaft" im Technik- und Werkunterricht zu gelangen, sich zu Handwerksmeistern in die Lehre begeben. Es sei ihm zudem gelungen, die werktätige Erziehung „aus der Enge der Handfertigkeit" hinauszuführen und „die geistigen Bildungsaufgaben der Schule unter dem Gedanken der Arbeit" zu realisieren (ebd.). Für die Berichterstattung zur Arbeitsschule auf der Reichsschulkonferenz 1920 sei Kühnel daher in besonderer Weise qualifiziert gewesen.
Seine schulreformerischen Vorstellungen legt er in „Die alte Schule. Ein Buch vom deutschen Wesen und vom Frieden in der Welt" (1924) nieder. Die politische Zeitanalyse ist eher schlicht, Kühnels Vorstellungen von der äußeren und inneren Schulreform dagegen überzeugen.
Nach dem Krieg profiliert er sich als streitbarer Vertreter einer universitären Lehrerbildung für Volksschullehrer und gerät mehrfach mit Eduard Spranger aneinander. Seine Auseinandersetzung mit Sprangers „Gedanken über Lehrerbildung" (1920) erscheint unter dem gleichen Titel, ergänzt um den Untertitel „Eine Gegenschrift", ebenfalls bei Klinkhardt. Kühnels Schrift findet seinerzeit Beifall, aber wegen ihrer Polemik auch Kritik aus dem eigenen Lager, während Sprangers Position lange Zeit als überparteilich ausgewogen und unangreifbar galt. Die Spranger-Kritik der letzten Jahrzehnte (vgl. vor allem Meyer-Willner 1986) erfordert eine neue Sichtweise.

---
1 Verlag der Dürr'schen Buchhandlung in Leipzig.
2 Verlag der Dürr'schen Buchhandlung in Leipzig.

Abb. 2: Anzeige in der Leipziger Lehrerzeitung Nr.31/1922, 589. Kühnel ist der einzige Autor, für dessen Werke regelmäßig in der Leipziger Lehrerzeitung geworben wird. Der Hinweis auf Grundpreise und deren „Umrechnung mit der zurzeit gültigen Schlüsselzahl" verweist auf die Inflation.

Große Anerkennung finden Kühnels mathematikdidaktische Arbeiten. 1916 legt er seinen zweibändigen „Neubau des Rechenunterrichts" vor. 67 Jahre nach seiner ersten Publikation bei Klinkhardt, 39 Jahre nach seinem Tod erscheint der „Neubau" 1966 in elfter Auflage.[3] Bereits Scheibner (1928, 530) verortet das Werk „weit über der Höhenlage des gewohnten schulpädagogischen Schrifttums", Kühnel selbst bezeichnet kurz vor seinem Tod den „Neubau" im Vorwort der sechsten Auflage als „das Werk meines Lebens" (Kühnel 1929, VI).

Gleichsam nebenbei erleben seine „Vier Vorträge über neuzeitlichen Rechenunterricht" (1922) unter dem späteren Titel „Lebensvoller Rechenunterricht" bei Klinkhardt mindestens vier Auflagen (4. Auflage 1938), sie erscheinen 1949 noch einmal in sechster Auflage bei Ehrenwirth in München.

Insgesamt hat Kühnel in dreißig Jahren 22 Bücher (die wichtigsten und erfolgreichsten bei Klinkhardt) und 45 Zeitschriftenaufsätze publiziert. Zusätzlich hat er an acht Lehrbüchern beziehungsweise Lehrbuchreihen mitgearbeitet und Lehrmittel entwickelt (Schmidt 1978 – Selter 1997, 6f.). Mehr als ein halbes Jahrhundert, von 1899 bis 1966 war er Autor des Verlages Julius Klinkhardt.

Über Kühnels Geschäftstüchtigkeit, von der auch der Verlag profitiert hat, berichtet Michael Klinkhardt die folgende Anekdote: „Nach dem ersten Weltkrieg in der „Hochzeit" der Inflation als die Mark täglich an Wert verlor, bekam Kühnel Einladungen zu Vorträgen in die Schweiz, wo er seine Unterrichtsmethode vorstellte. Zu diesen Vorträgen nahm er ein Paket seiner mathematikdidaktischen Bücher mit und verkaufte sie nicht gegen Mark, sondern gegen Schweizer Franken, die ein vielfaches wertvoller waren. Diesen Verkaufserlös leitete er an den Verlag in Leipzig weiter und löste dort bei seinem Verleger unglaubliche Freude aus."

2. Zu Kühnels Biografie

Kühnel ist nicht nur wegen seiner beeindruckenden Lebensleistung als Lehrer, Lehrerbildner und pädagogischer Publizist von Interesse. Er ist ein herausragender und zugleich typischer Vertreter der sogenannten Seminarpädagogik. Seminarpädagogen wie Kühnel haben lange Jahre Programm und Profil des Verlages bestimmt.

---

3 Der Band ist eine Gemeinschaftsproduktion von Klinkhardt mit dem Turm-Verlag, Steufgen und Sohn, Düsseldorf. Auch Kühnels „Hilfsmittel für den Rechenunterricht" werden gemeinsam mit diesem Verlag vertrieben. Herausgegeben wird der Band von Dr. Eugen Koller, zu dieser Zeit Regierungs- und Schulrat in Regensburg, der selbst Mathematikdidaktiker ist und seit Jahrzehnten das Werk Kühnels betreut. Kühnel hat ihn vermutlich in seinen letzten Lebensjahren in München kennengelernt.

Johannes Kühnel (1869-1928)

Otto Scheibner schreibt im Nachruf zutreffend (1928, 529), Kühnel sei „eine der ungewöhnlich durchgebildeten Lehrerpersönlichkeiten, wie sie häufig aus den führenden sächsischen Seminaren hervorgegangen" seien.
Karl Trinks (1933) beschreibt in seiner Sozialgeschichte der Volksschullehrer deren „Standwerdung" (moderner: Professionalisierung) und arbeitet klug die Rolle der Pädagogik als Berufswissenschaft für die Entwicklung des ständischen Selbstbewusstseins heraus. Getragen von einem enormen Bildungsenthusiasmus habe sich die Volksschulpädagogik entwickelt. Sie habe sich in ständiger Konkurrenz zur philosophischen, also der universitären Pädagogik, befunden, die als zersplittert, einseitig und ziellos beschrieben wird (Trinks 1933, 62f.). Berufsständischer Zusammenschluss in den Lehrervereinen, permanente Verbesserung (vor allem Verwissenschaftlichung) der Ausbildung und der Fortbildung bei gleichzeitiger Distanz zu politischen Parteien und zu Gewerkschaften sollen zu beruflicher und sozialer Anerkennung der Lehrer führen. Ausbau und Modernisierung des Schulsystems sowie die Eröffnung schulischer „Karrieren", auch die Möglichkeit im Lehrerverein führende Positionen einzunehmen, machen den Lehrerberuf für soziale Aufsteiger aus überwiegend bäuerlich-handwerklichem und kleinstädtischem Milieu interessant (Heinemann 1977, 40). Die hier freigesetzte soziale Dynamik wird seit Beginn des zwanzigsten Jahrhunderts mit der kulturellen Dynamik der Reformpädagogik verbunden (Trinks 1933, 63f.). Die Seminarpädagogen wie zum Beispiel Kühnel vollziehen also gleichsam einen zweifachen Aufstieg über den Lehrerberuf zum Seminarlehrer.
In diesen Rahmen ist Kühnels Biografie gestellt. Er wird 1869 als Sohn eines Malers und späteren Dienstmannes am Dresdener Bahnhof geboren. Nach achtjährigem Volksschulbesuch absolviert er von 1883 bis 1889 die Ausbildung an Lehrerseminaren in Dresden und Pirna. 1891 legt er die Wahlfähigkeitsprüfung[4], die heutige zweite Lehramtsprüfung ab. Er arbeitet an Schulen in Neucoschütz, Plauen und Wilsdruff und wird kurz darauf 1892 Seminarhilfslehrer am Lehrerseminar in Borna. 1896 bis 1900 ist er ständiger Lehrer am Seminar in Bautzen, wo er den Handfertigkeitsunterricht einführt. Von 1900 bis 1907 arbeitet er als Oberlehrer am Lehrerseminar Bautzen, 1907 wird er Oberlehrer am neu eingerichteten Lehrerseminar Leipzig, wo er nur, unterbrochen durch zwei Beurlaubungen, bis 1925 tätig ist.
In all diesen Jahren bildet er sich intensiv weiter. 1890 absolviert er einen Zeichenlehrerkurs an der Kunstgewerbeschule zu Dresden und legt die Fachlehrerprüfung für den Zeichenunterricht ab. 1890/91 ist er als Gasthörer an der Technischen Hochschule Dresden eingeschrieben und belegt Kunstgeschichte,

---

4 Nach Ablegen dieser Prüfung ist eine Lehrkraft „wahlfähig" für den Schulträger und kann eine feste Anstellung erlangen.

Psychologie und Pädagogik. 1893 legt er die Fachlehrerprüfung als Techniklehrer ab. 1900 absolviert er einen Kurs über Obstbau für Lehrer in Bautzen. Während seiner Tätigkeit in Leipzig studiert er von 1907 bis 1911 an der dortigen Universität (vor allem bei W. Wundt). Für hervorragende Volksschullehrer bestand die Möglichkeit zum Studium an der Universität seit 1865. 1909 legt er dort die dem höheren Lehramt vergleichbare „Pädagogische Prüfung" ab.

1911 promoviert er mit dem Dissertationsthema „Comenius und der Anschauungsunterricht" zum Dr. phil., Erstreferent ist Ernst Meumann. 1912 wird Kühnel zum Professor ernannt.

1908/9 ist er zur Vorbereitung auf die Pädagogische Prüfung vom Dienst beurlaubt. 1921 lässt er sich für sechs Monate beurlauben, um sich „der Förderung des Arbeitsschulgedankens zu widmen". Er geht auf Vortragsreisen und hält in dieser Zeit 152 Vorträge in Deutschland, Österreich und der Schweiz. (Zu Kühnels Biografie vgl. Schmidt 1978, 615ff. – Selter 1997, 4ff.)

1925 lässt er sich im Alter von 55 Jahren nach einem ungewöhnlich arbeitsreichen Leben vorzeitig pensionieren. Der Grund ist wohl, dass sich 1924 seine Hoffnungen zerschlagen haben, analog zu Richard Seyfert in Dresden, zum Leiter des Pädagogischen Instituts (PI) an der Universität Leipzig berufen zu werden. Er hatte darauf viele Jahre hingearbeitet[5] und ist ohne Zweifel durch seine unermüdliche publizistische Tätigkeit und vor allem seine Kontroverse mit Spranger der neben Seyfert (vgl. Frotscher 1997) profilierteste Vertreter der Volksschullehrerausbildung in Sachsen. Statt seiner wird der Seminarpädagoge Johannes Richter zum Leiter des PI ernannt. Scheibner (1928, 529 f.) schreibt, Kühnel habe die akademische Lehrerbildung mit erkämpft, es hätten dann „Ungereimtheiten der Lage ihn um diese Anwartschaft gebracht". Schmidt (1978, 424) vermutet auf Grund einer persönlichen Mitteilung von Kühnels Tochter, Kühnel habe sich mit Seyfert überworfen.[6] Kühnel will Abstand gewinnen, er zieht enttäuscht mit seiner Familie nach Gräfelfing und arbeitet nur noch schriftstellerisch. Infolge zweier Schlaganfälle verstirbt er bereits 1928 im Alter von 59 Jahren.

3. Kühnels Arbeitsgebiete und sein Verständnis von Pädagogik

Kühnel selbst hat 1922 in Notizen zu seinem Lebenslauf und Werdegang eine Selbsteinschätzung seiner Arbeit gegeben:

---

5 1923 hatte er noch seine Aufsätze zur Volksschullehrerausbildung unter dem Titel „Die Lehrerbildung auf der Hochschule" noch einmal publiziert.

6 Zwei andere Interpretationen der Tatsache, dass Kühnel übergangen wird, geben 1956 Willy Steiger und Wilhelm Schneller – s.S. 71.

Johannes Kühnel (1869-1928)

„Berufstätigkeit: praktisch tätig gewesen in allen Fächern des Unterrichts, in Fremdsprachen nur vorübergehend. Gegenwärtig mit führend auf den Gebieten des Werkunterrichts (18 Jahre Praxis), des Elementarunterrichts (12 Jahre Praxis des 1. Schuljahres, seitdem 3.-8. Schuljahr und Seminar), des Rechenunterrichts (ca. 30 Jahre Praxis), der Schulreform (1921 z.B. 152 Vorträge über Schulreform gehalten bei 1/2jährigem Urlaub), der Lehrerbildung (viele Vorträge 1919-22 und Artikel)." (Zit. n. Schmidt 1978, 32)

Wenn Kühnel meint, er sei „gegenwärtig mit führend", ist dies durchaus zutreffend. Die hohen Auflagen seiner Bücher und zahlreiche Rezensionen sprechen dafür. Bis in die Gegenwart wird seine Arbeit auf einigen von ihm seinerzeit genannten Gebieten sogar als wegweisend akzeptiert – meist allerdings verbunden mit der Bemerkung, er sei eigentlich ein „vergessener" Pädagoge.

Kühnel sieht es als unabdingbar an, der Reform von Schule und Unterricht eine wissenschaftliche Grundlage zu geben. Er erteilt der überlieferten *„Meinungs- und Vermutungspädagogik"* eine klare Absage. Sie sei „tatsächlich keine ‚Wissenschaft', sondern nur ein System von Meinungen über allgemeine Plattheiten" (Schmidt, 427).

Er redet der „modernen", nämlich beobachtenden und experimentierenden Psychologie das Wort. Diese befinde sich noch in den Anfängen ihrer Entwicklung, habe aber gleichwohl „schon recht beachtliche Erfolge aufzuweisen", sie könne „eine exakte Analyse der Erziehungs- und Unterrichtsmethoden aufbauen" und wissenschaftlich begründete Handlungsanweisungen geben (ebd.).

In diesem Wissenschaftsverständnis finden sich die Auffassungen von W. Wundt und E. Meumann wieder, bei denen Kühnel ab 1907 studiert beziehungsweise promoviert hat (Schmidt 1978, 33ff. – Selter 1997, 22ff.). Dies beschreibt die Zusammenhänge jedoch nur unvollkommen. Die experimentelle Pädagogik versteht sich nämlich selbst als eine Reformbewegung (Hopf 2004, 237), Tenorth (2002, 224) nennt sie den „szientistischen Flügel der Reformpädagogik". Der Zeitgenosse A. Fischer sieht die experimentell-pädagogische Forschung als spezifisch für die Reformpädagogik an, deren Kindorientierung dies nahe lege (Hopf 2004, 237).

Hopf (ebd., 251f.) sieht die Volksschullehrerschaft als entscheidendes Bindeglied zwischen Reformpädagogik und experimenteller psychologisch-pädagogischer Forschung. Die Volksschullehrer erhoffen sich wissenschaftlich fundierte Handlungshilfen und die Lehrervereine, allen voran der Leipziger Lehrerverein, finanzieren experimentelle Forschungen. Die Hoffnungen in die experimentelle Pädagogik werden am Ende enttäuscht, zum einen sind die Erwartungen grundsätzlich nicht falsch, aber insgesamt zu groß, zum anderen bleibt die reichsweite Akademisierung der Volksschullehrerausbildung aus. Vor allem aber unterliegt die experimentelle Pädagogik im universitätspolitischen Machtkampf.

Die entscheidende Zäsur wird durch die „Pädagogik-Konferenz" vom Mai 1917 markiert. Eigentlicher Anlass ist eine neue Prüfungsordnung und die mit der „Hebung des Oberlehrstandes" verbundene Einführung des Referendariats. Im Effekt geht es um eine Neuorientierung der Pädagogik, deren zentrale Aufgabe sei die Vermittlung einer Berufsethik. Die Teilnehmer der Konferenz sind weitgehend einig in ihrer „Abwehr der empirischen Psychologie, der Volksschulpädagogik und der Übungsschule" (Tenorth 2002, 207). „Die siegreiche Form ist die einer philosophisch, ethisch und historisch argumentierenden Kulturwissenschaft (…) ‚rein theoretisch' (…) und ‚rein wissenschaftlich' wie die Universität selbst." (ebd., 207f.) E. Spranger vertritt wie einige andere auch diese Position, er „grenzt ein auf praktisches Alltagshandeln von Lehrern zielendes Verständnis von Pädagogik aus und nennt als Beispiel die „ad hoc getriebene Wissenschaft" der Volksschullehrer (ebd., 204 – vgl. auch Hopf 2004, 207f.).

Die Konferenz hat eine bis in die 1960er Jahre wirkende Weichenstellung in der Berufungspolitik nach sich gezogen (vgl. Roth 1962). Der Konflikt und die Kontroverse Spranger – Kühnel 1918 und 1920 (s.u.) ist zugleich der Konflikt zwischen der Seminar- und Reformpädagogik einerseits und dem vorherrschenden Strang der Universitätspädagogik andererseits. Letztere ist in dieser Zeit im Klinkhardt-Verlag nicht vertreten.

4. Kühnels Kontroverse mit Eduard Spranger über die universitäre Volksschullehrerbildung

Kühnel ist einer der bekanntesten und herausragenden Vertreter der universitären Ausbildung für Volksschullehrer. Bis heute wird seine „Gegenschrift" zu E. Sprangers „Gedanken über Lehrerbildung" (1920), die im gleichen Jahr und unter dem gleichen Haupttitel bei Klinkhardt erschienen ist, regelmäßig genannt, wenn die Auseinandersetzung dargestellt wird. Angemessen gewürdigt ist sein Beitrag zur Lehrerbildung allerdings bis heute nicht. Das liegt meines Erachtens vor allem am über Jahrzehnte unangefochtenen Renommee Sprangers und beginnt schon in der zeitgenössischen Diskussion. In einer umfänglichen Rezension beider Schriften stimmt zum Beispiel der Seminarlehrer F. Feurig (1920, 17ff.) Kühnels Forderung nach universitärer Bildung der Volksschullehrer zu. Sprangers Ausführungen zum Bildungsbegriff imponieren ihm jedoch sehr, auch wenn er deren Konsequenzen nicht folgen mag, Spranger verfahre „rein darlegend", Kühnel hingegen polemisch und „in vielen Punkten anfechtbar". Die Tendenz: Kühnel als Mann der Praxis versteht wohl mehr von Lehrerbildung, aus der Bildungstheorie sollte er sich aber besser heraushalten.

Im Kern hat diese Position über 50 Jahre Bestand. H. Kittel gibt noch 1965 eine derartige Darstellung der Diskussionen über die Lehrerbildung auf der

Reichsschulkonferenz. Kittel teilt die Kontrahenten in zwei Gruppen: Die einen richten die Aufträge ihres Verbandes, ihrer Organisation aus, „salvieren" ihr „Vertretergewissen", äußern sich parlamentarisch-taktisch, führen Debatten um ihrer selbst willen und klammern sich an vorgefasste Meinungen, so dass, „was überdurchschnittliche Geister zu sagen hatten, in respektloser Gleichmacherei unterzugehen" drohe. Wenn diese „Vertreter" sich gleichwohl auf hohem Niveau äußern, vermerkt Kittel Bedrücktes über die Willfährigkeit des Geistes oder urteilt, da hätten diese (Johannes Tews, C. L. A. Pretzel und Paul Oestreich immerhin) ihre Vertreterrolle abgestreift und als Vertreter ihrer selbst gesprochen (Kittel 1965, 54ff.).
Die anderen verkörpern die „schöpferische Idee" (ebd., 60), sind ausschließlich der Sache verpflichtet und führen die Diskussion auf das „Kampffeld des freien Geistes". Zu der Einlassung des Universitätsvertreters Adolf von Harnack schreibt er unter anderem:
„In Harnacks Rede war die Atmosphäre der Interessenvertretung durchstoßen; jeder Gedanke an sie musste die in ihr entwickelte Sachlichkeit als schneidende Kritik der bloßen Vertretergesinnung empfinden lassen…" (ebd.,57).
Wer sich also „ein Gefühl für das Gewicht von Gründen" bewahrt habe, müsse Sprangers Idee der Bildnerhochschule akzeptieren. Die Auseinandersetzung mit kritischen Schriften wie der von Kühnel und anderen lehnt er mithin als unergiebig ab.
Diese naive Sicht der Dinge steht in direktem Gegensatz zur Realität, wie wir aus Sprangers eigener Hand wissen. F. H. Paffrath (1971) hat Sprangers Aufzeichnungen zu seiner Beteiligung an der Reichsschulkonferenz publiziert und G. Meyer-Willner (1981) hat aufgrund weiterer Quellen Kittels Sicht grundlegend revidiert.
Tatsächlich nämlich liefert Spranger, der schon das Abitur für Volksschullehrer ablehnte, mit seiner Schrift über die Bildnerhochschule, mit seinen Versuchen, einflussreiche Persönlichkeiten zu gewinnen, die helfen, den „Ansturm der Volksschullehrer auf die Universität" zu stoppen und mit seinem Agieren auf der Reichsschulkonferenz ein taktisches Bubenstück ab.
Am 26. Oktober 1919 schreibt er an den preußischen Kultusminister C. H. Becker, es müsse „eine neue klangvolle Devise" (im Brief unterstrichen – U.S.) her, um die Volksschullehrer von der Universität fernzuhalten (zit. n. Meyer-Willner 1981, 230). Diese hat er in der sogenannten Bildnerhochschule gefunden, die seinen Beteuerungen nach den bestehenden Hochschulen „gleichwertig, aber nicht gleichartig" sei, und die er elegant bildungstheoretisch begründet. Schon ein Spranger sehr gewogener Zeitgenosse meint, die Bildnerhochschule könne man leicht als „umfrisiertes" Lehrerseminar erkennen (vgl. ebd., 242). Meyer-Willner fasst Sprangers eigene Kommentare in der Bemerkung zusammen, es handele sich hier um ein „taktisches Verlegenheitsprodukt" (ebd.).

Sprangers Aufzeichnungen von der Reichsschulkonferenz zeigen ihn als umsichtigen Taktiker hinter den Kulissen, der die Hochschullehrer mehrmals auf eine gemeinsame Linie einschwört, insbesondere Harnack, der nach seiner Wortmeldung bei Spranger anfragt, ob es so zweckmäßig gewesen sei, Spranger stellt Opponenten und „Umfaller"[7] zur Rede und schreibt über sein eigenes Referat, die Kunst seiner Rede habe vor allem in dem gelegen, was er „nicht gesagt" habe (vgl. Paffrath 1971, 225-233 – Sandfuchs 1978, 58ff.).

Vor diesem Hintergrund lesen sich Kühnels Argumentation und auch seine Polemik ganz anders. In diesem Aufsatz kann die Auseinandersetzung nur kurz umrissen werden.

Spranger betont einleitend mit Nachdruck, sein Text sei keine politische Schrift. Sie ist in der Tat zum größeren Teil bildungstheoretisch angelegt, allerdings in politisch-taktischer Absicht. Alle Ausführungen zu Wissenschaft und Bildung, zu Bildungswerten und Bildsamkeit laufen darauf hinaus, dass es zwei Lehrergruppen mit unterschiedlichen Aufgaben gibt und braucht:

„Ich behaupte, daß jeder Lehrer Wissenschaft und wissenschaftlichen Geist besitzen muss, daß es aber zwei verschiedene Aufgaben sind, Gelehrsamkeit fortzupflanzen und Menschenbildner im umfassenden Sinne zu sein. Das haben ja auch die echten Erzieher unter den Lehrern aller Schulen stets empfunden, wie viel dem Wissenschaftler, dem Gelehrten daran fehlt, um Bildner in höchstem Sinne zu sein. Haftet dem wissenschaftlichen Lehrer nicht immer etwas vom Spezialistentum und von bedenklicher Lebensferne an?" (Spranger 1920, 39).

Das Zitat lässt auch die durchgängige Strategie erkennen, für die höheren Lehrer gibt es milden Tadel (Wer wollte dem widersprechen?), der „Volkslehrer" und seine Aufgaben werden in höchsten Tönen besungen (Wer wollte sich da nicht freuen?). Da „in dem großen Ganzen der Kultur wie der Bildung" Wissenschaft nur einen Teil ausmache, scheint es Spranger „ein noch höheres Ideal", eine Stätte zu schaffen, an der „der Bildungsgedanke als solcher zu seiner höchsten Darstellung" komme (ebd.).

Der Aufstiegswille der Volksschullehrer rechtfertige sich schon heute durch ihre „hervorragenden Kulturleistungen", vollzogen werde der Aufstieg sein, „wenn die Pädagogischen Hochschulen gleich den Technischen durch *originale Bildungsleistungen* (Hervorhebung im Original - U.S.) ihren Befähigungsnachweis erbracht" hätten (ebd., 63). Dann wendet Spranger die Blickrichtung noch einmal:

---

7 Zu Sprangers taktischen Manövern gehört, dass er seine Schrift zwei Reformpädagogen Carl Götze aus Hamburg und Karl Muthesius aus Weimar widmet, die beide nicht auf seiner Seite stehen und diese „Ehrung" als höchst zweifelhaft empfinden müssen. Götze ist später an der Einrichtung der universitären Volksschullehrerausbildung in Hamburg beteiligt, Muthesius rechnet Spranger zu den Umfallern, denen er eindringliche Vorhaltungen macht (vgl. Paffrath 1971, 232 - Sandfuchs 1978, 60).

Johannes Kühnel (1869-1928)

„Denn seinen sozialen Rang empfängt man nicht oder sollte man nicht empfangen von da aus, wo man gelernt hat, sondern von da, wo man leistet. Die Arbeit des Volkslehrers [...] muss sich durch sich selbst adeln. Dann wird die Ungleichartigkeit der Aufgabe nicht mehr den leisesten Zug der Ungleichwertigkeit mit sich führen" (ebd., 63f.). Und dann die höchste Volte: „Es ist ein neuer Typus der Kulturtätigkeit, den ich entwickelt habe. Wer sagt uns, daß er nicht [...] die entsprechenden Leistungen der Universität überflügeln wird?" (ebd., 64).

Sprangers Hinweise zum Studienaufbau und zur Studiengestaltung sind knapp und wenig präzise, so dass nicht kenntlich wird, wie sich der neue Hochschultypus in die ihm prophezeiten Höhen erheben könnte. Sprangers einschränkende Bemerkungen, was denn die Universität in der Lehrerbildung nicht zu leisten imstande (oder willens – U.S.) sei, scheinen allerdings auch aus heutiger Sicht teilweise durchaus bedenkenswert. Die Vorstellung nämlich, die Universität werde sich den Bedürfnissen der Volksschullehrerausbildung anpassen, die sich in der ständig wiederholten Formel äußert, man denke nicht an die Universität wie sie heute sei, erweist sich im Rückblick als unrealistisch.

Kühnels Gegenschrift liest sich schwerfällig, ja zäh. Seine Verfahrensweise, dem Gang der Sprangerschen Argumentation zu folgen und sie dabei akribisch zu widerlegen, ist redlich aber unvorteilhaft, weil, von Kühnel ungewollt, Spranger gleichwohl den Takt vorgibt. Aber: Kühnel kennt seinen Spranger, die beiden haben in Leipzig vermutlich manchen Strauß ausgefochten.

Bekannt ist ihre Kontroverse über die Einrichtung von Lehrstühlen für praktische Pädagogik. Kühnel hatte dies 1918 in einem Aufsatz gefordert, von dem Meyer-Willner (1981, 73) annimmt, es habe sich dabei um ein Gutachten für das sächsische Volksbildungsministerium gehandelt.

Die Pädagogik bedürfe mehr als bisher der „Fundamentierung auf exakte wissenschaftliche Forschung", vor allem um in die „Praxis der Erziehung und des Unterrichts" einzuführen (Kühnel 1918, 59f.). Spranger lehnt dies in einer Stellungnahme ab: Es gebe in Leipzig bereits eine „Professur für Gymnasialpädagogik" (Sprangers Professur – U.S.) mit drei praxiserfahrenen Mitarbeitern, allenfalls sei an einen weiteren „Mitarbeiter für den Elementarunterricht und einige Volksschulfächer" zu denken, der wohl Bedürfnisse der an der Universität studierenden Volksschullehrer zu befriedigen hätte. Spranger betont, die Trennung von wissenschaftlicher und praktisch-pädagogischer Ausbildung habe „guten Grund in der Sache". Kühnels Aufsatz sei „nichts anderes als der seit Jahrzehnten gewohnte Vorstoß gegen den wissenschaftlichen Lehrwillen der philosophischen Fakultät" (zit. n. Meyer-Willner 1986, 74 ff.). Die Positionen sind also längst bezogen.

Trotz ihrer Sperrigkeit sind Kühnels „Gedanken über Lehrerbildung" lesenswert. Er kritisiert Sprangers Vorstellungen von „reiner Wissenschaft" und Bildung als lediglich „persönlicher Geisteshaltung" als zu eng und weist auf die Bedeutung von Wissenschaft und Bildung für eine werterfüllte Lebenspraxis hin. Er lässt, an den alten Streit von 1918 anknüpfend, Sprangers Geringschätzung einer praxisorientierten psychologisch-pädagogischen Forschung nicht gelten, wiederholt seine Forderung „praktische Pädagogen zu wissenschaftlicher Forscherarbeit mit" heranzuziehen (Kühnel 1920, 15), wendet sich gegen Sprangers These vom „geborenen Erzieher" (ebd, 20): So „wie die ‚Wissenschaft' der Medizin – in Verbindung mit der Praxis – den Arzt ‚macht', so ‚macht' die theoretische Pädagogik – ebenfalls in Verbindung mit der Praxis – den Erzieher" (ebd. 21). Wissenschaft, so Kühnel weiter, sei „unbedingte Voraussetzung" und nicht wie Spranger meine, „ein zum pädagogischen Tun nachträglich Hinzukommendes" (ebd.).

Sprangers taktische Winkelzüge benennt er als solche: Spranger konstruiere ein Lehrerbild, das ihm ermögliche, „Lehrer und Oberlehrer begrifflich weit auseinander zu reißen" (ebd., 23); Oberlehrer hätten aber keineswegs nur „die Aufgabe Gelehrsamkeit fortzupflanzen", vielmehr sollten sie „Bildung vermitteln, damit der Riß in unserem Volk verschwinde" (Kühnels immer wiederkehrendes Motiv), auch sie seien „Menschenbildner im umfassenden Sinn" (ebd., 27).

Abschließend setzt er sich mit Sprangers Aussagen auseinander, die Aufgabe des Volkslehrers sei „keineswegs eine rein wissenschaftliche", er müsse „Qualitäten in sich entwickeln, die bei ausschließlich wissenschaftlicher Einstellung verkümmern" würden (ebd.). Kühnel hält gegen: Ersteres behaupte niemand und ausschließlich wissenschaftlich eingestellt sei kein Mensch, Spranger selbst gewiss nicht, „sonst hätte er diese Schrift gar nicht geschrieben" (ebd., 51). Spranger behaupte Forderungen, die es gar nicht gebe, um dann gegen sie zu Felde zu ziehen, nämlich:

„1. Die Universität hat den Charakter *ausschließlicher* Wissenschaftlichkeit (falsche Behauptung!).
 2. Wer die Universität besuchen will, wünscht *ausschließlich* wissenschaftliche Einstellung (ebenfalls falsch!).
 3. Da die Lehrer die Universität wünschen, verlangen sie *ausschließlich* wissenschaftliche Einstellung (falscher Schluß infolge des falschen Vordersatzes 2).
 4. Ausschließlich wissenschaftliche Einstellung lässt andere Werte verkümmern (richtig!)
 5. Da die Lehrer nicht andere Werte verkümmern lassen dürfen, dürfen sie nicht an die Universität (falscher Schluß auf Grund der falschen Vordersätze!)" (ebd., 52).

Erwähnt sei noch, dass Kühnels Plan der Organisation und Inhalte für eine universitäre Lehrerbildung – im Gegensatz zu Sprangers wenigen Hinweisen – solide durchgearbeitet ist (ebd., 43ff.).

Sprangers Bemerkung schließlich, die Pädagogische Hochschule könne „bei entsprechenden Leistungen" die Universität gar überflügeln, kontert Kühnel trocken: Es fehle die Forschung mit ihrer Anregungskraft, es fehle der wissenschaftliche Apparat, es fehlten „Fachwissenschaftler von Ruf für alle Gebiete". Trotz der schönen Worte gehe es nur darum, „die scharfe Trennung des Erzieherberufs zu vertiefen" und „an Stelle der Sache Titel zu vergeben". „Ob man solche Anstalten Hochschule nenne, habe keine Bedeutung", es gebe ja „auch Schneider- und Frisurakademien" (ebd., 42).

Es kommt bei der Beurteilung beider Texte nicht darauf an, wer im einzelnen Recht hat. Entscheidend ist vielmehr, dass Spranger seine Position (und die damit verbundenen Interessen) tarnt und ein im Ganzen unsympathisches Geflecht aus Bemerkenswertem und Taktischem präsentiert, während Kühnel seine Position ganz offen, geradlinig und damit auch argumentativ gut nachvollziehbar vorträgt.

5. Die Rezeption von Kühnels Arbeitsschulpädagogik und seiner Konzeption einer Technischen Bildung

In den 1950er Jahren wird Kühnel in der DDR Gegenstand der Kontroverse um die Einschätzung der Reformpädagogik generell und der Arbeitsschule im Besonderen. Im Zuge der staatlich verordneten Kritik der Reformpädagogik nimmt sich G. Hohendorf u.a. Kühnels Arbeitsschulplan vor und identifiziert Kühnel als „bürgerlichen Ideologen", der zur „reaktionären Richtung der Pädalogie" zu rechnen sei und sich zur Begründung seiner Arbeitsschule lediglich auf die „reaktionäre bürgerliche Psychologie" stütze (Hohendorf 1954, 135). Mehr als schlecht belegte Unterstellungen kommen dabei nicht heraus. Wir zeigen dies, indem wir Kühnels und Hohendorfs Aussagen gegenüberstellen. Kühnels Leitsätze, die er vor dem Landesschulausschuss in Dresden (1920, 34) und später auf der Reichsschulkonferenz entwickelt hat, lauten unter anderem:

„1. Die Notwendigkeit eines neuen sittlichen und wirtschaftlichen Aufstiegs unseres Volkes verlangt eine Umgestaltung unserer gesamten Erziehung. Bei dieser Umgestaltung sind Änderungen im äußeren Auf- und Ausbau der Schulen nicht zu umgehen. Wichtiger noch und für den äußeren Aufbau von grundlegender Bedeutung sind die inneren Umstellungen, welche im Bild auf die Zukunft von uns gefordert werden.

2. Wir müssen die vorwiegend stofflichen Ziele [...] mehr in den Hintergrund rücken zugunsten von Erziehungszielen, welche die Entwicklung der Per-

sönlichkeit fürs Leben anstreben. Das Stoffliche wird dabei keineswegs gering geschätzt, es wird nur an den zweiten Platz gestellt.
3. In demselben Sinne werden wir uns [...] bemühen müssen, die heutigen Stoffpläne durch Bildungspläne zu ersetzen, die zunächst die geförderte Entwicklung aller wertvollen körperlichen und geistigen Fähigkeiten, aller individuellen und sozialen Tugenden zum Gegenstand haben, und Auswahl und Ausmaß des Stoffes daran anschließen.
4. Wir werden [...] Erziehungsmethoden entwickeln, die die gesamte Erziehung auf die Grundlage der Arbeit stellen, der sich Unterricht und Gemeinschaftsleben sinngemäß und ungesucht anzugliedern haben.
5. [...] Es ist jedem Zögling die Möglichkeit der Arbeit zu gewähren, auch der körperlichen. Zu diesem Zwecke ist der Werkunterricht als verbindliches Fach auf allen Schulstufen einzuführen und die Lehrer aller Schulen sind in großem Maße in den Stand zu setzen, diesen Unterricht zu erteilen."

Hohendorf (1954) kritisiert im Einzelnen:
– Kühnels Erziehungsziel ‚Sittlichkeit' sei eine „von allen gesellschaftlichen Bedingungen gelöste ‚Sittlichkeit'", und wie schon Lenin gezeigt habe, nur „bürgerliche Heuchelei". Kühnel sei zudem nur ein „Praktizist", der die alte Schule nur methodisch verändern wolle (ebd., 130).
– Kühnel sehe „Unterricht und Arbeit als Gegensätze" und halte den Lernprozess im Unterricht nicht für eine gesellschaftlich notwendige Tätigkeit. Sein Arbeitsschulplan sei „reaktionär, weil er die allseitige und wissenschaftliche Ausbildung des Menschen" verhindere (ebd., 131).
– Kühnel schreibt, die Schule solle „die persönlichen Anlagen eines jeden Kindes" erkennen und entwickeln. Hohendorf (ebd.) schließt daraus, Kühnel wolle den Klassenverband auflösen, die angestrebte Individualisierung werde zudem „dem Zustandekommen eines proletarischen Klassenbewusstseins" entgegenwirken.
– Kühnel verzichte auf „einen verbindlichen Lehrplan" und „die Vermittlung einer dem Entwicklungsstand der Wissenschaften entsprechend festgesetzte Stoffmenge" für alle Schüler und lehne „die allseitige Ausbildung des Menschen" ab (ebd., 132).

Allerdings lassen die oben zitierten Leitsätze Kühnels keine dieser Schlussfolgerungen zu, auch sonst finden sich bei Kühnel keine Äußerungen, die Hohendorfs Kritik rechtfertigen.
In der Zeitschrift „Pädagogik" (1956) entzündet sich daraufhin eine Diskussion, in der zunächst Willy Steiger, der vor allem durch „S' blaue Nest" (1925), einen wundervollen Bericht aus seiner Schulpraxis an der Hellerauer Reformschule bekannt ist, das Wort ergreift. Die Redaktion der „Pädagogik" und Steiger selbst

(Steiger 1956, 26) berufen sich auf Aussagen des Ministers für Volksbildung, es solle die Weimarer Schulreform untersucht werden, ob sie didaktisch-methodische Bestrebungen aufzuweisen habe, die für die demokratische Schule von Bedeutung sein könnten.
Steiger bricht leidenschaftlich eine Lanze für seinen „hochverehrten Lehrer". Aus eigenem Erleben und aus Kühnels Schrifttum gibt er eine Reihe von Beispielen, die zeigen sollen, dass Kühnel alles andere als ein Reaktionär sei und den Erwerb allseitigen Wissens keineswegs verhindert habe – im Gegenteil (ebd., 26-32). Werkunterricht, den die Sowjetunion 1954, im Jahr des Erscheinens von Hohendorfs Kritik, eingeführt habe, sei von Kühnel schon 1920 gefordert worden, Schulwerkstätten und Schulgärten seien ebenfalls aktuell. Kühnels ‚Technische Bildung' habe „hochaktuellen Wert" und könne helfen, die „polytechnische Bildung rasch vorwärts zu treiben" (ebd., 32).
Viktor Kuhn (1956, 530-533) kritisiert eingangs einige politisch akzentuierte Äußerungen Kühnels vor 1918 und verweist dann auf einen „ernsthaften" Wandel 1918/19, als Kühnel sich vorbehaltlos zur Weimarer Demokratie bekennt. Zwar könne man „heute" nicht allem beipflichten, was „unter den Bedingungen der kapitalistischen Gesellschaftsordnung" fortschrittlich gewesen sei, Kühnel habe aber nicht in allem falsch gelegen. Vor allem Kühnels Ergänzung der Allgemeinbildung um die Technische Bildung, deren persönlichkeitsbildenden Wert, deren erzieherische Zielsetzungen und praktische Konsequenzen erscheinen ihm „uneingeschränkt beachtenswert" (ebd., 532). „Hier können wir anknüpfen und für die Methodik des polytechnischen Praktikums vieles verwerten." Er schließt, indem er die einleitend zitierte Aussage des Ministers Lange paraphrasiert: „In diesem Sinn sollten wir auf Kühnel als Schulpraktiker Kurs nehmen" (ebd., 533).
Die Diskussion wird abgeschlossen mit einer recht kurzen „Klarstellung". Der Autor Wilhelm Schneller, der mit Steiger in einer Seminar-Klasse war, (1956, 533f.) schreibt, Steiger habe sich „auch heute noch nicht von der Reformpädagogik gelöst" und mache deshalb Kühnel zum „Vorläufer der Sowjetpädagogik" (ebd., 533). Außerdem sei ihm bekannt, dass „Kühnel eindeutige Bekenntnisse zum imperialistischen Deutschland abgab" (ebd.). Zum Beleg zitiert er eine Wendung, die Kühnel in seiner Schrift „Vier Vorträge zum neuzeitlichen Rechenunterricht" (1922) verwendet und die auch im Untertitel von „Die alte Schule" (1924) auftaucht, dass nämlich, wenn die Jugend wieder zu geistiger und sittlicher Bildungshöhe gelangt sei, „wahr werde, daß ‚am deutschen Wesen die Welt genesen' möge". Diese Wendung ist in der Tat höchst fragwürdig, dass allerdings Kühnel Imperialist sei und die „dem Imperialismus gemäße Schule" habe schaffen wollen (ebd.), lässt sich nicht belegen. Kühnels Grenzen als politischer Denker werden hier allerdings aufgezeigt.

In diesem Zusammenhang greift Schneller eine Äußerung Steigers (1925, 31) auf, „Kühnel hätte selbstverständlich Leiter der neuen akademischen Ausbildung in Leipzig werden müssen", die „herrschenden Kreise" hätten nun Rache genommen für die Angriffe in dem Buch „Die alte Schule": „Er war den maßgebenden Leuten viel zu proletarisch. Der Sohn eines Dienstmannes! Ganz unmöglich!" Steiger beruft sich dabei auf ein Gespräch mit Kühnel im Jahr 1926. Schneller meint, diese Darstellung sei nicht richtig, entscheidend sei Kühnels zweifelhafte politische Haltung gewesen, man habe Kühnel einen politisch unverdächtigen Liberalen vorgezogen. Meines Erachtens treffen weder Steiger noch Schneller den Kern der Sache. Denn Kühnels politische Haltung ist nicht zweifelhaft, zudem klingt die Auskunft, die Schmidt (1978, 424 – s.o.) von Kühnels Tochter erhalten hat, überzeugender. Die Frage, warum Kühnel tatsächlich übergangen wurde, ist damit aber noch nicht geklärt.

In den letzten Jahren ist Kühnel in der Bundesrepublik als wichtiger Vorreiter Technischer Bildung wiederentdeckt worden (Heller 1990 – Schlagenhauf 1998).

Kühnel habe sich „gründlicher als jeder andere in seiner Zeit mit der Didaktik des Technikunterrichts" befasst, schreibt Heller (1990, 175) und meint (ebd., 176f.), wie auch Schlagenhauf (1998, 9), es sei verwunderlich, dass die Vertreter des Schulfaches Technik sein Konzept bislang nicht zur Kenntnis genommen hätten, da hier ein handlungs- und problemorientierter Technikunterricht angelegt sei, bevor der Werkunterricht unter musisch-kunsterzieherischen Einfluss die technische Bildung aus den Augen verloren habe (ebd., 12).

Kühnel entwirft einen technischen Vorkurs als Schulfach für die Mittelstufe der Volksschule sowie entsprechende Klassenstufen der mittleren und höheren Schulen. Der Technikunterricht soll fachspezifisch in den naturwissenschaftlichen Fächern fortgesetzt werden, daher werden vor allem Geräte gebaut, die wie der Nistkasten oder das Universalstativ im späteren Fachunterricht von Nutzen sind.[8]

Seine Beispiele sind so angelegt, dass technische Sachverhalte problemorientiert erschlossen und auch alternative Lösungen gefunden werden können. Gelernt wird „in eigenem Tun und Versuchen, in eigenem Problemaufstellen und Problemlösen" (Kühnel 1922b, 94f.). – „Die Entwicklung führt weiter zur technischen Phantasie, die neue technische Möglichkeiten und Kombinationen sich vorstellen kann, (...)" (Kühnel 1927, 12). Die „bedächtige Vergeistigung" ist – so Kühnel – charakteristisch für Technische Bildung (ebd., 15). Da der Stellenwert des Schulfaches Technik nach wie vor ungeklärt ist, bleibt allerdings

---

8 Gleichsam nebenbei stellt Heller (1990, 169) fest, dass Kerschensteiners berühmtes „Starenhaus" eine klassische Werkaufgabe ist, die auch von Kühnel (1912, 75-89) schon breit behandelt wird.

die schulpraktische Wirkung des Kühnelschen Konzeptes – im Unterschied zu seiner Mathematikdidaktik – gering.

6. Kühnels Beitrag zur Mathematikdidaktik

Kühnel ist auch zu literarischen Ehren gekommen – zu unverdienten allerdings.

Walter Kempowski beschreibt in seiner Chronik des deutschen Bürgertums „Aus großer Zeit" das düster-verstaubte Klassenzimmer, in dem sein Vater Karl um 1910 seine Grundschulzeit verbringt. Unter anderem heißt es da:

„Ein mit Holzfarbe gestrichener Schrank steht in der Ecke, mit einem Glas obendrauf, in dem eine tote Schlange schwimmt. Er wird von einem krummgeschlagenen rostigen Nagel zugehalten; darin liegen die großen Rechentafeln nach ‚Kühnel', ein Brocken Kreide von der Insel Rügen, zwei Schlüssel, von denen man nicht weiß, wo sie hingehören, alte Hefte und eine Apothekerwaage, deren Gewichte schon lange fehlen" (Kempowski 1978, 35).

Verstaubt und obendrein geistlos ist auch der Unterricht in Fräulein Seegens Privatschule:

„Bei Fräulein Seegen lernt Karl Schreiben und Lesen und vor allem natürlich Rechnen: ‚Eins und eins ist zwei' zunächst und später dann, daß 17 Schock Eier soundsoviel Mark kosten: ‚Wieviel kosten dann zwei Mandeln?'" (Ebd., 36).

Kühnel hat diese „Ehrung" wie gesagt nicht verdient. Zu dieser Zeit waren Kühnels mathematikdidaktische Arbeiten noch nicht publiziert, mithin können seine Rechentafeln nicht in des alten Fräuleins Schrank verstauben. Und die hanebüchene Rechenmethodik, mit der die Schüler traktiert werden, ist der genaue Gegensatz zur Kühnelschen Didaktik.

„Mit dem Zahlwort ist nie und nimmer der Zahlbegriff gegeben" sagt Kühnel (1954, 22) und verweist auf Befunde von E. Meumann, dass die meisten Kinder bei Schulaustritt verständig nur mit den Zahlen 3 und 4 umgehen könnten; ihr Zählen sei demnach nur mechanischer Natur. Die Entwicklung erster Zahlbegriffe wie *viele, mehr, weniger, zuviel, zuwenig* müsse „an die engste Interessensphäre der Kinder gebunden" (ebd., 23f.) dem Rechnen vorangehen. Dem landläufigen Rechenunterricht wirft er verfrühte Abstraktion, geistlosen Schematismus, mechanisches Abarbeiten unter dem „Stoffprinzip", „Vernachlässigung eigentlicher mathematischer Bildung und praktischer Anwendung" vor (ebd., 18).

Im Urteil seiner Zeit gemessen sind Kühnels Arbeiten zum Rechenunterricht ein „Markstein", ein „wahres Meisterstück", ein „Monumentalwerk", das „Bedeutendste und Tiefgründigste" zum Rechenunterricht der Gegenwart und mithin berufen, die „gesamte rechenmethodische Literatur dieses Gebiets abzulösen".

Dieses und noch mehr nachgerade hymnisches Lob ist in Rezensionen in pädagogischen Fachzeitschriften zu lesen - hier zitiert nach einer Zusammenstellung des Verlags für Werbezwecke (Selter 1997, 70).

Kühnels Konzeption bleibt bis in die 1960er Jahre erhalten. E. Koller, gleichsam Verwalter von Kühnels Didaktik, ist nach 1945 an der Erstellung der Lehrpläne für den Rechenunterricht an bayerischen Volksschulen beteiligt und verfasst auch Lehrbücher zum Rechenunterricht. Schmidt (1978, 414) zitiert aus mehreren Publikationen der 1950er und 1960er Jahre, in denen der Einfluss Kühnels bis in die Gegenwart als mitbestimmend oder gar beherrschend genannt wird. Neben Kühnel wird u.a. noch Johannes Wittmann genannt, der nach Kühnels erster kopernikanischer Wendung um 1915 die zweite Wendung 1930 mit seinem ganzheitlichen Rechenunterricht bewirkt habe. Schmidt (1978, 463) verweist an anderer Stelle auf die grundsätzliche Übereinstimmung der Argumentation von Kühnel und Arnold Fricke hinsichtlich der lernpsychologischen Orientierung und der sogenannten „operativen Methode", die sich durch zahlreiche konkrete Handlungen des Vergleichens, Ordnens und Zuordnens auszeichnet. Damit ist der Anschluss von Kühnels Konzeption an die moderne Mathematikdidaktik gegeben. Fricke hat u.a. gemeinsam mit H. Besuden den Schulbuchklassiker „Mathematik in der Grundschule" geschrieben, der vor allem durch die Aufnahme der Mengenlehre hervorsticht (zur operativen Methode vgl. auch Fricke/Besuden 1983). In den letzten 30 Jahren haben sich vor allem Schüler von Ernst Christian Wittmann für Kühnel interessiert. Siegbert Schmidt (1978) hat eine (barocke) Analyse von Kühnels Didaktik vorgelegt. Schließlich hat Siegbert Schmidt (1999) in Kühnel einen Vorläufer der Fachdidaktik als „design science" ausgemacht. Dies trifft auch zu, wenn Didaktik als Wissenschaft ihren Praxisbezug für konstitutiv ansieht und aus der Praxis und für Praxis forscht und Unterrichtseinheiten „designed". Und Christoph Selter (1997) hat Kühnels Aktualität als Schulpädagoge und Fachdidaktiker untersucht. Er stellt Kühnels Konzept in fünf leitenden Prinzipien dar (ebd., 71ff.).

1. Rechnen ist nicht Selbstzweck. Rechenunterricht soll den Erwerb mathematischer Bildung verstanden als mathematische Geisteshaltung ermöglichen. Dazu taugt kein mechanisches Einpauken. Nötig ist vielmehr ein intelligentes, ein operatives Üben in bedeutungs- und beziehungshaltigem Sinnzusammenhang. Selter vermerkt auch einen bemerkenswerten Anteil an sogenannten strukturierten Übungen, das heißt Übungsformen, in denen die „Aufgaben einen übergeordneten Strukturzusammenhang aufweisen" (ebd., 74).
2. Es ist zwar nötig, die Sachlogik, also die logisch-systematische Anordnung der Inhalte im Auge zu behalten, sie muss jedoch relativiert werden, und es ist zugleich dem Grundsatz der *Entwicklungsgemäßheit* zu folgen. Anstelle verfrühter Abstraktion (etwa in der sogenannten monographischen Metho-

de, in der zunächst die 1, später die 2 und dann die 3 usw. behandelt wurden) sollen Sachvorstellungen am Anfang stehen. Über dingliche Symbole soll dann der Weg zu den mathematischen Symbolen und dann graphischen Symbolen gegangen werden.

Kühnel greift in diesem Zusammenhang auf die Bornschen Zahlbilder zurück und entwickelt sie weiter. Deren Besonderheit ist die Anordnung der Zehner in zwei Fünfer; dies sei auch durch die fünf Finger der Hand gegeben und für die Kinder anschaulich – auch darauf wird in der gegenwärtigen Mathematikdidaktik zurückgegriffen (vgl. Krauthausen 1995).

3. Wird den Schülern alles vorgegeben und gemäß „Normalverfahren" nur gesagt „So wird's gemacht", dann wird ihnen die Verantwortung für ihr Lernen abgenommen, Rezeptivität und mangelndes Verständnis erzeugt. Nötig sei Eigenaktivität, *„eigenes Hineinbeißen* der Kinder in die Probleme, in die gegebene Sachlage, *eigenes Vorstellen* der gegebenen Größen, *eigenes Beachten* aller Aufgabenteile, *eigenes Zielbewusstsein* der Aufgabe, *eigenes Suchen* des Lösungsweges, *eigenes Erfragen* notwendiger Angaben" (Kühnel 1938, 94). Das Rechnen auf eigenen Wegen, die Möglichkeit und das Recht, auf Um- und Irrwegen zur Erkenntnis zu gelangen, wird in der gegenwärtigen Grundschuldidaktik praktiziert (vgl. z.B. Selter 1995). Das zugrunde liegende Verständnis von Lernen als aktivem Prozess, der zum konstruktiven Aufbau von Wissen führt, ist Ergebnis der Lehr-Lernforschung und zentrales Postulat aller Didaktik unserer Zeit (vgl. Weinert 1999).
4. Mathematik bietet Möglichkeiten in Hülle und Fülle, die Umwelt besser zu verstehen, zugleich kann die Umwelt helfen, die Mathematik besser zu lernen. Das ist Kühnels Ausgangspunkt für das Prinzip der *Lebensnähe*. An den Sachaufgaben des „alten" Rechenunterrichts kritisiert er erstens ihre Verspätung, verfrühter Abstraktion stehe „verspätetes Wirklichkeitsrechnen" (Kühnel 1938, 74) gegenüber. Zweitens seien die Aufgaben oftmals „lebensunwahr" wie er an Beispielen zeigt:

„Ein Weinhändler verkauft 3 hl Rotwein für 3750 Mark. Er verdient am Liter 4,50 Mark. Wie teuer war ein hl im Einkauf?" (ebd., 97).

„Welcher Händler", so höhnt Kühnel, „werde aus dem Verkauf und dem Gewinn ausrechnen, wie viel er selbst bezahlt habe?"

Seine vielen Beispiele lebenswahrer Aufgabenstellungen führen Kühnel zu einer engen Verbindung von Sach- und Rechenunterricht. Seine Beispiele „Masse am menschlichen Körper" und „Durchschnittsgeschwindigkeiten", so führt Selter aus, ähneln dem, was derzeit als ‚Neues Sachrechnen' oder ‚sachstrukturiertes Üben' bezeichnet wird: Zahlenwerte werden mit konkreten Vorstellungen verbunden und führen zum Verständnis von Umwelt und Mathematik.

Die erste Hälfte des zwanzigsten Jahrhunderts

5. Seinem Wissenschaftsverständnis und seiner Aversion gegen die ‚Meinungs- und Vermutungspädagogik' entsprechend, versucht er, seine Didaktik auf *wissenschaftlichem Fundament* zu bauen. Er wird zugleich nicht müde, vor allem eine empirische Grundlage aller Pädagogik und Didaktik zu fordern. Insgesamt lassen seine enormen theoretischen Anstrengungen *und* seine bis in die letzte Aufgabe von Erfahrung geleitete Reflexion ihn zum wohl wichtigsten Mathematikdidaktiker des 20. Jahrhunderts werden. Mindestens hat er Recht, wenn er seine Mathematikdidaktik als „Werk seines Lebens" (Kühnel 1921, VI) bezeichnet.

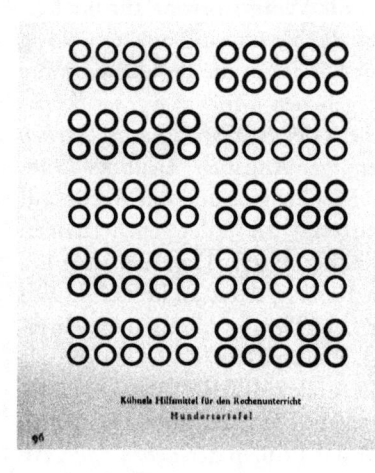

Abb. 3: Hundertertafel für die Schülerhand (Kühnel 1966, 96)

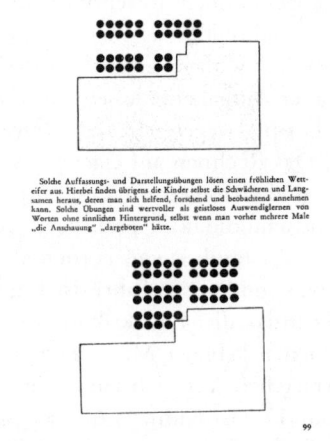

Abb. 4: Übungen im Zahldarstellen: Wer kann auf seinem Hunderterblatt schnell zeigen: 43, 49? Das Abdeckblatt hat Stufen, mit der großen werden gerade Zahlen gezeigt, ungerade mit beiden Stufen. (Kühnel 1966, 99)

7. Fazit

Johannes Kühnel ist keiner von den deutschen Reformpädagogen, die gleichsam als Klassiker immer wieder genannt werden. Er ist aber weit mehr als ein braver Rechenmethodiker, für den ihn manche halten. Vielmehr hat er als Lehrer und Lehrerbildner, als Vorkämpfer für die akademische Volksschullehrerbildung, als Arbeitsschulpädagoge und Technikdidaktiker, als Mathematikdidaktiker und als pädagogischer Publizist Beachtliches geleistet.

Kühnel ist typischer (und zugleich herausragender) Vertreter der reformerischen Seminarpädagogik, denn er ist zum einen sozialer Aufsteiger mit enormem Bildungshunger und außergewöhnlicher Arbeitskraft. Zum zweiten ist typisch seine reformpädagogische Orientierung am Kind und seiner Entwicklung, verbunden mit dem Versuch, den Unterricht und die gesamte Schularbeit auf eine feste wissenschaftliche Basis zu stellen; diese erhofft er wie andere auch von der empirisch-experimentellen Pädagogik. Zum Dritten ist sein gesamtes Schrifttum von dem Willen geprägt Schule, Unterricht und Lehrerbildung entscheidend zu verbessern, um dadurch die soziale und sittliche Not seiner Zeit zu überwinden.

Seine langjährige Tätigkeit als Seminarlehrer, seine vielen Vorträge, und vor allem sein überragender Erfolg als Autor haben ihm eine nachhaltige Wirkung gesichert. Sein Konzept einer technischen Grundbildung gilt bis heute als wegweisend, seine Beiträge zur Mathematikdidaktik machen ihn auf diesem Gebiet bis heute zu einer überragenden Gestalt.

Am Ende muss Kühnel eine doppelte Niederlage hinnehmen. Es gelingt der geistes- und kulturwissenschaftlich ausgerichteten Universitätspädagogik, die empirisch-experimentelle Pädagogik langfristig zu marginalisieren. Vor allem aber wird ihm die Leitung der in Leipzig neu eingerichteten akademischen Lehrerbildung unter nicht gänzlich geklärten, aber offenkundig demütigenden Umständen verwehrt.

Blickt man heute auf das Programm des Verlages Julius Klinkhardt, in dem sowohl praxisnahe und empirische als auch geisteswissenschaftliche Pädagogik vertreten ist, lässt sich feststellen, dass mindestens im Verlagsprogramm der alte Dualismus einer geteilten Pädagogik Geschichte ist.

Verzeichnis der bei Klinkhardt erschienenen Bücher von Johannes Kühnel

Lehrproben aus dem Anschauungsunterricht mit methodischer Begründung von Johannes Kühnel. Leipzig [u.a.]: Klinkhardt, 1899; dann unter neuem Titel:
Moderner Anschauungsunterricht der „Lehrproben mit methodischer Begründung" von Johannes Kühnel. Leipzig: Klinkhardt, 1907, 2. Aufl.; 1919, 6. Aufl.; 1921, 7. Aufl.
Moderner Anschauungsunterricht von Johannes Kühnel. – Leipzig: J. Klinkhardt, 1932, 9. Aufl.

Neubearbeitung zu: Jütting und Webers: Anschauungsunterricht und Heimatkunde für das erste bis dritte bzw. vierte Schuljahr. – Leipzig: Klinkhardt, 7. Aufl., 1909; 11. Aufl., 1922.

Comenius und der Anschauungsunterricht von Johannes Kühnel. – Leipzig: Klinkhardt, 1911.

Der Handfertigkeitsunterricht vom Standpunkt des Pädagogen von Johannes Kühnel. – Leipzig: J. Klinkhardt, 1915.

Neubau des Rechenunterrichts von Johannes Kühnel. – Leipzig: Klinkhardt, Bd. 1, 2, 1916. – 1. Band: 3. Auflage 1921.; 2. Band: 3. Auflage 1921.
Neubau des Rechenunterrichts: e. Handbuch d. Pädagogik für e. Sondergebiet von Johannes Kühnel. – Leipzig: Klinkhardt, 5. Aufl., 1925.
Neubau des Rechenunterrichts: Ein Handbuch der Pädagogik für ein Sondergebiet von Eugen Koller. Bad Heilbrunn [u.a.]: Klinkhardt [u.a.], 11. Aufl., 1966.

Gedanken über Lehrerbildung: Eine Gegenschrift von Johannes Kühnel. – Leipzig: Klinkhardt, 1920.

Vier Vorträge über neuzeitlichen Rechenunterricht von Johannes Kühnel. – Leipzig: Klinkhardt, 1922. 4. Auflage erschienen unter dem Titel: Lebensvoller Rechenunterricht – Leipzig: Klinkhardt, 1938. Später erschienen unter: Kühnel, Johannes. – 6. Aufl. der „Vier Vorträge über neuzeitlichen Rechenunterricht". Hrsg. von Eugen Koller. – München: Ehrenwirth, 1949.

Die alte Schule. Ein Buch vom deutschen Wesen und vom Frieden der Welt. 1924.
Kühnel, Johannes. – Leipzig: J. Klinkhardt, 1924.

Kühnel, Johannes: Zähl- und Einmaleins-Tafeln. – Leipzig: Julius Klinkhardt Anleitung für Mütter und Lehrer zum Gebrauch der Zähl- und Einmaleinstafeln, 1929
Kühnel, Johannes: Zähl- und Einmaleins-Tafeln – Leipzig: Julius Klinkhardt, 2. Aufl., 1929.

Literaturverzeichnis

Beckmann, H.-K. (1968): Lehrerseminar Akademie Hochschule. Das Verhältnis von Theorie und Praxis in drei Epochen der Volksschullehrerausbildung. Weinheim und Berlin

Feurig, F. (1920): Gedanken über Lehrerbildung. In: Pädagogische Arbeitsgemeinschaft. Schriftenwarte der Sächsischen Schulzeitung, 17. März 1920 (24. Jahrgang), 17-19

Fricke, A./Besuden, H. (Hg.) (1970): Mathematik – Elemente einer Didaktik und Methodik. Stuttgart

Frotscher, J. (1997): Volksschullehrerausbildung in Dresden. Köln

Heinemann, M. (1977): Der Lehrerverein als Sozialisationsagentur. Überlegungen zur beruflichen Sozialisation der Volksschullehrer in Preußen. In: Heinemann (Hg.): Der Lehrer und seine Organisation. Stuttgart, 39-58

Heller, D. (1990): Die Entwicklung des Werkens und seiner Didaktik von 1880 bis 1914. Zur Verflechtung von Kunsterziehung und Arbeitsschule. Bad Heilbrunn

Hohendorf, G. (1954): Die pädagogische Bewegung in den ersten Jahren der Weimarer Republik. Berlin

Hopf, C. (2004): Die experimentelle Pädagogik. Empirische Erziehungswissenschaft in Deutschland am Anfang des 20. Jahrhunderts. Bad Heilbrunn

Horn, K.-P. (2003): Erziehungswissenschaft in Deutschland im 20. Jahrhundert. Zur Entwicklung der sozialen und fachlichen Struktur der Disziplin von der Erstinstitutionalisierung bis zur Expansion. Bad Heilbrunn

Kempowski, W. (1996): Aus großer Zeit. München

Kittel, H. (1965): Die Pädagogischen Hochschulen. Dokumente ihrer Entwicklung (I) 1920-1932. Weinheim

Krauthausen, G. (1995): Die ‚Kraft der Fünf' und das denkende Rechnen. In: Müller, G.N. & E. Ch. Wittmann (Hg.): Mit Kindern rechnen. Frankfurt, 87-108

Kühnel, J. (1954): Neubau des Rechenunterrichts. Ein Handbuch der Pädagogik für ein Sondergebiet. Bad Heilbrunn

Kühnel, J. (1938): Lebensvoller Rechenunterricht. Vier Vorträge über neuzeitlichen Rechenunterricht. Leipzig

Kühnel, J. (1927):Technische Bildung. Eine Einführung in Werkarbeit und Werkunterricht. 2. Auflage des Technischen Vorkurses. Leipzig

Kühnel, J. (1924): Die alte Schule. Ein Buch vom deutschen Wesen und vom Frieden der Welt. Leipzig

Kühnel, J. (1923): Moderner Anschauungsunterricht. Eine Reformschrift. Leipzig

Kühnel, J. (1922a): Vier Vorträge über neuzeitlichen Rechenunterricht. Leipzig

Kühnel, J. (1922b): Schularbeit und Arbeitsschule. Beiträge zur Schulreform. Dresden

Kühnel, J. (1920): Gedanken über Lehrerbildung. Eine Gegenschrift. Leipzig

Kühnel, J. (1918): Lehrstühle für praktische Pädagogik. In: Die Deutsche Schule, 22. Jahrgang, 49-64

Kuhn, V. (1956): Kühnel, ein Schulpraktiker der Vergangenheit. In: Pädagogik, 530-533

Meyer-Willner, G. (1986): Eduard Spranger und die Lehrerbildung. Die notwendige Revision eines Mythos. Bad Heilbrunn

Paffrath, F. H. (1971): Eduard Spranger und die Volksschule. Bad Heilbrunn

Poste, B. (1993): Schulreform in Sachsen 1918-1923. Frankfurt am Main

Roth, H. (1962): Die realistische Wendung in der Pädagogischen Forschung. In: Neue Sammlung, Jahrgang 2, 481-490

Sandfuchs, U. (1978): Universitäre Lehrerausbildung in der Weimarer Republik und im Dritten Reich. Eine historisch-systematische Untersuchung am Beispiel der Lehrerausbildung an der Technischen Hochschule Braunschweig (1918-1940). Bad Heilbrunn

Sauer, M. (1987): Volksschullehrerbildung in Preußen. Die Seminare und Präparandenanstalten vom 18. Jahrhundert bis zur Weimarer Republik. Köln, Wien

Scheibner, O. (1928): Nachruf auf Johannes Kühnel. In: Die Arbeitsschule, 529-531

Schlagenhauf, W. (1998): Johannes Kühnel – Werkunterricht als Technische Bildung. Erinnerung an einen zu Unrecht vergessenen Vorkämpfer des Technikunterrichts. In: Zeitschrift für Technik im Unterricht, 9-12

Schmidt, S. (1999): Die Rechendidaktik von J. Kühnel (1869-1928) – Vorläuferin einer Fachdidaktik als „design science"?. In: Selter, C./Walther, G.: (Hg.): Mathematikdidaktik als design science. Festschrift für Erich Christian Wittmann. Leipzig, 180-187

Schmidt, S. (1978): Die Rechendidaktik von Johannes Kühnel (1869-1928) – Wissenschaftsverständnis, deskriptive und normative Grundlagen sowie deren Bedeutung für die Vorschläge zur Gestaltung des elementaren arithmetischen Unterrichts. Diss. Köln

Schneller, W. (1956): Eine notwendige Klarstellung. In: Pädagogik, 530f.

Selter, Ch. (1997): Schulpädagogik und Fachdidaktik. Zur Aktualität des Werkes von Johannes Kühnel (1869-1928). In: von der Burg, U., u.a. (Hg.): Dortmunder Beiträge zur Pädagogik. Band 21. Bochum

Selter, Ch. (1995): Entwicklung von Bewusstheit – eine zentrale Aufgabe der Grundschullehrerausbildung. In: Journal für Mathematik-Didaktik, Heft 1/2, 115-144

Spranger, E. (1920): Gedanken über Lehrerbildung. Leipzig

Steiger, W. (1956): Für eine richtige Einschätzung Kühnels. In: Pädagogik, 26-32

Steiger, W. (1925): S' blaue Nest. Freie Schule 1920. Erlebnisse und Ergebnisse aus einer vierjährigen Arbeit mit einer Volksschuloberstufe. Dresden, Reprint mit Vorwort von J. Zinnecker, 1977, Frankfurt am Main

Tenorth, H. E. (2002): Pädagogik für Krieg und Frieden. Eduard Spranger und die Erziehungswissenschaft an der Universität Berlin von 1913-1933. In: Horn, K.-P./Kemnitz, H. (Hg.): Pädagogik Unter den Linden. Von der Gründung der Berliner Universität im Jahre 1810 bis zum Ende des 20. Jahrhunderts. Wiesbaden, 191-226

Tenorth, H.-E. (^{3}2000): Geschichte der Erziehung. Einführung in die Grundzüge ihrer neuzeitlichen Entwicklung. Weinheim

Trinks, K. (1933): Die Sozialgestalt des Volksschullehrers. Dresden, Reprint von Bölling, R. (Hg.) (1980). Stuttgart

Weinert, F.E. (1999): Lerntheorien und Instruktionsmodelle. In: Enzyklopädie der Psychologie, Serie I, Pädagogische Psychologie, Band 2: Psychologie des Lernens und der Instruktion. Göttingen, 1-48

Die Pädagogik konstituiert sich als universitäres Fach
Eva Matthes

1. Erste Konstituierungsversuche und Fehlschläge

Im Rahmen des Aufschwungs und des Bedeutungszuwachses, den die Pädagogik im 18., dem Aufklärungsjahrhundert, erhielt, wurde an der Reformuniversität Halle ein Lehrstuhl für Philosophie unter besonderer Berücksichtigung der Pädagogik geschaffen, auf den 1779 der Philanthropist Ernst Christian Trapp berufen wurde. Doch diese frühe Blüte einer Disziplinkonstituierung blieb Episode; nicht zuletzt zermürbt von dem Widerstand seiner Universitätskollegen gab Trapp bereits 1783 seinen Lehrstuhl wieder auf. Dieser wurde daraufhin mit dem klassischen Philologen Friedrich August Wolf besetzt, der die Pädagogik als Rezeptologie ansah, die keinen universitären Status zu beanspruchen habe; die Philologie, der eine eigene Pädagogie innewohne, habe vielmehr im Zentrum der höheren Lehrerausbildung zu stehen (vgl. etwa Matthes 2000, S. 331ff.).
Erst durch Johann Friedrich Herbart gewann die Pädagogik in Preußen wieder Aufschwung. Er bekam 1808 einen Ruf auf einen Lehrstuhl für Philosophie und Pädagogik an der Universität Königsberg. Sowohl Friedrich Wilhelm III. als auch Herbart maßen in dem Kontext der Pädagogik hohe Bedeutung bei (vgl. Matthes/Heinze 2003, S. 117). Die Einrichtung einer der Universität angegliederten Versuchsschule zur Verbesserung der Ausbildung der Lehrer für die höheren Schulen lag Herbart hierbei sehr am Herzen und wurde ihm auch genehmigt (ebd.). Die Hochschätzung der Pädagogik war jedoch sehr an die Person Herbarts gebunden; sein Wirken führte nicht zu einer Institutionalisierung der Pädagogik an den Universitäten, so dass seine Schüler – die „Herbartianer" – wieder um die Anerkennung der Pädagogik als Wissenschaft und die Eingliederung der Pädagogik als Universitätswissenschaft in die Philosophische Fakultät ringen mussten. Besonders den von den Herbartianern eingerichteten Übungsschulen standen die Professorenkollegen mit großem Misstrauen gegenüber (vgl. Prondczynsky 1998).

Bei aller Abgrenzung vom Herbartianismus führte die experimentelle Pädagogik den Kampf für eine Theorie und Praxis verbindende Konstituierung der Pädagogik als Universitätsdisziplin fort.

2. Die Rolle der experimentellen Pädagogik

Die große Bedeutung, die der experimentellen Pädagogik zu Beginn des 20. Jahrhunderts zugeschrieben wurde, war ein Resultat des durch die Reformpädagogik bedingten Interesses am Kind/Jugendlichen und seiner Entwicklung. Vor allem die Lehrerbewegung, die vom Herbartianismus enttäuscht war und ihn als ein anachronistisches, unwissenschaftliches Denkmodell ansah, erhoffte sich von der experimentellen Pädagogik ein gesetzmäßiges Wissen über die Entwicklung von Kindern und Jugendlichen und deren Lernvoraussetzungen und -möglichkeiten. Auf dieser Basis sollte dann eine reformorientierte Schularbeit aufbauen und eine grundlegende Verbesserung des Bildungssystems durch dessen kindgemäße Gestaltung bringen.

Diesem Bedürfnis der reformorientierten Lehrerschaft kommt Meumann entgegen, wenn er formuliert: „in der Vielseitigkeit sich oft widersprechender Reformvorschläge" wachse „immer mehr *das Bedürfnis nach einer objektiven Instanz*, die frei von den politischen, sozialen und religiösen Nebeneinflüssen im Geiste reiner Wahrheitsforschung das Zweckmäßige, Wertvolle und Brauchbare in den ‚modernen Ideen' der Erziehungsreform zu scheiden sucht von dem Unzweckmäßigen und Wertlosen. Eine solche Instanz haben wir in den Versuchen zu *wissenschaftlicher Begründung* der pädagogischen Reformvorschläge, und diese wird umso mehr den Charakter objektiver unparteilicher Entscheidung tragen, als sie *auf empirischer Tatsachenforschung beruht, und mit den Mitteln exakter Forschung arbeitet*" (Meumann 1914, S. 3).

Da die Pädagogik zu diesem Zeitpunkt nach wie vor nicht als Universitätsdisziplin anerkannt war und ihr – nicht zuletzt von Universitätsprofessoren – nach wie vor häufig ihr Wissenschaftscharakter abgesprochen wurde, sah sich Meumann genötigt, seine Monographie „Abriss der experimentellen Pädagogik" mit einer Begründung der Pädagogik als Wissenschaft einzuleiten und deren notwendige „Selbständigkeit" zu betonen (vgl. S. 4ff.).

Eine Etablierung einer selbständigen experimentellen Pädagogik an den Universitäten war zwar zu Beginn des 20. Jahrhunderts nicht in Sicht, allerdings zeigen Auswertungen von Vorlesungsverzeichnissen (vgl. Drewek 1996), dass es an den Universitäten eine „hohe Zahl von Veranstaltungen zur ‚experimentellen Pädagogik' im Überschneidungsbereich von Pädagogik, Psychologie und Medizin" gab (S. 305). Durch gezielte Förderung der experimentellen Pädagogik durch Schaffung neuer Stellen und Förderung des einschlägig arbeitenden wissenschaftlichen Nachwuchses hätte dies ein Weg der Konstituierung der Pädagogik als Universitätsdisziplin in der Ausrichtung der experimentellen Pädagogik werden können.

Gegen diesen Weg gab es allerdings massive Widerstände, auch von Universitätsprofessoren oder Politikern, die durchaus die Konstituierung der Pädagogik als universitäres Fach unterstützten.[1]

3. Eduard Sprangers Eintreten für eine eigenständige Kulturpädagogik

Im Wintersemester 1910/11 übernahm Eduard Spranger das Ordinariat für Philosophie und Pädagogik an der Universität Leipzig. Sein Vorgänger war Ernst Meumann gewesen, der nach nur zwei Semestern auf die Professur für Philosophie und Pädagogik am „Allgemeinen Vorlesungswesen" in Hamburg wechselte (vgl. hierzu Hopf 2004, S. 144ff.). In seiner Antrittsvorlesung machte Spranger sein Verständnis von Pädagogik an der Universität deutlich, indem er sich von zwei Auffassungen abgrenzte: Zum einen davon, dass „die Pädagogik in der Philosophie aufgehe" (1973, S. 222), zum zweiten davon, dass die Pädagogik ihre Selbständigkeit aus ihrem Handlungsfeld ableitet, da „die Pädagogik im Zusammenhang der philosophischen Problemstellung ihren ganz eignen Ursprung hat und daß sie nur dann ihre Selbständigkeit als Wissenschaft erringen kann, wenn sie sich ihres eigentümlichen methodischen Charakters und ihrer zunächst [!] nur von der Philosophie aus bestimmbaren Aufgabe bewußt ist" (ebd.).

Diese Gedanken griff er wieder auf und führte sie noch genauer aus in einer Denkschrift für den preußischen Minister der geistlichen und Unterrichts-Angelegenheiten von Trott zu Solz im Juni 1915. Die Denkschrift ist ein Plädoyer für „die Pflege der wissenschaftlichen Pädagogik an den preußischen Universitäten" (GstA PK, I. HA Rep. 76 Va Sekt. 1 Tit. VII Nr. 50 Bd. 1, Bl. 172r), und sie ist entstanden als Reaktion auf den Entwurf der Neuordnung der Prüfung für das höhere Lehramt, in dem in der wissenschaftlichen Prüfung die Pädagogik nicht mehr vorgesehen ist, pädagogische Inhalte vielmehr am Ende der anschließenden zweijährigen praktischen Ausbildung abgeprüft werden sollen.

---

1 Ein Paradebeispiel dafür, wie die experimentelle Pädagogik bei der Einrichtung eines Ordinariats für Pädagogik missachtet wurde, stellt die Einrichtung des Ordinariats für Pädagogik an der Universität München im Jahr 1914 dar, das auf Wunsch des bayerischen Kultusministers – sich über Fakultätswünsche hinwegsetzend – mit dem katholischen Pädagogen Friedrich Wilhelm Foerster besetzt wurde (hierzu und für die ausführliche und detaillierte Beschreibung der Konstituierung der Pädagogik als universitäres Fach an den bayerischen Universitäten vgl. Schumak 2005).

Spranger sieht darin eine klare Abwertung der Pädagogik und weist darauf hin, dass dadurch auch die pädagogischen Lehrveranstaltungen deutlich an Nachfrage verlören (vgl. Bl. 175r).
Der Argumentationszusammenhang seiner Denkschrift ist folgender: Er begründet zunächst die Notwendigkeit der pädagogischen Wissenschaft als Reflexionswissenschaft des „besonderen, sehr umfassenden Kulturgebiet(s)" der „Erziehung und Menschenbildung" (Bl. 172v). In diesem Zusammenhang wendet er sich gegen die überkommene Auffassung der Philologen, dass die pädagogische Wissenschaft nur „eine Sammlung von Rezepten" sei; sie sei vielmehr **„Kulturwissenschaft"** und habe als solche „eine enge Beziehung zu allen Wissenschaften, die von anderen Seiten des Kulturlebens – von Religion, Staat und Recht, Gesellschaft, Wirtschaft, Kunst und Sittlichkeit – handeln (Bl. 172v). Einer so verstandenen pädagogischen Wissenschaft müsse nun im Studium der höheren Lehrer ein hohes Gewicht beigemessen werden, eine *„theoretische Vorbereitung"* auf das praktische pädagogische Tun sei unverzichtbar (Bl. 174r). Die Philosophie (die nach wie vor als Prüfungsgegenstand in der wissenschaftlichen Prüfung vorgesehen war) sei hierfür nicht ausreichend (Bl. 174r u. v). Es findet sich sogar die Formulierung, „daß die Pädagogik als Kulturwissenschaft, im wahrhaft akademischen Sinne betrieben, mindestens die gleiche allgemeinbildende und vertiefende Kraft besitzt wie die Philosophie" (Bl. 174v). Allerdings müsse sie hierfür eigenständig sein. Bisher seien die pädagogischen Lehrveranstaltungen unter ihrem Niveau geblieben, da die Pädagogik „meist ein Annex (Bl. 175r) der Philosophie und für den Philosophen eine lästige Nebenaufgabe (sei), von der er sehr häufig selbst nichts versteht" (Bl. 176r).
Die Pädagogik an der Universität müsse eine theoretische, „über die allgemeinen Zusammenhänge und Faktoren der Erziehung überhaupt" reflektierende, keine „praktische Pädagogik" (Bl. 177r) sein, Übungsschulen (wie sie von den Herbartianern immer betrieben und auch von den experimentellen Pädagogen angestrebt wurden) seien deshalb abzulehnen (ebd.). Spranger betont nachdrücklich, dass „die pädagogischen Vorlesungen an der Universität überhaupt nicht in die kleinste tägliche Praxis eingehen sollen und können. Ihr Wert liegt vielmehr darin, daß sie den Gesichtspunkt weiter nehmen als in der vereinzelten Schularbeit und ihren Anforderungen. Es ist geradezu ihr Verdienst, nicht zu praktisch zu sein, wie sonst die Anschauung erwächst, als ob Erziehung eine lehrbare und lernbare Technik wäre" (Bl. 175v) – eine klare Spitze gegen die experimentelle Pädagogik und die mit ihr verbundenen Erwartungen.
Spranger schließt seine Denkschrift mit folgenden Forderungen: „I. Beibehaltung der Pädagogik als Fach der Allgemeinen Prüfung neben Philosophie, und zwar im Sinne einer wissenschaftlichen Besinnung über den psychologischen, ethischen und kulturellen Geist der Erziehung (Pädagogik als Kulturwissen-

schaft, einschließlich der Kinderpsychologie), II. Erhebung der Pädagogik zum wählbaren ‚Zusatzfach' der Prüfung [...], III. Initiative von seiten des Ministeriums ungeachtet des Widerstandes der Fakultäten zur Förderung der Pädagogik an der Universität [...]" (Bl. 181r).
Seine Position zugunsten einer eigenständigen Kulturpädagogik an den Universitäten konnte Spranger erneut vertreten auf einer Konferenz des preußischen Ministeriums der geistlichen und Unterrichts-Angelegenheiten in Berlin im Mai 1917.

4. Die Bedeutung der „Pädagogischen Konferenz" im Mai 1917

Es ist hier nicht der Raum, ausführlich auf diese Konferenz einzugehen und die verschiedenen, teilweise auch widersprüchlichen Argumentationsmuster der Teilnehmer detailliert darzustellen (vgl. hierzu vor allem Schwenk 1977/78 u. Tenorth 2002). Hier sollen drei Fragen im Mittelpunkt stehen: a) wie kam es zu der Konferenz, b) welches Verständnis der Pädagogik als Universitätsdisziplin war vorherrschend und c) welche Folgen zeitigte die Konferenz für die Konstituierung der Pädagogik als universitäres Fach.
Zu a): Die Gründe waren vielschichtig; hier können nur einige genannt werden: Zum einen waren von einer Reihe von Abgeordneten an den Kultusminister Bitten herangetragen worden, dass die Pädagogik an den Universitäten eine stärkere Vertretung erfahren solle (vgl. etwa GStA a. a. O. Bl. 183r), auch in den Tageszeitungen waren entsprechende Forderungen laut geworden (vgl. etwa Bl. 166r); zum zweiten waren pädagogische Themenstellungen zentraler Bestandteil des öffentlichen Diskurses; zum dritten kannte der Minister nicht zuletzt durch die Denkschrift von Spranger den kulturpädagogischen Ansatz, der ihm für die notwendige nationalpädagogische Orientierung des deutschen Erziehungs- und Bildungswesens nach dem Krieg unverzichtbar erschien; er kannte und teilte allerdings auch die Ängste gegenüber einer reformorientierten, sich mit sozialdemokratischen Kräften verbündenden Pädagogik, die sich nicht zuletzt auch für eine Akademisierung der Volksschullehrerbildung einsetzte, und sah eine Kulturpädagogik hierzu als Gegenmodell (vgl. hierzu Tenorth 2002, S. 196ff.).
Daran, dass die Pädagogik (in der richtigen Form!) Anspruch darauf hat, universitäres Fach zu sein, lässt der Kultusminister von Trott zu Solz keinen Zweifel, wenn er in seiner Einladung an die Professoren und Schulmänner schreibt: „Die Berechtigung der Pädagogik als Universitätsfach und die Reformbedürftigkeit der gegenwärtigen Übung werden dabei als anerkannt vorausgesetzt" (GstA Bl. 232r; Spranger 1960 S. 452). In seiner Begrüßung spricht er vom anerkannten „Heimatsrecht der Pädagogik an unsern Universitäten" (Pädago-

gische Konferenz 1917, S. 8) – eine Aussage, die durchaus einem Euphemismus gleichkommt.

Zu b) Tonangebende Figur auf der Konferenz war der an der Philosophischen Fakultät der Berliner Universität lehrende renommierte Religionsphilosoph und Kulturhistoriker Ernst Troeltsch. Mit ihm wusste sich von Trott zu Solz in seiner nationalpädagogischen Zielsetzung einig. Deshalb hatte er ihn – neben dem einzigen Lehrstuhlinhaber für Pädagogik in Preußen, Julius Ziehen von der Universität Frankfurt/M. – beauftragt, für die Konferenz Leitsätze auszuarbeiten. Außerdem hielten er und Ziehen Eröffnungsreferate und Schlussworte.

Troeltsch vertrat folgendes Verständnis von der Pädagogik als Universitätsdisziplin, die er als „selbständige, neue und umfassende Wissenschaft" verstanden wissen will (Pädagogische Konferenz 1917, S. 6):

Sie müsse eine „rein theoretische Wissenschaft" (S. 5) und „auf philosophischer Grundlage, d. h. auf der von der Philosophie her entwickelten und begründeten Geschichts- und Kulturphilosophie oder Ethik, begründet sein oder selber sich eine solche Synthese philosophisch erwerben" (ebd.). Sie dürfe sich nicht an die Psychologie anschließen – eine deutliche Spitze gegen die experimentelle Pädagogik –, da sich ansonsten „für die Pädagogik lediglich technische Hilfsmittel, aber kein Bild der staatlichen Gesellschaft und des ethisch-kulturphilosophischen Unterrichtszieles [...] ergeben" (S. 6)[2]. Ihre Inhalte seien die Geschichte

---

[2] Da in der Diskussion von Seiten einiger Schulmänner Sympathie für die (experimentelle) Psychologie geäußert wurde (vgl. 1917, S. 21), fühlt sich Troeltsch genötigt, nun deutlicher – und politischer! – als in seinem Eröffnungsreferat gegen diese Stellung zu beziehen: „Von der Psychologie aus kann weder das gegebene Unterrichtswesen erfaßt werden, das vielmehr eine historisch-politische Tatsache ist, noch das Bildungsziel und Kulturideal. Das werden die Herren zugeben müssen. Wo aber das doch geschieht und die moderne Psychologie, verbündet mit Biologie und Soziologie, sich an die Aufgabe macht, da entstehen Auffassungen des staatlichen Unterrichtswesens und seiner Ziele, die schwerlich den Beifall der Herren haben würden. Da wird vielmehr das Unterrichtswesen in den Dienst eines angeblich soziologisch und sozialpsychologisch begründeten Fortschritts gestellt, der die Gleichartigkeit der Bildung aller und eine wesentlich utilitarische [sic!] Hebung der Massen erstrebt" (S. 24).

Spranger vertritt gegenüber der experimentellen Pädagogik eine etwas gemäßigtere Position als Troeltsch: In seinem Diskussionsbeitrag äußert er sich zwar ebenfalls kritisch über dieselbe – „der experimentellen Pädagogik ist zwar das Interesse der Gegenwart in besonderem Maße zugewendet, doch tritt leicht eine handwerksmäßige Behandlung dabei ein, treibt sie leicht Vivisektion, verbaut sie eher den Weg zum Individuum, als daß sie ihn öffnet", gesteht ihr aber zumindest „eine Stelle [...] im Zusammenhang der anderen Fächer" zu (S. 17) – Spranger kennt dies aus Leipzig; dort gibt es zu dieser Zeit in der Pädagogik neben ihm und einem Honorarprofessor noch einen Privatdozenten für Psychologie mit einem Institut für experimentelle Pädagogik (vgl. ebd.). –

In der Zeitschrift für Pädagogische Psychologie und Experimentelle Pädagogik des Jahres 1918 finden sich „gutachtliche Äußerungen" zur „Pädagogischen Konferenz", die – bei aller Unterschiedlichkeit der Akzentuierungen – sich alle darin einig sind, dass die Psychologie glei-

Die Pädagogik konstituiert sich als universitäres Fach

und die Ziele des gesamten Schulwesens (vgl. ebd.). „Das bedeutet eine Zusammenfassung verschiedener und weitverzweigter empirischer Kenntnisse [!] mit einer philosophisch geklärten und begründeten Anschauung vom Wesen unseres geistigen Besitzes, soweit er von der Schule jeder Art realisiert werden kann. Das ist dann zugleich eine wissenschaftliche Unterlage für die Lehrer-Seminare, eine Information für die Schulpolitik und eine Zusammenfassung des praktischen Zweckes der Philosophischen Fakultät, an der es bisher sehr gefehlt hat, schließlich eine Einführung der Studenten in Ideale und Ethik des Lehrerberufes" (ebd.).

Troeltsch schwebt nun allerdings keine flachendeckende Versorgung der Universitäten mit Pädagogikprofessuren vor – zumal er hierfür kein geeignetes Personal sieht –, hält jedoch die Einführung eines pädagogischen Ordinariats „an einer oder ein paar größeren Hochschulen" für möglich und sinnvoll (vgl. S. 7).

In seinem Eröffnungsreferat unterstreicht und erläutert er das in seinen Leitsätzen genannte Verständnis und geht darüber hinaus noch auf das „große Mißtrauen" bzw. die „Abneigung" der Philosophischen Fakultäten gegen ein pädagogisches Ordinariat ein (S. 9). Er hält dies für nachvollziehbar angesichts „der starken [...] praktischen Tendenzen" der bisherigen universitären Pädagogik (ebd.) – hier sind wohl die Herbartianer und die experimentellen Pädagogen gemeint, allerdings lässt er dieses als grundsätzliches Abwehrargument nicht gelten, da „die starke Bewegung im Interesse der Pädagogik von den Fakultäten nicht wohl ignoriert werden kann und eine ernsthafte wissenschaftliche Gestaltung dieses Stoffes für die verschiedensten Stellen, darunter auch für die Universitätsverwaltung selbst, ein unzweifelhaftes Interesse unseres öffentlichen und geistigen Lebens ist" (ebd.).

Zumindest noch kurz soll auf die Leitsätze und das Eröffnungsreferat des Frankfurter Ordinarius für Pädagogik, Julius Ziehen, eingegangen werden. Er stimmt mit Troeltsch darin überein, dass die Pädagogik an der Universität eine theoretische sein müsse. In diesem Kontext lehnt er die Einrichtung von Übungsschulen an der Universität ab.[3] Anders als Troeltsch nimmt Ziehen nicht nur das Schulsystem in den Blick, sondern weist mit seiner Aufgabenbestimmung einer universitären Pädagogik in die Zukunft (vgl. S. 7 u. S. 11). Er hält es für unverzichtbar, dass „eine kulturpolitisch aufgefaßte Pädagogik neben der Schule auch die anderen Träger der Erziehung, wie vor allem die Familie und die Träger der anderen beruflichen Organisationen, mit ins Auge faßt und ebenso auch die

---

chermaßen wie die Philosophie Bezugswissenschaft der Pädagogik sein müsse (vgl. Über die künftige Pflege...).

3 In seinem Schlusswort fügt er an, dass er in seiner Auffassung „des Verhältnisses der von uns empfohlenen Pädagogik als Universitätswissenschaft zur Psychologie und Jugendkunde mit dem Herrn Vorredner [Troeltsch; E. M.] völlig übereinstimme" (S. 25).

Aufgaben der Kleinkinderpflege und der Jugendpflege" (S. 12). Generell gibt Ziehen über Troeltsch deutlich hinausgehende, zukunftsweisende Anregungen für eine eigenständige Universitätsdisziplin Pädagogik bis zum Hinweis einer notwendigen „quellenmäßige(n) wissenschaftliche(n) Erarbeitung der Kenntnisse" (S. 8).

Zu c) Schon in seinem Schlusswort warnt der Minister vor allzu großen Erwartungen und rühmt das bereits Erreichte: „In Wirklichkeit sind wir schon einen Schritt weiter, als es nach der Debatte den Anschein haben könnte. Wir haben schon ein Ordinariat für Pädagogik in Frankfurt [besetzt mit Julius Ziehen; E. M.], ein Extraordinariat in Berlin [besetzt mit Ferdinand Jakob Schmidt; E. M.] – im übrigen nehmen sich an manchen Universitäten die Philosophen der Sache an.[4] Wir dürfen sagen, die Sache marschiert, und wir werden mit der Zeit, wenn das Interesse anhält – woran nicht zu zweifeln –, auch zu weiteren Professuren gelangen. Nicht auf einen Schlag können wir alle Universitäten damit bedenken – das muß sich allmählich entwickeln. Aber es wird kommen! Diese Verhandlungen haben ein Wesentliches zur Lösung der Probleme beigetragen" (S. 27).

Für die weitere Entwicklung zeichnete von Trott zu Solz nicht mehr verantwortlich, er erklärte im Juli 1917 aus Enttäuschung über die politischen Entwicklungen, vor allem die Wahlrechtspläne, seinen Rücktritt (vgl. Tenorth 2002, S. 211). Sein Nachfolger wurde der Beamte Friedrich Schmidt-Ott; Kontinuität bleibt dadurch erhalten, dass Carl Heinrich Becker als leitender Ministerialbeamter im Amt blieb. Er war bis zum Ende der Weimarer Republik einer der bedeutendsten Bildungspolitiker.

Noch die Handschrift von Trott zu Solz trägt die am 31.07.1917 veröffentlichte Neufassung der Prüfungsordnung für das Lehramt an höheren Schulen Preußens, die am 1. April 1918 in Kraft trat, mit der die Prüfung der Pädagogik an das Ende der zweiten Phase verlegt wurde (vgl. Zentralblatt 1917, § 1). Hier hatte auch die Denkschrift Sprangers von 1915 kein Umdenken bewirkt. Das einzige – nicht überzeugende – Zugeständnis war, dass Pädagogik als „Zusatzfach" in der wissenschaftlichen Prüfung gewählt werden konnte (vgl. § 25). Noch 1960 beklagte Spranger diese Entscheidung, die er auch in direkten Gesprächen mit dem zuständigen Beamten Reinhardt vergebens zu verhindern versucht habe (vgl. Spranger 1960, S. 453f.).

Die Diskussion um die Einrichtung von Lehrstühlen für Pädagogik ging auch nach der Konferenz weiter. In der Sitzung der Staatshaushaltskommission vom 25. Februar 1918 machte der Abgeordnete Eickhoff von der „fortschrittlichen

---

4 Hiermit vertritt der Minister eine Lösung, die sogar von Troeltsch als nicht befriedigend betont wurde (vgl. 1917, S. 6).

Volkspartei" zum wiederholten Male auf das Fehlen eines Ordinariats für Pädagogik an preußischen Universitäten aufmerksam: „Es gebe an den preußischen Universitäten keinen ordentlichen Lehrstuhl für Pädagogik, mit Ausnahme der neuen Universität Frankfurt am Main, während ordentliche Lehrstühle für Pädagogik in anderen Staaten vorhanden seien, z.B. in Wien, Tübingen und Jena. Leider bestehe in zahlreichen Universitätskreisen die Auffassung, daß die theoretische Pädagogik den andern Geisteswissenschaften nicht ebenbürtig sei, was man eigentlich doch als selbstverständlich voraussetzen sollte. Zu Pfingsten habe im Kultusministerium eine vertrauliche Konferenz stattgefunden, die sich mit der Frage der Errichtung pädagogischer Lehrstühle beschäftigt habe. Es wäre dankenswert, wenn von der Regierung darüber eine Mitteilung gemacht würde, was aus der Angelegenheit geworden sei" (GstA a. a. O. Bl. 386r). Der Kultusminister erwiderte unter anderem: „Sein Herr Amtsvorgänger habe ein besonderes Interesse an diesem Zweige der Wissenschaft genommen und bereits eine Konferenz darüber abgehalten. Zunächst habe sich dabei Meinungsverschiedenheit über das herausgestellt, was Pädagogik sei [...] Er habe große Hochachtung vor der pädagogischen Wirksamkeit der Volksschule und er freue sich, daß die Pädagogik auch für die höheren und höchsten Unterrichtsstufen immer mehr Interesse finde. Aber er halte sich nicht für berechtigt zu sagen, daß das vom nächsten Semester ab zur Gründung von pädagogischen Professuren führen müsse [...] Die passenden Lehrer der Pädagogik zu finden, halte er für besonders schwierig. So sehr er wünschte, daß man ausgezeichnete Männer dieses Faches an den Universitäten hätte, so wenig sei er in der Lage zu sagen, daß sich das durch Begründung von Professuren erreichen lasse. [...] Man möge [...] das Vertrauen haben, daß er dem Ziele, dem er ebenso wie sein Amtsvorgänger hervorragende Bedeutung beimesse, durch Gewinnung einzelner hervorragender Gelehrter nahezukommen suche" (Bl. 386v u. r).
Der von Eickhoff gestellte Antrag auf Vermehrung von Lehrstühlen für Pädagogik wurde am 7. Juni 1918 im Preußischen Abgeordnetenhaus beraten. Der Berichterstatter Dr. Savigny referierte hierzu die – bereits vorgestellte – Stellungnahme des Ministers in der Haushalts-Kommission und berichtete, dass „der *Antrag* dahin abgeändert worden (sei), wie ihn die Kommission zur Annahme empfiehlt, *mehr als bisher bedeutende Pädagogen in das akademische Lehramt zu berufen*" (zit. n. Schwenk 1977/78, S. 127). Am 17. Juni wurde der Kommissionsantrag entsprechend vom Abgeordnetenhaus beschlossen (vgl. ebd., S. 108). Dass es dem Minister durchaus ernst war mit einer Vertretung der Pädagogik an den Universitäten, zeigt sich daran, dass im September 1920 für den Haushalt von 1921 pädagogische Professuren für Kiel, Marburg und Köln beantragt wurden (vgl. GstA, a. a. O. Bll. 510f.).

Im Blick auf die Verankerung der Kulturpädagogik in Preußen verfolgte der Minister Schmidt-Ott zusammen mit Carl Heinrich Becker das Ziel, Eduard Spranger auf ein Ordinariat für Philosophie und Pädagogik an die Universität Berlin zu holen. Am 15. August 1919 erhielt er den Ruf nach Berlin und wurde Direktor eines eigenständigen Pädagogischen Seminars und enger Berater des preußischen Kultusministeriums. Sein Nachfolger in Leipzig wurde der Kulturpädagoge Theodor Litt, der in der Norddeutschen Allgemeinen Zeitung vom Januar 1918 in Anlehnung an die Diskussionen der Pädagogischen Konferenz das Programm einer Kulturpädagogik als universitärer Disziplin entfaltete (vgl. Litt 1965).

5. Die Pädagogik etabliert sich als universitäre Disziplin in der Weimarer Republik

5.1 Zahlen zur Veranschaulichung

Dank der akribischen Arbeit von Klaus-Peter Horn liegen uns genaue Daten über die Strukturentwicklung der Pädagogik von 1918 bis 1965 vor (vgl. Horn 2003). Hier sollen nur einige wenige Strukturdaten zur Veranschaulichung des Expansionsprozesses in der Weimarer Republik herausgegriffen werden (vgl. Horn 2003, S. 60ff.): 1919 gab es an sechs Universitäten bereits eigenständige Seminare bzw. Institute für Pädagogik (Frankfurt/M., Halle-Wittenberg, Jena, Leipzig, München und Tübingen). An weiteren sechs Universitäten (Gießen, Göttingen, Hamburg, Köln, Königsberg und Münster) kamen im Laufe der Weimarer Republik Pädagogische Institute oder Seminare hinzu. Vertraten 1919 lediglich 31 Professoren (auch) die Pädagogik, waren es 1932 79. Von den 79 Professuren für „Pädagogik" oder „Erziehungswissenschaft" im Jahr 1932 waren 31, also deutlich mehr als ein Drittel, der Pädagogik exklusiv gewidmet. Fast die Hälfte der Stellen (35) waren 1932 Ordinariate, von denen sieben ausschließlich für Pädagogik bzw. Erziehungswissenschaft denominiert waren. Die letztgenannte Zahl zeigt allerdings auch, dass in der Weimarer Republik Pädagogik noch häufig in Kombination mit Philosophie, manchmal auch mit Psychologie vertreten wurde; die enge Verbindung zwischen Philosophie und Pädagogik war ein Markenzeichen letzterer in der Weimarer Republik.

5.2 Das Orientierungsbedürfnis und die Pädagogisierung der Gesellschaft als Hintergründe – ein Erklärungsversuch

In der Weimarer Republik wurde der Erziehung und Bildung eine hohe Erwartungshaltung entgegengebracht. Nach dem verlorenen Ersten Weltkrieg sollte über das Bildungssystem eine neue Volkseinheit, neutraler ausgedrückt: gesellschaftliche Integration, geschaffen werden. Der Pädagogik wurde von Seiten der Politik der Charakter einer Orientierungswissenschaft zugeschrieben – wie es das erwähnte Beispiel Bayern und das ausführlich dargestellte Beispiel Preußen zeigen.

Aber auch die Entwicklung der pädagogischen Professionen spielte für die Etablierung und vor allem den Ausbau der Pädagogik als Universitätsdisziplin eine wichtige Rolle. Die Akademisierung der Volksschullehrerausbildung war deutlich vorangeschritten. In Sachsen, Thüringen, Hessen, Hamburg und Braunschweig war die universitäre Ausbildung eingeführt worden mit dem entsprechenden Stellenbedarf an pädagogischen Hochschullehrern. Der Bedarf wurde vor allem mit Honorarprofessoren für „Praktische Pädagogik" bzw. „Erziehungswissenschaft" gedeckt (vgl. Horn 2003, S. 70); diese machten den „Löwenanteil" der Zunahme an nichtplanmäßigen pädagogischen Professuren aus (S. 71).

Einen förmlichen Boom erlebte zudem die Erwachsenenbildung. In diesem Kontext „wurde in den 1920er Jahren in verschiedenen Universitätsstädten der Versuch unternommen, auch auf akademischer Ebene für eine Tätigkeit in der Volksbildung vorzubereiten bzw. die bereits in der Erwachsenenbildung tätigen Personen weiterzubilden. Insbesondere [an den Universitäten; E. M.] in Leipzig, Frankfurt, Köln und Berlin[5] wurden in unterschiedlichen Kombinationen akademische Studienangebote gemacht [...] Die bedeutendste akademische Einrichtung war das 1923 gegründete ‚Seminar für freies Volksbildungswesen', das an der Universität Leipzig dem ‚Pädagogischen Institut' unter Federführung von Theodor Litt angegliedert war" (Seitter 1999, S. 392).

Auch die sozialpädagogische Profession etablierte sich in der Weimarer Republik, in dem durch das Reichsjugendwohlfahrtsgesetz und das Reichsjugendgerichtsgesetz eine an pädagogischen Prinzipien des Förderns und Unterstützens (und damit auch der Kontrolle) ausgerichtete Jugendpflege und Jugendfürsorge verankert wurde. Tenorth spricht in diesem Kontext von einer „Pädagogisierung gesellschaftlicher Aufgaben [...], die bis dahin eher als Teil der Justiz verstanden, jedenfalls nicht pädagogisch professionell betreut und reflektiert worden waren" (Tenorth 1994, S. 22). Wenngleich sozialpädagogische Ausbildungsgänge in der Weimarer Republik noch selten an der Universität verankert waren – einen ersten Versuch startete Herman Nohl in Göttingen –, war doch eine wichtige Weichenstellung insofern vollzogen, als die Ausbildung an den sozialen (Frauen-)Schulen als eine pädagogische Ausbildung durchgesetzt wurde (vgl. Münchmeier 1999, S. 356f.).

---

5 Friedenthal-Haase nennt noch Göttingen, Heidelberg und Jena (vgl. Friedenthal-Haase 1991).

Tenorth weist zudem noch auf die bedeutende Verankerung der Berufs- und Wirtschaftspädagogik an den Universitäten (bzw. den Wirtschafts- und Handelshochschulen) hin (vgl. Tenorth 1994, S. 21f. u. Horn 2003, S. 64). Abschließend lässt sich sagen, dass mit der Weimarer Republik der Zeitpunkt der „auf Dauer gestellten und bisher anscheinend irreversiblen Institutionalisierung der Erziehungswissenschaft" erreicht war (Tenorth 1989, S. 121) – möge Tenorth mit seinem Postulat der Irreversibilität recht behalten; die heute erreichte Quantität erziehungswissenschaftlicher Professuren an den deutschen Universitäten (die allerdings ihren Zenit überschritten hat) spricht wohl dafür!

6. Schluss

Hier konnte nur eine knappe Skizzierung der Konstituierung der Pädagogik als universitäres Fach erfolgen; eine aus den Quellen erarbeitete Darstellung der Vorgeschichte einschließlich der vielfältigen Stellungnahmen aus Wissenschaft und Politik und des genauen Konstituierungsprozesses bleibt nach wie vor ein – schon mehrfach konstatiertes (vgl. etwa Tenorth 1989, S. 117; 1994, S. 19; Horn/Kemnitz 2002, S. 10; Schumak 2003, S. 22) – Desiderat. Da sich der Klinkhardt-Verlag der Historiographie der Erziehungswissenschaft verpflichtet weiß – wie die bei ihm erschienenen Arbeiten von Heinze (2001), Horn (2003), Hopf (2004) und Kersting (2008) zeigen – ist zu hoffen, dass bald eine einschlägige, noch vorhandene Desiderate befriedigende Monographie im Klinkhardt-Verlag vorliegen möge!

Quellen und Literatur

1. Quellen

a) unveröffentlicht:
Geheimes Staatsarchiv, PK, I. HA Rep. 76 Va Sekt. 1 Tit. VII Nr. 50: Die Vorlesungen und die Errichtung von Lehrstühlen für Pädagogik bei den Universitäten, März 1890 bis Januar 1921.

b) veröffentlicht:
Litt, Theodor (1965): Eine Neugestaltung der Pädagogik [1918]. In: Litt, T.: Pädagogik und Kultur. Kleine pädagogische Schriften 1918-1926. Hg. v. Nicolin, F. Bad Heilbrunn, 7-11.
Meumann, E. (1914): Abriss der experimentellen Pädagogik. Leipzig u. Berlin.
Pädagogische Konferenz im Ministerium der geistlichen und Unterrichts-Angelegenheiten am 24. und 25. Mai 1917. Thesen und Verhandlungsbericht. o. O., o. J.
Spranger, E. (1973): Antrittsvorlesung [Die philosophischen Grundlagen der Pädagogik] [1910]. In: Spranger, E.: Gesammelte Schriften II, hg. v. Bollnow, O. F./Bräuer, G. Heidelberg, 222-231.
Spranger, E. (1918): Denkschrift über die Fortbildung der höheren Lehrer. In: Monatsschrift für höhere Schulen 17, 241-268.

Über die künftige Pflege der Pädagogik an den deutschen Universitäten (1918). Gutachtliche Äußerungen zu der Pädagogischen Konferenz im Preußischen Ministerium der geistlichen und Unterrichts-Angelegenheiten am 24. und 25. Mai 1917. In: Zeitschrift für Pädagogische Psychologie und Experimentelle Pädagogik 19, 209-234.
Zentralblatt für die gesamte Unterrichtsverwaltung in Preußen (1917), 612-661.

2. Weiterführende Literatur

Drescher, H.-G. (1991): Ernst Troeltsch. Leben und Werk. Göttingen.
Drewek, P. (1996): Die Herausbildung der „geisteswissenschaftlichen" Pädagogik vor 1918 aus sozialgeschichtlicher Perspektive. Zum Strukturwandel der Philosophischen Fakultät und zur Lehrgestalt der Universitätspädagogik im späten Kaiserreich und während des Ersten Weltkriegs. In: Zeitschrift für Pädagogik. 34. Beiheft: Die Institutionalisierung von Lehren und Lernen. Beiträge zu einer Theorie der Schule, hg. v. Leschinsky, A. Weinheim/Basel, 299-316.
Friedenthal-Haase, M. (1991): Erwachsenenbildung im Prozeß der Akademisierung. Frankfurt/M.
Heinze, C. (2001): Die Pädagogik an der Universität Leipzig. Bad Heilbrunn.
Hopf, C. (2004): Die experimentelle Pädagogik. Empirische Erziehungswissenschaft in Deutschland am Anfang des 20. Jahrhunderts. Bad Heilbrunn.
Horn, K.-P. (2003): Erziehungswissenschaft in Deutschland im 20. Jahrhundert. Zur Entwicklung der sozialen und fachlichen Struktur der Disziplin von der Erstinstitutionalisierung bis zur Expansion. Bad Heilbrunn.
Kersting, C. (2008): Pädagogik im Nachkriegsdeutschland. Bad Heilbrunn.
Matthes, Eva (2000): Theologe – Philologe – Fachwissenschaftler – Pädagoge? In: Anregung. Zeitschrift für Gymnasialpädagogik 46, S. 328-341.
Matthes, E./Heinze, C. (2003): Johann Friedrich Herbart. Umriß pädagogischer Vorlesungen. Darmstadt.
Münchmeier, R. (1999): Professionalisierung der Sozialpädagogik in der Weimarer Republik: In: Apel, H. J. u. a. (Hg.): Professionalisierung pädagogischer Berufe im historischen Prozeß. Bad Heilbrunn, 347-362.
Oelkers, J (1989): Die große Aspiration: Zur Herausbildung der Erziehungswissenschaft im 19. Jahrhundert. Darmstadt.
Prondczynsky, Andreas von (1998): Die Position Wilhelm Reins in den Diskussionen um die Einrichtung pädagogischer Universitätsprofessuren. In: Coriand, R./Winkler, M. (Hg.): Der Herbartianismus – Die vergessene Wissenschaftsgeschichte. Weinheim, S. 261-280.
Schumak, R. (2003): Pädagogik in Bayern. Geschichte einer wissenschaftlichen Disziplin an der Ludwig-Maximilians-Universität München 1863-1945. Teil 1. Hamburg.
Schwenk, B. (1977/78): Pädagogik in den philosophischen Fakultäten – Zur Entstehungsgeschichte der „geisteswissenschaftlichen Pädagogik in Deutschland. In: Jahrbuch für Erziehungswissenschaft 2: Wissenschaft im Reformprozeß/Aufklärung oder Alibi? Stuttgart, 103-131.
Seitter, W. (1999): Zwischen Dozieren und Disponieren. Aspekte einer Professionalisierungsgeschichte von Erwachsenenbildung. In: Apel, H. J. u.a. (Hg.): Professionalisierung pädagogischer Berufe im historischen Prozeß. Bad Heilbrunn, 383-407.
Spranger, E. (1960): Ernst Troeltsch über Pädagogik als Universitätsfach. In: Derbolav, J./Nicolin, F. (Hg.): Erkenntnis und Verantwortung. Festschrift für Theodor Litt. Düsseldorf, 451-463 [mit Auszügen aus der „Pädagogischen Konferenz"].
Tenorth, E. (1989): Deutsche Erziehungswissenschaft im 20. Jahrhundert. In: Zedler, P./König, E. (Hg.): Rekonstruktionen pädagogischer Wissenschaftsgeschichte. Fallstudien, Ansätze, Perspektiven. Weinheim, 117-140.

Die erste Hälfte des zwanzigsten Jahrhunderts

Tenorth, E. (1994): Profession und Disziplin. Zur Formierung der Erziehungswissenschaft. In: Krüger, H.-H./Rauschenbach, T. (Hg.): Erziehungswissenschaft. Die Disziplin am Beginn einer neuen Epoche. Weinheim/München, 17-28.

Tenorth, E. (2002): Pädagogik für Krieg und Frieden. Eduard Spranger und die Erziehungswissenschaft an der Universität Berlin 1913-1933. In: Horn, K.-P./Kemnitz, H. (Hg.): Pädagogik unter den Linden. Von der Gründung der Berliner Universität im Jahre 1810 bis zum Ende des 20. Jahrhunderts. Stuttgart, 191-226.

Der Verlag als Begleiter sächsischer Schulreformen im Kaiserreich und in der Weimarer Republik
Andreas Pehnke

Bereits aus Anlass früherer Jubiläen wurde dem Julius Klinkhardt Verlag symbolhaft der Dank „der tausenden und abertausenden Lehrer und Erzieher" für jene Handreichungen und Werke ausgesprochen, die „in den Werktag der Schulstube und darüber hinaus in die Probleme der neuesten und modernsten pädagogischen Erkenntnisse einführten."[1] Die Berechtigung dieser Aussage möchte ich stellvertretend für den sächsischen Raum, der früheren Wirkungsregion des Verlages, am Beispiel der Versuchsklassen- und Versuchsschularbeit skizzieren.

1. Die sächsischen Reform-Elementarklassen im Kaiserreich

Die Berufskorporationen der sächsischen Volksschullehrerschaft suchten seit 1905 nach praktischen Realisierungsmöglichkeiten zur Erprobung ihrer entwickelten Konzepte zur Verbesserung der Lehr- und Lerntätigkeit. Als theoretische Grundlage der Unterrichtsreformbestrebungen avancierte die 1909 von Rudolf Sieber, Otto Erler, Paul Vogel und Karl Rößger für die Methodische Abteilung des Leipziger Lehrervereins (LLV) verfasste und im Klinkhardt Verlag herausgegebene Schrift *Die Arbeitsschule – Beiträge aus Theorie und Praxis,* die allein bis 1922 vier erweiterte Auflagen mit insgesamt 12.000 Exemplaren erlebte und nunmehr ihrerseits die Arbeitsschuldiskussion in Deutschland stark beeinflusste und auch ein internationales Echo fand (Pehnke 1998a, 15ff.). Sie kennzeichnete einerseits das spezifische Arbeitsschulverständnis in der sächsischen Lehrervereinsbewegung und bildete andererseits in ihren zwei ersten Auflagen (1909/10) gewissermaßen einen Leitfaden für die Versuchsklassenarbeit, gefolgt von den erweiterten zwei Auflagen (1921/22) zur Förderung der Versuchsschultätigkeit. Das 1906 durch den LLV gegründete Institut für experimentelle

---
1 Zit. n. 125 Jahre Julius Klinkhardt, o.O. 1959, 6.

Pädagogik und Psychologie, das mit Wilhelm Wundt eng kooperierte, lieferte die forschungsmethodische Basis der avisierten Unterrichtsreformen (Pehnke 1998b). Aus diesem Forschungskontext kommend, fand mit Ernst Meumann auch ein namhafter Hauptrepräsentant der Experimentellen Pädagogik bei Klinkhardt einen kompetenten Verleger.[2]

Die verschiedenen regionalen Einzelinitiativen für praktische Reformversuche mündeten schließlich im grundlegenden Volksschulreformprogramm des Sächsischen Lehrervereins (SLV) von 1910, in dem die Errichtung von Versuchsklassen und -schulen ausdrücklich gefordert wurde (Wünsche 1911, 34). Die sächsische Versuchsklassenarbeit begann zunächst in zweijährigen Projekten ab 1911 in Leipzig mit 24 Versuchsklassen und in Chemnitz seit 1912 mit sieben Versuchsklassen zur Reform der Elementarerziehung und -bildung. Dresden gewährte die Versuchsdauer für 15 Reform-Elementarklassen ab 1912 sogar für drei Jahre. Die Chemnitzer Reformer konnten dabei einen solchen Erfolg erzielen, dass der Beschluss gefasst werden konnte, ab Ostern 1914 *alle* Chemnitzer Schulen nach diesem erprobten Reformprogramm für die Änderung der Grundschulpädagogik arbeiten zu lassen. Infolge des Ersten Weltkrieges kam diese bis heute unerreichte Einflussnahme reformpädagogischer Initiativen auf das Regelschulwesen jedoch leider wieder zum Erliegen. Insgesamt war die unterrichtspraktische Reformarbeit engagierter sächsischer Volksschullehrer im Wilhelminischen Deutschland eine erste Bewährungskontrolle reformpädagogischer Projekte im Bereich staatlicher Schulen, die in der Tradition didaktischer und methodischer Reformversuche in der Volksschule des 19. Jahrhunderts stand. Mit dem Neubeginn im Bildungswesen in der Weimarer Republik konstituierte sich nach 1921 die Allgemeine Deutsche Grundschule. Mit der Sanktionierung der für alle Kinder gemeinsamen Grundschule in der Weimarer Verfassung waren die institutionellen Rahmenbedingungen geschaffen, um genau die eigenständige und kinderorientierte Grundschulkonzeption zu verwirklichen, für die die Leipziger, Chemnitzer und Dresdener Versuchsklassenlehrer Pionierarbeit geleistet haben. Ohne diese Vorleistungen aus der Vorkriegszeit wären die Gründung und vornehmlich die pädagogische Ausgestaltung dieser Grundschule kaum denkbar gewesen.

---

2 Meumann, E.: Ökonomie und Technik des Gedächtnisses, Experimentelle Untersuchungen über das Merken und Behalten, Leipzig ^{5}1920; Haus- und Schularbeit, Experimente an Kindern der Volksschule, Leipzig ^{2}1925.

2. Die sächsischen Versuchsschulen in der ersten deutschen Republik

Die von der Volksschullehrerbewegung in Sachsen getragenen reformpädagogischen Initiativen waren während der Weimarer Republik ein fester Bestandteil eines umfassenden gesamtgesellschaftlichen Modernisierungsprozesses gewesen. Denn der Freistaat Sachsen war seit Ende 1920 – wenn auch nur für knapp drei Jahre – Schauplatz eines von der SPD und der USPD initiierten „linksrepublikanischen Projektes", dessen Ziel in der energischen Demokratisierung von Staat und Gesellschaft bestand. Dieser Zusammenhang zwischen demokratischer Schul- und Gesellschaftsreformpolitik (Poste 1993) bildet den politisch-gesellschaftlichen Hintergrund für die folgende Skizze über die Zentren innovativer Schulreformdiskussionen und -versuche; zumal alle sächsischen Versuchsschulen unter den sozialistischen Minderheitsregierungen in deren Amtszeit vom Dezember 1920 bis Oktober 1923 genehmigt wurden.[3]

Erst die politischen Umwälzungen im Zuge der Novemberrevolution schufen die Voraussetzungen dafür, dass die sächsischen Schulreformer ihre Pläne der Versuchsklassenarbeit wieder aufnehmen und weiterverfolgen konnten. Beispielsweise hatten zu Beginn der Weimarer Republik die Mitglieder des Dresdner Ausschusses für das Volksschulwesen mit darüber zu befinden, ob die Versuchsklassenarbeit der Vorkriegszeit wieder belebt und zusätzlich finanziell gefördert werden sollte. Daraufhin wurde die Fortführung der Versuchsklassenarbeit mit dem Schuljahr 1921/22 an immerhin 51 Dresdener Regelschulen von insgesamt vorhandenen 77 allgemeinen (evangelischen) und sieben katholischen Volksschulen sowie sieben Hilfsschulen beschlossen und für jede Klasse zusätzliche Mittel in Höhe von 200 Mark – seit 1922 erhöht auf 300 Mark – aus dem Haushaltsplan der Schulgemeinde bewilligt.[4]

Den schulpolitisch und pädagogisch besonders engagierten Reformern war es zu verdanken, dass nun auch die Idee der Versuchsschule Wirklichkeit wurde. Nachfolgend werde ich zunächst die sechs sächsischen Versuchsschulen skizzieren, bevor ich deren Vorbildfunktion für das Regelschulwesen hinterfrage und zugleich die Zusammenarbeit mit dem Klinkhardt Verlag darstelle:

---

3 Wenngleich die Dresdner Versuchsschule am Georgplatz bereits im April 1920 ihre Arbeit aufnahm, so erteilte der Dresdner Stadtrat die endgültige Genehmigung erst im März 1921.
4 Stadtarchiv Dresden, Schulamt: 2.3.20, Arbeitsschule, Versuchsklassen, Reformelementarklassen, Sect. I, Cap. I, Nr. 356, Bde. I bis IV, hier Bd. IV.

2.1 Die Versuchsschule am Dresdner Georgplatz (1920-33)

Die Führungspersönlichkeiten des 1833 gegründeten Dresdner Lehrervereins (DLV), Kurt Weckel, Georg Schwenzer und Martin Weise, schufen die konzeptionelle Grundlage für diese Versuchsschule, die eine Arbeits- und Gemeinschaftsschule sein sollte.[5] Dieser Schultyp erforderte „einen Schulbetrieb, der bei gewissenhafter Berücksichtigung der natürlichen Entwicklung der Schüler und bei Ausschluss alles dessen, was Kinder nicht bewusst erarbeiten können, auf allseitige Entfaltung ihrer Kräfte, auf Durchführung einer gesunden Konzentration und auf Erziehung zur Selbstständigkeit das Schwergewicht legt, einen Schulbetrieb, der heimatliches Leben zu seiner Grundlage macht und der in wirklichen Arbeitsvorgängen des Lebens das hauptsächliche Erziehungs- und Unterrichtsmittel erblickt."[6] Die tragende Idee dieser Schule orientierte sich nicht nur an ein auf neuen entwicklungspsychologischen Erkenntnissen beruhendes didaktisch-methodisches Prinzip im Sinne von selbstständigem und entdeckendem Lernen bzw. der Bestimmung neuer Bildungsinhalte, sondern enthielt auch „eine ausgeprägte erzieherische und damit gesellschaftspolitische Komponente: Eine Erziehung im emanzipatorischen Sinne, die nicht nur auf die bestehende, als reformbedürftig angesehene Gesellschaft vorbereiten wollte, sondern deren erklärtes Ziel es war, zur Modernisierung und Humanisierung der gesellschaftlichen Verhältnisse beizutragen" (Poste 1998, 91).

Ostern 1920 begannen 22 Lehrer mit 590 Schülern in acht Jungen- sowie acht Mädchenklassen mit der Versuchsschularbeit. Seit 1922 wurde von den neuen ersten Schuljahren an koedukativ unterrichtet. Die Schule schuf eine anregungsreiche Lernatmosphäre. Dazu zählte methodisch gesehen, dass die Schüler sich den Lehrstoff altersgemäß soweit wie möglich selbstständig erarbeiteten. Das bis dahin vorherrschende rezeptive Lernen sollte durch ein mehr aktives, entdeckendes Lernen sowie eigenes Erforschen ersetzt werden. Zugrunde lag diesem Lernverständnis ein ganzheitlicher Ansatz mit einer gleichberechtigten Berücksichtigung praktisch-handwerklicher sowie künstlerischer und sportlicher Betätigung. Während der Gesamtunterricht in der Unterstufe häufig als sog. Gelegenheitsunterricht von den verschiedenen Tagesereignissen und -erlebnissen der Schüler ausging und ihren ausgeprägten Bewegungs- und Spieltrieb in besonderer Weise berücksichtigte, wurde er in der Mittel- und Oberstufe stärker in Form von Projekten bzw. größeren Themenkomplexen organisiert. Um unterschiedliche Interessen und Begabungen besser fördern zu können, wurden seit Beginn der Versuchsschulpraxis sog. Neigungskurse eingerichtet. Bereits in zeitgenössischen, international vergleichenden Analysen (Roman 1924, 207) fand diese Versuchsschule eine besonders hohe Wertschätzung.

---

5 Vgl. ebd., Bd. II.
6 Ebd., 2f.

2.2 Versuchsschule Hellerau (1921-33)

Im Kontext der seit 1908 entstandenen bedeutendsten Gartenstadt in Sachsen, Hellerau bei Dresden, profilierte sich ein Mekka der Lebensreformbewegung, das auch reformpädagogische Enthusiasten aus dem In- und Ausland anzog. So gelangte die Tanzschule Hellerau unter Leitung ihres Genfer Tanzpädagogen Émile Jaques-Dalcroze ebenso zu internationalem Ruhm wie die von Alexander S. Neill mitbegründete Internationale Schule. Schließlich koordinierte Elisabeth Rotten von 1930-34 ihre Aktivitäten für die New Education Fellowship (NEF) von ihrer geliebten Gartenstadt Hellerau aus, wo sie u.a. als Dozentin an der Ausbildungsstätte für Sozialarbeiter lehrte. In dieser einzigartigen Gartenstadtatmosphäre begannen Willy Steiger, Arno Wegerdt, Helmut Gröger und Rudolf Wittig sowie ihr Schulleiter Max Nitzsche Ostern 1921, ihr Versuchsschulprojekt umzusetzen (Nitschke 2003). Wie in keiner anderen sächsischen Versuchsschule wurde hier von Anbeginn eine konstruktive Zusammenarbeit zwischen staatlichen und privat getragenen Bildungseinrichtungen – quasi Tür an Tür – realisiert. Das Versuchsschullehrerteam war sich über das große Ziel ihrer Arbeit schnell einig geworden, die Schüler zur Mündigkeit zu erziehen: „Kulturkritik in der Schule klingt vermessen und muss doch all denen selbstverständlich sein, die zu freiem Menschentum erziehen, nicht mehr aber Untertanen und Knechte züchten wollen", konstatiert Steiger (1922, 751) und führt fort: „Und wo gesunde Menschen natürlich aufwachsen im wirklichen Leben ohne Parteibrillen, Bürokratenzöpfe und Klostermauern, muss eine Kritik einsetzen an den größten Verfallserscheinungen unserer so gern gerühmten Kultur." Koedukation konnte gleich 1921 eingeführt werden. Klassenfahrten bzw. Wanderungen durch die Lausitz, die Sächsische Schweiz und das Riesengebirge sowie Schüleraustauschprogramme mit den Hamburger Gemeinschaftsschulen und einer Lübecker Schule avancierten ebenso zu Höhepunkten der Versuchsschulzeit wie Steigers (1925) Klassenfahrt nach Wien und in die Alpen, die auch in anderen Reformpädagogik-Zentren – so in Chemnitz – Nachahmer fand. Steigers S'*blaue Nest* (Dresden 1927) dürfte bis heute zu den bemerkenswertesten Praxisberichten einer erfolgreich gelebten Reformpädagogik zählen.

2.3 Versuchsschule Leipzig-Connewitz (1921-25)

Bereits im Mai 1919 nahm der Versuchsschulausschuss des 1846 gegründeten LLV unter Vorsitz Karl Rößgers seine Arbeit auf, um die Leipziger Versuchsschulgründung vorzubereiten. Dieses Gremium erarbeitete u.a. folgende *Grundsätze zur Ausgestaltung einer Versuchsschule,* die dem Städtischen Schulbeirat im Herbst 1919 vorgelegt wurden: „1. Aufgabe der Versuchsschule ist es, […] insbesondere die Arbeitsschulidee, wie sie in Deutschland, vor allem in Leipzig, seit Jahren theoretisch und zum Teil in praktischen Versuchen erarbeitet wurde, in einem einheitlichen großen Versuch zu verwirklichen, und so durch wissenschaftlich geleitete Erprobung die Grundlagen zur inneren Neugestaltung des Leipziger Volksschulwesens zu schaffen. 2. Zur Durchführung des Versuchs wird ein besonderer Lehrkörper aus geeigneten, freiwilligen Lehrkräften gebildet. […] 3. Die gesetzlichen Ziele für Unter- und Oberstufe gelten auch für die Versuchsschule. 4. Im übrigen setzt der Charakter des Versuchs völlige pädagogische Freiheit der Lehrer und kollegiale Leitung voraus. 5. Zur wissenschaftlichen Vertiefung des Versuchs ist eine enge Verbindung mit dem Psychologischen Institut des LLV notwendig. […]. 6. Die Versuchsschule erhält einen in der üblichen Weise örtlich abgegrenzten Volksschulbezirk."[7]

Ostern 1921 begannen 22 Versuchsschullehrer ihre Arbeit mit 16 doppelzügigen Knabenklassen in herrlicher landschaftlicher Umgebung. Mädchen der ersten vier Schuljahre wurden sodann schrittweise in die Versuchsschulpraxis einbezogen. Diese Versuchsschule fand vor allem wegen der wissenschaftlichen Begleitung durch das Institut für experimentelle Pädagogik und Psychologie des LLV – das erste dieser Art in Deutschland – die größte Resonanz in sächsischen Schulreformerkreisen und erlangte darüber hinaus auch ein bemerkenswertes internationales Renommee (Pehnke 1998, 64ff.). Die Versuchsschullehrer sahen sich und ihre Arbeit aber von Beginn an in der Konfrontation mit Teilen der konservativen Elternschaft, die Anhänger der Konfessionsschule waren und ihre Kinder nicht in diese Schule, die den Religionsunterricht nicht erteilte, schicken wollten. Nachdem diese Eltern sich vergeblich bemüht hatten, die Aufhebung des Bezirkszwangs mit Unterstützung des Oberbürgermeisters Rothe beim Kultusministerium zu erreichen, hielt ein Vater seinen zwölfjährigen Sohn ein Vierteljahr vom Unterricht fern und ließ ihm Privatunterricht erteilen. Als das Schulamt den Vater daraufhin mit einer Geldbuße belegte, zog dieser vor Gericht. Erstinstanzlich verurteilt, legte der betroffene Vater Berufung beim Landgericht ein. Dieses hatte nun zu entscheiden, ob die Versuchsschule eine Volksschule im Sinne der gesetzlichen Bestimmungen war und somit der Bezirkszwang zu Recht bestand. Im Verlaufe dieser gerichtlichen Auseinandersetzungen kam es insgesamt zu vier Entscheidungen, von denen die erste und dritte *für* die Versuchsschule und den Bezirkszwang, die zweite und letzte aber *dagegen* ausfielen. Das Landgericht hielt in seiner letzten Verhandlung die Versuchsschule nicht für eine Schule im Sinne des Übergangsgesetzes und erklärte demgemäß den Bezirkszwang für unzulässig. Die Leipziger Reformer führten die Niederlage der Versuchsschule auf die einseitige Beweisaufnahme des Gerichts zurück, bei der fast ausschließlich die Gegner wie die bestellten Sachverständigen, der Seminarlehrer Prof. Günther und der Universitätsprofessor

---

7 Stadtarchiv Leipzig, Schulamt, Kap. V, Nr. 222, Bd. 1, 11.

Theodor Litt, zu Wort kamen, die die Versuchsschule nicht einmal aus eigener Anschauung kannten. Daraufhin verzichteten die Leipziger Versuchsschullehrer auf die Fortführung des Versuchs, weil mit der Aufhebung des Bezirkszwangs eine seiner wesentlichsten Bedingungen entfallen und das Hauptziel, Grundlagen für eine Reform des gesamten Volksschulwesens zu erarbeiten, infrage gestellt war. Schließlich wurde die Versuchsschule ab Ostern 1925 wieder in eine normale Volksschule umgewandelt.

2.4 Humboldtversuchsschule Chemnitz (1921-33)

Fur diese Versuchsschulinitiative wurde innerhalb des 1831 gegründeten Chemnitzer Lehrervereins 1920 eine gesonderte *Arbeitsgemeinschaft für neue Erziehung* ins Leben gerufen. Sogleich organisierte sie eine *Pädagogische Woche* in Chemnitz, an der Reformpädagogik-Enthusiasten aus Sachsen, Thüringen und Hamburg teilnahmen. Als Hauptreferenten konnten mit Paul Oestreich der Gründungsvorsitzende des Bundes Entschiedener Schulreformer (BES) und der Direktor der Hamburger Versuchsschule Tieloh-Süd, Nicolaus Henningsen, gewonnen werden. Während des Genehmigungsverfahrens für die Versuchsschule hatte der zuständige Bezirksschulrat gemeinsam mit drei avisierten Versuchsschullehrern Anfang 1921 die bereits bestehende Dresdner Versuchsschule und die Hamburger Gemeinschaftsschulen in Tieloh-Süd, am Berliner Tor und in der Breitenfelder Straße besucht. Das Hamburger Gemeinschaftsschulkonzept (Rödler 1987) wurde für die Chemnitzer Reformer zum Vorbild.

Nachdem die Elternschaft mit deutlicher Mehrheit ihre Zustimmung für das Versuchsschulprojekt erteilt hatte, begannen Ostern 1921 24 Versuchsschullehrer mit ihrer Arbeit in 22 Mädchenklassen. In der Zeitspanne von 1923-29 wurden auch schrittweise Jungen in die Schularbeit integriert. Besonderes Augenmerk legte die Schule auf das Engagement der Schüler- und Elternschaft in sozialpädagogischen Handlungsfeldern wie dem Hilfswerk der Schulkindernothilfe sowie auf die Anschaffung und Unterhaltung eines Schullandheimes.

Um besondere Neigungen und Fähigkeiten der Schüler besser fördern zu können, richteten die Versuchsschullehrer einen Kern-Kurs-Unterricht ein. In wöchentlich vier Kursstunden konnten interessierte Schüler sogar moderne Fremdsprachenkenntnisse erwerben. Die Erprobung eines zwei Jahrgänge vereinenden altersheterogenen Unterrichts wurde mit Ausnahme des Versuchsschullehrers Fritz Müller von allen anderen Pädagogen wieder aufgegeben. Müller hingegen wollte daran nicht nur festhalten, sondern gar herausfinden, unter welchen Bedingungen eine Lerngruppe, die alle (!) Jahrgänge vereint, optimale Ergebnisse erzielen kann. Von 1924-27 realisierte Müller seinen spektakulären Schulversuch, den ich aus der Sicht der beteiligten Schüler nachzeichnen konnte (Pehnke 2002). Im September und Oktober 1925 weilten die an diesem Versuch beteiligten Schüler auf Einladung des Bürgermeisters der Grenzstadt Weipert bei tschechischen Quartiereltern, um bleibende Eindrücke von der Kultur und dem Alltagsleben ihres böhmischen Nachbarlandes zu erhalten. Ähnliches – und für die beteiligten Schüler unvergessen – wiederholte sich im Juli und August 1926, nachdem der Wiener Oberbürgermeister der Klasse von Müller eine 23tägige Exkursionsfahrt nach Wien und in die Alpen ermöglichte.

2.5 Versuchsklassenzweig an der Bernsdorfer Schule in Chemnitz (1921-33)

1921 wurde in jeweils einer sog. Gemeinschaftsklasse pro Altersstufe der ansonsten dreizügigen Bernsdorfer Schule für Mädchen die Chemnitzer Versuchsklassenarbeit aus der Vorkriegszeit wieder aufgenommen. Obwohl nur ein Drittel der Schülerinnen – später wurden Jungen einbezogen, um die Schularbeit unter den Bedingungen der Koedukation zu erproben – nach reformpädagogischen Kriterien unterrichtet wurden, erhielt die gesamte Schule den Status einer Versuchsschule. Die Versuchsklassenlehrer einigten sich auf folgende übergreifende Zielstellung: „Die *Aufgabe der Schule* ist: Die Erziehung selbständiger und selbstbewusster Menschen und unter genauer Beobachtung jedes Kindes die Ausbildung und Förderung der in ihm vorhandenen Anlagen und Kräfte. Das *Ziel der Erziehung* ist die Schaffung eines gesunden und starken Geschlechtes, das freudig seine Kraft in den Dienst der Gemeinschaft stellt."[8]

Einen besonderen Stellenwert erhielt der mit zwei Wochenstunden vorgesehene Kursunterricht, um den unterschiedlichen Interessen und Begabungen der Schüler besser entsprechen zu können. Die Teilnahme an einem Kurs war für jedes Kind verpflichtend. Es stand den Schülern aber auch frei, an mehreren Kursen teilzunehmen oder einen zusätzlichen Kurs gelegentlich als Gast zu besuchen. Während die *freie* Kurswahl für die Schüler in den ersten Jahren der Gemeinschaftsklassenarbeit oberste Priorität hatte, gewann im Verlaufe der Versuchsklassenpraxis die Beratung der Lehrer für die Kurswahl zunehmend an Bedeutung. Besonders interessante Erfahrungen wurden mit fachübergreifenden Kursangeboten wie zur sog. Natur- oder zur Weltkunde gemacht (Pehnke 2001).

Im Bericht des Kollegiums über das Schuljahr 1929/30 findet sich eine umfangreiche Darstellung Martha Kuhns, in der sie über ihre dreijährige Anwendung der Montessori-Pädagogik in ihrer Arbeit mit 24 Schülerinnen und 13 Schülern seit deren Schuleintritt berichtet. Dabei ist besonders erwähnenswert, dass Kuhn bei aller Verehrung für Maria Montessori im Allgemeinen sowie ihrer

---

8 Stadtarchiv Chemnitz, Jahresberichte der Gemeinschaftsklassen der Bernsdorfer Schule. Schulratsbestand: B V 1/1, hier Bericht 1922, 4.

Reformpädagogik im Besonderen keineswegs einer unkritischen Montessori-Rezeption verfällt, sondern sie selbstständig adaptiert: „Montessori nimmt gegen das Märchen eine ablehnende Haltung ein. Der deutsche Lehrer wird nicht so leicht ihren Standpunkt vertreten. Zu stark sind die Grimmschen Märchen und die alten Sagen in unserem Volksbewusstsein verwurzelt."[9]

2.6 Dürerversuchsschule Dresden (1922-33)

Die Initiative zur Gründung einer höheren staatlichen Versuchsschule in Sachsen ging vom sächsischen Landesverband des BES aus. Diese Versuchsschule sollte die Berechtigungen sämtlicher Vollanstalten vergeben können, was mit Hilfe wahlfreier Kurse vorgesehen war. Die fünf Begriffe Arbeitsschule, Schulgemeinde, Körperkultur, Ausdruckskultur und Selbstverwaltung umfassten das elementare pädagogisch-erzieherische Selbstverständnis der anvisierten Versuchsschule. Unter Arbeitsschule verstand man in erster Linie die aktive Mitarbeit der Schüler, d.h. möglichst selbständige Erarbeitung des Stoffes unter Mithilfe des Lehrers. Des Weiteren wurde beabsichtigt, die manuelle Betätigung der Schüler zu verstärken. Hinter der Schulgemeinde verbarg sich die Vorstellung einer Lehrer, Schüler und auch Eltern umfassenden Schulgemeinschaft, wobei die Betonung auf Gemeinschaft lag: „Überwindung des Partei-, Klassen- und Cliquenwesens [...] sowie Überbrückung der Kluft zwischen Lehrer und Schüler durch gemeinsames Erleben, gemeinsame Feste und Unternehmungen und durch Aussprachen in den Klassen und in der Gesamtheit der oberen Schülerschaft."[10] Die geforderte Körperkultur hatte das Ziel, insbesondere die Ausbildung des ganzen (körperlichen) Menschen mittels der natürlichen rhythmischen Gymnastik zu erlangen. Hinter dem Begriff der Ausdruckskultur standen die Bemühungen um eine Ausbildung der ästhetischen Kräfte und Fähigkeiten des Schülers. Er sollte zum bewussten Sehen und Genießen alles Schönen in Natur, Technik, Handwerk und Bildender Kunst erzogen und zur Bildung des Geschmacks und des künstlerischen Urteils befähigt werden. Unter dem Stichwort der Selbstverwaltung wurden dem Schulleiter einerseits zwar weitgehende Amtsbefugnisse im Hinblick auf die Vertretung der Schule nach außen, der Aufsicht über den Dienstbetrieb und der Disziplin usw. zugestanden, andererseits aber auch seine Verantwortung gegenüber der Lehrerversammlung betont. Der Schülerschaft sollten in der Schulverwaltung bestimmte Mitsprachemöglichkeiten eingeräumt und verschiedene Ämter übertragen werden. Nachdem der Sächsische Philologenverein das Zustandekommen einer höheren Versuchsschule zu behindern suchte, erklärten sich im Februar 1922 300 Dres-

---

9 Ebd., Bericht 1930, 219-229, hier 223.
10 Mitteilungen des BES, Nr. 7/1921, 54.

dener Eltern bereit, die Gründungsinitiative des BES nach Kräften zu unterstützen. Dieses eindrucksvolle Elternvotum wollte das Kultusministerium nicht länger ignorieren und genehmigte schließlich eine Sexta, mit der die höhere Versuchsschule Ostern 1922 im Gebäude der 6. Dresdner Volksschule ihren Unterrichtsbetrieb mit zunächst 31 Jungen und Mädchen – von über 150 Anmeldungen – sowie zwei Lehrern aufnahm. Nach einem Jahr zog die Versuchsschule in die 51. Volksschule um. Die im Februar 1925 nach dem Nürnberger Künstler Albrecht Dürer benannte Versuchsschule unterschied sich hinsichtlich der sozialen Herkunft ihrer Schülerschaft gravierend von den übrigen höheren Schulen Sachsens. Nach einer Schulstatistik vom Februar 1927 entstammen nämlich 33 % von ihnen alleine aus der Arbeiterschaft. Im Vergleich dazu waren es an den Deutschen Ober- und Aufbauschulen 10,5 %, den Oberrealschulen 8,6 %, den Reformrealgymnasien 8,4 %, den Realgymnasien 4,9 % und den Gymnasien 3,2 %.[11]

Das Wandern und der Klassenaustausch entwickelten sich zu zentralen Elementen der Versuchsschulpraxis: Mit den regelmäßigen Studien- und Wandertagen, die der wissenschaftlichen Beschäftigung ebenso dienten wie der körperlichen Erziehung und dem Anschauungsunterricht in Natur, Kunst, Wirtschaft und Technik, avancierte Sachsen zum Vorreiter auf diesem Gebiet. Mit der Einweihung des Schulheimes in Gohrisch im Herbst 1925 verbesserten sich auch die Rahmenbedingungen für den Wandergedanken der Dürerversuchsschule.

Eine Erweiterung der in den Unterklassen durchgeführten wöchentlichen Wanderungen bildete der zwei- bis dreiwöchige Austausch mit Klassen anderer höherer Schulen inner- und außerhalb Sachsens. Der erste Klassenaustausch fand 1923 statt. Bereits 1926 waren Schulen in Hamburg, Zwickau, Eibenstock, Johanngeorgenstadt und Frankenberg an dem Klassenaustauschprogramm beteiligt. Das Interesse in Schulreformerkreisen an diesen Dresdner Erfahrungswerten war so hoch, dass sich die Schule entschloss, einen umfangreichen Dokumentationsband aus Lehrer- und aus Schülersicht mit dem Titel „Auch in der Fremde daheim" 1927 bei Klinkhardt zu veröffentlichen. Seit 1929 konnte auch eine internationale Dimension des Klassenaustausches als ein spezifisch schulischer Beitrag zur Völkerverständigung realisiert werden. So wurden im Kontext friedenspädagogischer Aufgabenstellungen zunächst die Schlachtfelder des Ersten Weltkrieges in Belgien besichtigt, ebenfalls 1929 fand ein schwedisch-finnischer Schüleraustausch statt, gefolgt von Austauschprogrammen mit Frankreich, Schottland und der Tschechoslowakei.

---

11 Statistisches Jahrbuch für den Freistaat Sachsen, 47. Ausgabe 1927/28. Dresden 1929, 240f.

Der Versuchsschulstatus dieser Schule wurde – wie für die anderen sächsischen Versuchsschulen auch – am 5. April 1933 aufgehoben[12], zahlreiche Versuchsschullehrer wie ihr langjähriger Direktor Kurt Schumann entlassen oder zwangsversetzt. Zwei Jahre später wurde die Dürerschule endgültig geschlossen (Pehnke 2004, 97ff.).

3. Impulse für das Regelschulwesen

Es gehörte zu den Auflagen des sächsischen Kultusministeriums, dass es staatliche Versuchsschulen nur unter der Voraussetzung genehmigte, dass diese sich für Hospitationen gegenüber interessierten Pädagogen der Regelschulen öffneten und über die erzielten Ergebnisse schriftlich berichteten. Hierbei kam dem Klinkhardt Verlag eine besondere Rolle zu. So wurde in den reformpädagogischen Praxisberichten wie den schon erwähnten „Die Arbeitsschule – Beiträge aus Theorie und Praxis" (^{4}1922) oder „Auch in der Fremde daheim" (1927) und darüber hinaus den von Otto Erler 1921 veröffentlichten „Bilder aus der Praxis der Arbeitsschule" bzw. Erlers 1926 speziell für die Reformbedürfnisse des ländlichen Schulwesens publizierten „Bilder aus der Praxis der Landschule" sowie nicht zuletzt durch die zumeist für den DLV aufgelegten Lehrbücher mit regionalen Bezügen für den Deutsch- und den Mathematikunterricht[13] öffentlich Rechenschaft über die Versuchsschularbeit abgelegt.

Außerdem wurden jährlich ministeriell organisierte Fortbildungskurse als sog. Arbeitsschulkurse initiiert. Beispielsweise entsandte das Kultusministerium noch im Oktober 1924 paradoxerweise 25 sächsische Volksschullehrer für vier Wochen an die Leipziger Versuchsschule zu einem Arbeitsschulkursus, obwohl zu diesem Zeitpunkt die zweite Landgerichtsverhandlung festgestellt hatte, dass die Versuchsschule nicht geeignet sei, die gesetzlich geforderten sittlichen Aufgabenstellungen zu erfüllen (Pehnke 1998a, S. 57f.).

Um den aktuellen Stand der theoretischen und vor allem praktischen Versuchsschularbeit bei der Integration des Arbeitsschulgedankens vor Ort studieren zu können, organisierte das 1915 gegründete Berliner Zentralinstitut für Erziehung und Unterricht sog. *Pädagogische Wochen*. Nach nur 18monatiger Ver-

---

12 Das nationalsozialistische Ministerium nahm mit der offiziellen Schließung die früheren Proteste u.a. der christlichen Elternvereine gegen die Versuchsschulen auf und setzte damit nun auch ein politisches Signal gegen die in den Versuchsschulen realisierte Reformpädagogik und die ehemals dort tätigen Lehrer.

13 Vgl. *sowohl* „Der bunte Baum" ^{2}1926; das mehrteilige Werk „Muttersprache: Lesebuch für Volksschulen", neu bearb. v. DLV o.J.; „Lustige Geschichten für Anfänger im Lesen. Zugleich Lesestoff im Anschluss an die Dresdner Fibel", hg. v. DLV ^{2}1930; „Die bunte Welt", hg. v. DLV 1926, 1929 *als auch* „Wir rechnen. Rechenbuch für Stadt- und Landschulen", neu bearb. v. O. Erler, 3. Heft ^{47}1930, 4. Heft ^{42}1931 sowie 6. Heft ^{37}1930.

suchsschularbeit rückte die Leipziger Versuchsschule bereits ins Rampenlicht der internationalen Reformpädagogik, denn der Einladung zur *Pädagogischen Woche* im Oktober 1922 nach Leipzig folgten mehr als 1000 Interessenten, darunter Gäste aus der Schweiz, aus Holland, aus der Tschechoslowakei und aus den skandinavischen Staaten. Vormittags wurde sowohl in der Versuchsschule als auch an zwei Regelschulen (5. & 19. Volksschule) die Einführung der Arbeitsschulmethodik hospitiert, nachmittags konnte die gesehene Praxis diskutiert werden. Dafür boten die Versuchsschullehrer gemeinsam mit Vertretern des Instituts für experimentelle Pädagogik und Psychologie des LLV, das die Versuchsarbeit mit umfangreichen empirischen Untersuchungen wissenschaftlich begleitet hatte, vorbereitete Diskussionsgrundlagen (Pehnke 1998a, 47ff.; 1998b).

Die Versuchsschullehrer selbst nutzten ebenfalls Hospitationsmöglichkeiten in der eigenen wie in überregionalen Modellschulen. Stellvertretend sei darauf verwiesen, dass im Juli 1929 Lehrer sowie eine Klasse der Dresdener Dürerversuchsschule für zehn Tage in die berühmte Odenwaldschule gereist waren, um die Rheinebene aber auch die Koedukation auf der Odenwaldschule zu studieren.[14] Weitere Höhepunkte der Öffentlichkeitsarbeit der sächsischen Versuchsschulen wurden die alle zwei Jahre stattfindenden Hauptversammlungen des SLV, auf denen die Wirkung der Versuchsarbeit auf das öffentliche sächsische Schulwesen sowohl schwerpunktmäßig diskutiert als auch in gesonderten Schulausstellungen Praxisergebnisse wie Schülerprojektarbeiten präsentiert wurden.[15] Nachgewiesenermaßen wurden auch Erfahrungswerte der sächsischen Versuchsschularbeit auf den Konferenzen der NEF 1927 in Locarno und 1929 in Helsingör erörtert (Pehnke 2002, 62; 2004, 90f.) oder im Publikationsorgan der NEF zur Diskussion gestellt (Kühn 1931).

Aus der Geschichte der Versuchsschulen ist auch dies zu lernen: Die Schulreformer waren – und sind es noch heute – auf schulpolitische und kommunale Unterstützungen angewiesen. In den sächsischen Reformpädagogik-Zentren war die Aufgeschlossenheit in der Kommunalpolitik in Chemnitz am größten, das zeigte sich bereits an der eingangs benannten flächendeckenden Einführung der Ergebnisse der Elementarklassenarbeit im Jahre 1914. Und auch in der ersten deutschen Republik konnte beispielsweise Fritz Karsen (1925, 68) bilanzieren, dass das Kern-Kurs-Unterrichtssystem an 50 Chemnitzer Volksschulen im großen Umfang eingeführt wurde.

---

14 Der illustrierte Reisebericht der Dresdener Schüler befindet sich im Archiv der Odenwaldschule.
15 Vgl. z.B.: Ausstellungskatalog *Fragen der Bildung* der XX. Allgemeinen Versammlung des SLV 1928 in Chemnitz.

Es überrascht keineswegs, dass die sächsischen Versuchsschullehrer nach der Reichsexekution gegen Sachsen im Herbst 1923 einen zunehmend härter werdenden Überlebenskampf für ihre Reformpädagogik vor dem Hintergrund konservativer Bildungspolitik führen mussten. Sämtliche Vergünstigungen wie Abminderungsstunden für die Versuchsschullehrer wurden bis zum Ende der Weimarer Republik gestrichen. Hinzu kamen öffentliche Diffamierungen seitens der christlichen Elternvereine gegen die reformpädagogische Praxis an den Versuchsschulen im Allgemeinen sowie ihrer republikanischen und pazifistischen Bekenntnisse im Besonderen. Schließlich erreichte es sogar die Deutschnationale Landtagsfraktion, dass sich der Sächsische Landtag 1930 mit dem als skandalös empfundenen deutsch-französischen Schüleraustausch der Dürerversuchsschule zu befassen hatte (Pehnke 2004).

Der Klinkhardt Verlag avancierte zu Beginn des 20. Jahrhunderts zum anerkannten Kommunikationsmedium für die Theorie und Praxis sowohl der sächsischen Versuchsklassen- als auch der Versuchsschularbeit.

Literatur

Bei Klinkhardt erschienene Publikationen zur Theorie und Praxis der sächsischen Reformpädagogik an Regelschulen:

Die Arbeitsschule. Aus der Methodischen Abteilung des Leipziger Lehrervereins. Beiträge aus Theorie und Praxis. Hg. vom Leipziger Lehrerverein. Leipzig 1909, ²1910, ³1921, ⁴1922.
Erler, O.: Bilder aus der Praxis der Arbeitsschule. Leipzig 1921.
Erler, O.: Bilder aus der Praxis der Landschule. Leipzig 1926.
Auch in der Fremde daheim. Ein Buch vom Austausch der Dürerschule (Staatliche Höhere Versuchsschule) zu Dresden. Hg. von der Lehrerschaft der Dürerschule. Leipzig 1927.

Literaturbasis meines Beitrages:
Karsen, F. (1925): Unsere Osterzusammenkunft. In: *LebensGemeinschaftsSchule*, Heft 5, 65-71.
Kühn, E. (^{12}1931): A German Experiment in Secondary Education, The Dürerschule, Dresden. In: The New Era in Home and School, No. 50, 55-57.
Nitschke, T. (2003): Die Gartenstadt Hellerau als pädagogische Provinz. Dresden.
Pehnke, A. (1998a): Sächsische Reformpädagogik. Traditionen und Perspektiven. Leipzig.
Pehnke, A. (1998b): Das durch Wilhelm Wundt geförderte Leipziger Institut für experimentelle Pädagogik und Psychologie (1906-1933) und seine Ausstrahlungskraft. In: Jahnke, J. u.a. (Hg.): Psychologiegeschichte – Beziehungen zu Philosophie und Grenzgebieten. München, Wien, 169-182.
Pehnke, A. (2001): Die Bernsdorfer Schule Chemnitz, Reformpädagogische Versuchsarbeit von 1912 bis 1933. In: Jahrbuch für Historische Bildungsforschung 7. Bad Heilbrunn, 191-214.
Pehnke, A.(²2002): „Ich gehöre in die Partei des Kindes!" Der Chemnitzer Sozial- und Reformpädagoge Fritz Müller (1887-1968). Beucha.
Pehnke, A. (Hg.) (2002): Reformpädagogik aus Schülersicht, Dokumente eines spektakulären Chemnitzer Schulversuchs der Weimarer Republik. Baltmannsweiler.

Pehnke, A. (2004): „Ich gehöre auf die Zonengrenze!" Der sächsische Reformpädagoge und Heimatforscher Kurt Schumann (1885-1970). Beucha.

Poste, B. (1993): Schulreform in Sachsen 1918-1923, Eine vergessene Tradition deutscher Schulgeschichte. Frankfurt am Main u.a.

Poste, B. (1998): Reformpädagogik und Schulreform in Dresden zur Zeit der Weimarer Republik. In: Pehnke 1998, 89-106.

Rödler, K. (1987): Vergessene Alternativschulen, Geschichte und Praxis der Hamburger Gemeinschaftsschulen 1919-1933. Weinheim/München.

Roman, F.W. (1924): The New Education in Europe, An Account of Recent Fundamental Changes in the Educational Philosophy of Great Britain, France and Germany. London.

Steiger, W. (^{89}1922): Kulturkritik in der Schule. In: *Sächsische Schulzeitung,* 751-753.

Steiger, W. (1925): Unsere Alpenfahrt. Wien.

Wünsche der sächsischen Lehrerschaft zur Neugestaltung des Volksschulgesetzes (1911), hg. vom SLV. Leipzig.

Publizieren im Erziehungsstaat. Der Verlag Julius Klinkhardt im Nationalsozialismus im Spiegel seiner Publikationen
Jörg-W. Link

„In Erkenntnis der bedeutsamen Rolle der Erziehungswissenschaft im neuen deutschen Reiche haben die heutigen Inhaber und Betriebsführer Wilhelm Julius Klinkhardt und Dr. phil. Walther Julius Klinkhardt, Enkel und Urenkel des Gründers, ihre verlegerischen Pläne aufgestellt."

Diese Verlagsstrategie ist formuliert in einer vierseitigen Broschüre zum 100jährigen Jubiläum des Verlages im Mai 1934 (100 Jahre Julius Klinkhardt Verlagsbuchhandlung 1834-1934; Verlagsarchiv). Sie zeigt, dass der damalige Verleger Walther Julius Klinkhardt (1899-1968) erkannte, dass der NS-Staat sich selbst wesentlich als Erziehungsstaat definierte.[1] Es spricht für ein professionelles Berufsverständnis, wenn der Inhaber eines pädagogischen Fach- und Schulbuchverlages in den propagandistischen Äußerungen der neuen Machthaber auch eine geschäftliche Chance für das eigene Unternehmen entdeckte – ungeachtet der Tatsache, dass die Nationalsozialisten mehr von Erziehung als von Erziehungswissenschaft sprachen. Dies wird in der zitierten Broschüre auch dadurch deutlich, dass einzelne Titel, die neu gegründete Reihe „Völkisches Lehrgut" sowie die Zeitschrift „Die deutsche Schule" (DDS) explizit hervorgehoben werden, da sie „im Dienste des schulischen Neubaus Deutschlands" (ebd.) ständen und insbesondere zur „Neugestaltung des Volksschulunterrichts" (ebd.) beitrügen. Der Verweis auf „Die deutsche Schule", bis dahin hrsg. vom Deutschen Lehrerverein, zeigt gleichzeitig, dass der Verlag sich in einer Tradition sah. Das Schulbuch und pädagogische Literatur für die Volksschule gehörten von Beginn an zum Kerngeschäft des Verlages. Und so wundert es keineswegs, dass der Verlag sich nun auch im ‚neuen Staate' als Kommunikationsmedium für diesen pädagogischen Bereich definierte.

---

1 Zur Diskussion der Frage, ob der NS-Staat ein Erziehungsstaat war, vgl. Scholtz 1998.

Die erste Hälfte des zwanzigsten Jahrhunderts

In Meyers Lexikon aus dem Jahr 1937 ist unter dem Stichwort „Buch" u.a. Folgendes zu lesen: „Die nationalsozialistische Bedeutung des Buches liegt in der ungeheuren Kraft, mit der es für die Verbreitung von Ideen wirkt. Hierin liegt die große Verantwortung für Schöpfer und Betreuer des B., deren sie sich bewusst sein müssen. Die Gemeinschaft eines Volkes kann durch Verantwortungslosigkeit in der buchmäßigen Verbreitung zersetzender Ideen – wie es sich in den Nachkriegsjahren im Dt. Reich zeigte – stark erschüttert werden. [...] Und erst mit dem wiedergewonnenen Ansehen kann das B. zur geistigen Waffe eines Volkes gegenüber äußeren Angriffen werden." (Sp. 210)
Dass der Nationalsozialismus der Beherrschung öffentlicher Kommunikation aufgrund seines totalitären Anspruchs hohe Bedeutung beigemessen hat, ist hinlänglich bekannt und spricht auch aus diesem Lexikonartikel. Für diese Aufgabe wurden dementsprechend verschiedene Kontrollinstanzen eingerichtet. Das Reichsministerium für Volksaufklärung und Propaganda, die Reichsschrifttumskammer, das „Amt Rosenberg" sowie die parteiamtliche Prüfungskommission unter Philipp Bouhler und – für Publikationen im Bereich Erziehung und Erziehungswissenschaft – zudem das Reichserziehungsministerium und der Nationalsozialistische Lehrerbund (NSLB) sind dafür nur einige institutionelle Belege (vgl. ausführlich Horn 1996, Kapitel 3, S. 37-116; für Schulbücher Blänsdorf 2004, S. 277-302). Verlage sind Teil dieser (kontrollierten) öffentlichen Kommunikation und ein pädagogischer Fachverlag darüber hinaus Teil der öffentlichen Fachdebatten über Erziehung.
Wie verortete sich der Verlag Julius Klinkhardt in dieser öffentlichen Fachdebatte in der NS-Zeit? Welche Themen kommunizierte er? Welche nicht? Lassen sich Schwerpunkte der Publikationspolitik und -strategie ermitteln? Welche Konsequenzen ergeben sich daraus für das Unternehmen wie auch für den Verleger? Das sind Fragen, die im Zentrum meines Beitrages stehen.
Quellen, um diese Fragen beantworten zu können, liegen in großer Fülle vor: die vom Verlag zwischen 1933 und 1945 publizierten Werke. Unveröffentlichte Quellen sind hingegen kaum überliefert. Das Verlagsarchiv wurde bei einem Bombenangriff auf Leipzig 1943 zerstört und hält für die hier behandelte Zeit nur lückenhaftes und teilweise marginales Material bereit (z.B. Verlagsprospekte, Autorenlisten). Zur wirtschaftlichen Situation des Verlages in der NS-Zeit lässt sich aufgrund der Kriegsverluste leider wenig sagen.[2] Insofern kann es hier

---

2 Lediglich im „Meldebogen auf Grund des Gesetzes zur Befreiung von Nationalsozialismus und Militarismus" machte Walther Klinkhardt im Mai 1946 einige Angaben zum steuerpflichtigen Einkommen, die sich aber auf Grund mangelnder Vergleichsdaten und auf Grund des Anlasses der Angaben für eine ökonomische Einschätzung des Verlages in der NS-Zeit nicht verwenden lassen (STAM, Spk-Akten K 3636). Eine fragmentarisch im Verlagsarchiv überlieferte Jahresbilanz bietet ebenfalls keine verwertbaren Vergleichsdaten.

auch nicht um eine umfassende Verlagsgeschichte in der NS-Zeit gehen, die aus Quellen unterschiedlicher Provenienz ein Gesamtbild konstruiert, wie dies für Großverlage in Einzelfällen inzwischen vorliegt (vgl. z.B. Friedländer u.a. 2002 für Bertelsmann).

„Eine moderne Verlagsgeschichte für die Zeit des Nationalsozialismus ist noch nicht geschrieben. Zumeist entstanden Verlagsgeschichten zu den jeweiligen Verlagsjubiläen. Diese konnten allzu oft den Charakter einer Festschrift nicht ablegen. Die Kapitel zum Nationalsozialismus konzentrierten sich darauf, möglicher Kritik am Verhalten der Verlage im Nationalsozialismus vorweg zu begegnen." (Merziger 2005) Selbst wenn auch der vorliegende Beitrag im Rahmen eines Firmenjubiläums entstanden ist, geht es nicht darum, möglicher Kritik am Verhalten des Klinkhardt Verlages im Nationalsozialismus vorweg zu begegnen. Umgekehrt geht es ebenso wenig darum, Verlag oder Verleger wegen möglicher Affinitäten zum Nationalsozialismus bzw. wegen der Geschäftspolitik in der NS-Zeit selbstgerecht anzuklagen. Schon die rudimentäre Quellenlage verbietet beides. Es geht vielmehr darum, die Publikationstätigkeit des Verlages quantitativ und am Beispiel im Kontext der Bildungsgeschichte im Nationalsozialismus zu verorten (1) und die berufsbiographischen Bedingungen und Hintergründe aufzuzeigen, unter denen der Verleger handelte (2). Ziel des Beitrages ist somit nur eine quellengestützte Bewertung des Verlagshandelns in der NS-Zeit.

1. Verlagspublikationen 1933 bis 1945

Eine Recherche in den Datenbanken der Deutschen Nationalbibliothek (http://www.d-nb.de/) sowie – für die vom Verlag publizierten Schulbücher – in den Datenbanken des Georg-Eckert-Institus für Internationale Schulbuchforschung (GEI; http://www.gei.de) ergibt für die 12 Jahre von 1933 bis 1945 eine Gesamtzahl von 429 Titeln, die der Klinkhardt Verlag publizierte.[3] Um eine Vergleichsgröße für diese Publikationstätigkeit zu haben, wurde die Datenbasis erweitert und die Recherchen auf die Zeit der Weimarer Republik ausgedehnt. In den 15 Jahren zwischen 1918 und 1932 publizierte der Verlag 471 Titel. Im Schnitt wurden über den gesamten Zeitraum rund 32 Titel pro Jahr veröffentlicht. Die Publikationsdichte veränderte sich in der NS-Zeit quantitativ also nicht wesentlich. Eine Kontrollrecherche in den Datenbanken der Bibliotheksverbünde hatte zum Ergebnis, dass über die Datenbanken der DNB und des GEI ca. 98 % der im Verlag erschienenen Titel erfasst werden konnten.

---

3 Zwischen den genannten Datenbanken gibt es geringfügige Überschneidungen, denn die Schulbücher sind in der DNB nur zu einem Bruchteil verzeichnet. Diese Schnittmengen haben aber für die hier durchgeführte quantitative Analyse keine signifikante Bedeutung.

Die erste Hälfte des zwanzigsten Jahrhunderts

Im Folgenden geht es in erster Linie um einen summarischen Blick auf die Verlagsproduktion zwischen 1933 und 1945. Ergänzt wird diese quantitative Perspektive durch eine Untersuchung zweier neuer publizierter Reihen des Verlages und des inhaltlichen bzw. bildungshistorischen Umfeldes dieser Reihen.
Die Gesamtzahl der Publikationen verteilt sich über die Jahre 1918-1945 wie folgt[4] (vgl. Abb. 1):

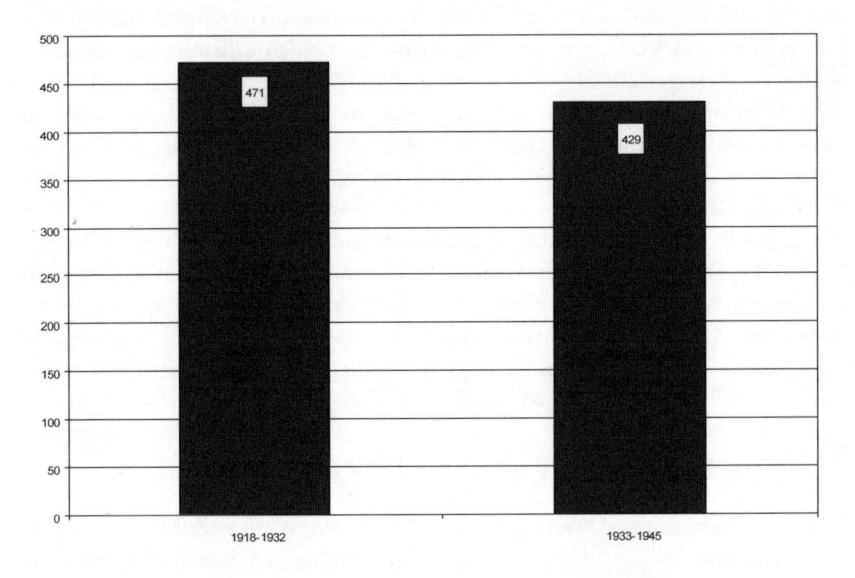

Abb. 1: Publikationen (Titel) insgesamt, absolute Zahlen, getrennt nach Weimarer Republik und NS-Zeit

Deutlich wird durch Abb. 2 eine Wellenbewegung in der Anzahl der publizierten Titel pro Jahr. Einbrüche gab es – nicht weiter verwunderlich – immer nach wirtschaftlichen Krisen (1923 und 1929) bzw. bedingt durch den Verlauf des Zweiten Weltkrieges. Bedeutsam für das Verlagsgeschäft war weiterhin der notwendige Verkauf der firmeneigenen Druckerei im Jahr 1929, nachdem diese zahlungsunfähig geworden war. Die davon abhängigen Effekte wirkten bis in die 1930er Jahre nach, schlugen sich aber nicht so tief nieder wie die volkswirtschaftlichen Krisen. Mit Schwankungen konnte der Verlag sein Geschäft über die Jahre behaupten.

---
4 Eine im Verlagsarchiv überlieferte, undatierte und vermutlich kurz nach dem Ende des Zweiten Weltkrieges zusammengestellte Liste mit den in der NS-Zeit veröffentlichten Titeln verzeichnet rund 80 % der hier recherchierten Titel.

Publizieren im Erziehungsstaat | 113

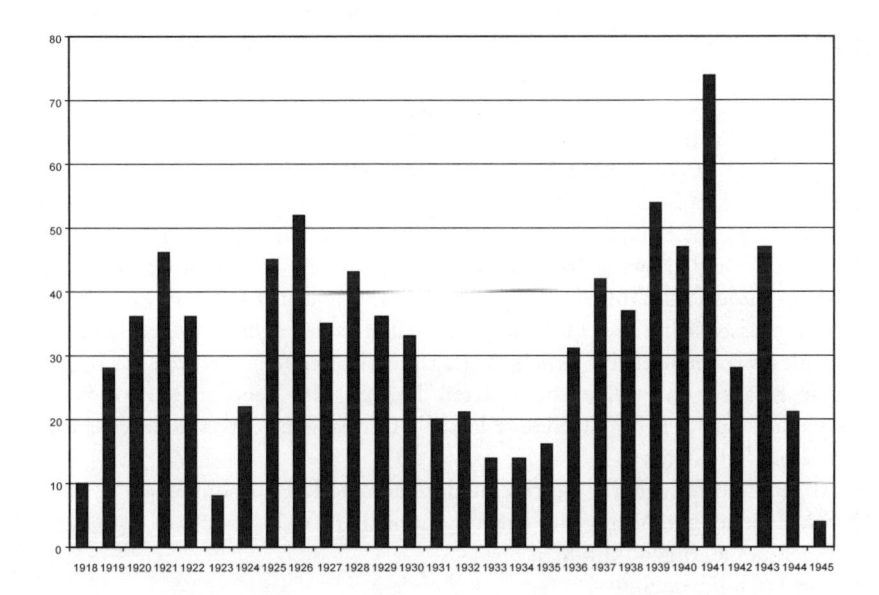

Abb. 2: Publikationen (Titel) pro Jahr, absolute Zahlen

Wirtschaftlich aussagekräftiger als die reine Anzahl der pro Jahr publizierten Titel wären selbstverständlich Angaben zu Auflagenentwicklung, Auflagenhöhe und damit zu Druckaufträgen und Umsätzen. Auf Grund fehlender Archivüberlieferung lässt sich dies nicht mehr recherchieren bzw. ließe sich in Ansätzen nur durch eine sehr aufwändige Autopsie der Publikationen ermitteln, die aber im Rahmen dieses Beitrages nicht zu leisten ist.

Deutlich wird durch die Statistik der Publikationen weiterhin, dass die Produktion in der NS-Zeit wieder ansteigt. 1939 wird das bislang höchste Veröffentlichungsniveau (1926) erstmals überschritten. Die Anzahl der publizierten Titel stieg von 14 Titeln im Jahr 1933 auf 54 Titel im Jahr 1939. Der Zweite Weltkrieg stoppte diesen Trend kurzfristig, bevor im Jahr 1941 – als die Nationalsozialisten halb Europa besetzt hatten – die für den Klinkhardt Verlag in der NS-Zeit höchste Anzahl veröffentlichter Publikationen erreicht wurde (74). Ein massiver Einbruch der Produktion ist dann 1942 zu verzeichnen: Rückgang der Produktion um 46 Titel auf 28 Neuveröffentlichungen. Die Gründe für diesen Einbruch lassen sich auf der derzeit bekannten Quellengrundlage nicht ermitteln. Schließlich reduzierte der Kriegsverlauf und die damit verbundene Papierbewirtschaftung die Publikationsdichte kontinuierlich. Im Jahr 1945 wurden bis März noch 4 Titel vom Verlag veröffentlicht (Neuauflagen).

Aufschlussreicher und interessanter als diese quantitative Perspektive ist ein Blick auf die Themenfelder der Verlagspublikationen, denn dadurch wird das inhaltliche Profil des Verlages deutlich. Wenn in der eingangs zitierten Broschüre zum 100jährigen Verlagsjubiläum betont wird, dass „das pädagogische Lehr- und Handbuch in der Verlagstätigkeit eine besondere Rolle [...] spielen" sowie Lesebuch, Sprachschule (v.a. für die Volksschule) und das Schul- und Lehrbuch für den evangelischen Religionsunterricht den Kern des Verlagsgeschäftes bilden, allmählich auch erweitert um Literatur für das Berufsschulwesen, so müsste sich dieses Profil natürlich auch in den Publikationen spiegeln.

Um dieses thematisch-inhaltliche Verlagsprofil zu erstellen, wurde am Bestand der insgesamt rund 900 recherchierten Titel für die Zeit von 1918-1945 eine Systematik entwickelt. Folgendes Klassifikationsschema entstand durch die Autopsie der Titeldaten:

- Allgemeine Pädagogik, Geschichte der Pädagogik, Philosophie
- Schulpädagogik, Methodik, Lehrerhandbücher
- Psychologie, Jugendkunde
- Berufsschulpädagogik
- Reformpädagogik
- Schulbücher
- Religion, Religionsunterricht
- Anthologien, Belletristik, Lieder
- Ratgeber, Erziehungsratgeber
- Recht
- Regionales, Sonstiges

Die Einzeltitel wurden diesem Klassifikationsschema im nächsten Schritt zugeordnet. Getrennt für die Weimarer und die NS-Zeit wurden die klassifizierten Titel schließlich zu einem thematisch-inhaltlichen Profil zusammengeführt. Diese beiden Verlagsprofile stellen sich in der prozentualen Verteilung wie folgt dar (vgl. Abb. 3):

Publizieren im Erziehungsstaat | 115

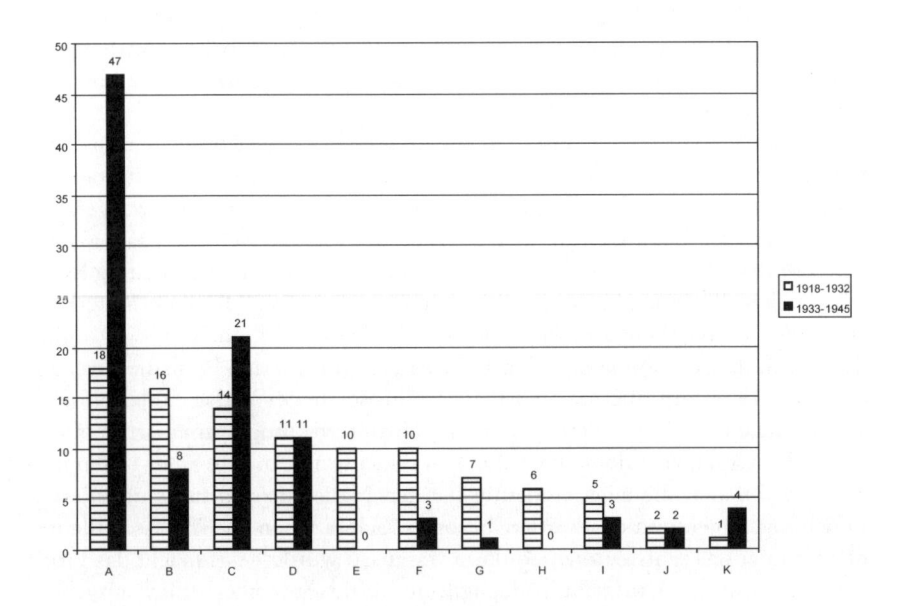

Legende

A = Berufsschulpädagogik
B = Schulbücher
C = Schulpädagogik, Methodik, Lehrerhandbücher
D = Anthologien, Belletristik, Lieder
E = Allgemeine Pädagogik, Geschichte der Pädagogik, Philosophie
F = Religion, Religionsunterricht
G = Psychologie, Jugendkunde
H = Reformpädagogik
I = Regionales, Sonstiges
J = Recht
K = Ratgeber, Erziehungsratgeber

Abb. 3: Verlagsprofile 1918-1932 und 1933-1945 nach inhaltlicher Klassifikation in Prozent der Gesamtproduktion

Ein erster vergleichender Blick auf diese beiden Verlagsprofile macht schon eine Akzentverschiebung deutlich. In der NS-Zeit entwickelten sich die Publikationen zur Berufsschulpädagogik mit einem Anteil von 47 % der Produktion zum

Kerngeschäft des Verlages; gefolgt von der Schulpädagogik, die sich hauptsächlich auf die Volksschule und die Volksschullehrerbildung bezog, Anthologien und der Schulbuchproduktion. Die anderen Marktsegmente spielten eine vergleichsweise untergeordnete Rolle.

Der genauere Vergleich verweist schließlich auf bedeutsame Konsequenzen dieser inhaltlichen Akzentverschiebung für das Profil des Verlages. Publikationen zur Allgemeinen Pädagogik und zur Philosophie sind ebenso ersatzlos weggefallen wie die Veröffentlichungen aus dem Kreis der sächsischen Reformpädagogik, als deren Multiplikator der Verlag zuvor durchaus gelten konnte (vgl. Beitrag Pehnke). Titel zu Psychologie / Jugendkunde und zu Religion / Religionsunterricht verlieren z.T. erhebliche Anteile an der Verlagsproduktion. Nicht nur gegenüber der Weimarer Zeit, sondern auch gegenüber dem im zitierten Jubiläumsflyer aus dem Jahr 1934 formulierten Selbstverständnis setzte der Verlag in der NS-Zeit andere Akzente. Für den Verlag bis dahin faktisch wie programmatisch traditionelle Themenfelder verloren nach 1933 an Bedeutung. An ihre Stelle traten nun verstärkt Bücher, die auch eindeutig für den Nationalsozialismus und dessen Erziehungsschwerpunkte Position bezogen. Selbst wenn die Volksschullehrer noch immer das zentrale Zielpublikum waren, so wurde – das macht das Profil deutlich – mit der Berufsschulpädagogik ein Marktsegment erheblich ausgebaut und zum Teil neu erschlossen. Für das zeitgenössische Selbstverständnis des Verlages muss dies jedoch nicht zwangsläufig dieselbe Veränderung bedeutet haben, wie sie sich rückblickend darstellt.

Schwerpunktmäßig auf die Volksschule, die Volksschullehrer, die Methodik und Didaktik der Volksschule bezogen waren z.B. die beiden im Jubiläumsflyer erwähnten neugegründeten Reihen „Völkisches Lehrgut" und „Neuland in der deutschen Schule". Die folgende Analyse dieser Reihen zeigt jedoch, dass dieses traditionelle Verlagssegment nun im braunen Gewand daherkam.

1.2 „Völkisches Lehrgut"

In dieser Reihe erschienen zwischen 1934 und 1943 insgesamt 15 Hefte. Herausgegeben wurde die Reihe von Kurt Higelke, dem Schriftleiter der ebenfalls im Klinkhardt Verlag erscheinenden Zeitschrift *Die Deutsche Schule* (DDS; vgl. zu Higelke Kapitel 1.4).

Die Struktur der Reihe orientierte sich an den traditionellen Schulfächern und bediente damit genau die Bedürfnisse der Volksschullehrer, die durch die nationalsozialistische Umgestaltung schulischer Bildungsarbeit entstanden waren. Flankiert und ergänzt wurde die Herausgabe der Reihe durch Hinweise sowie thematische Beiträge der Reihenautoren in der schulpädagogischen Zeitschrift *Die Deutsche Schule* (vgl. Kapitel 1.4).

Abb. 4: Völkisches Lehrgut, Verlagsprospekt 1934 (Verlagsarchiv)

Ein Verlagsprospekt aus dem Jahr 1934 (Verlagsarchiv, Abb. 4) verdeutlicht die „Grundsätze und Ziele" der Reihe. In dem Werbetext heißt es:

> „Das neue Deutschland fordert gebieterisch eine inhaltliche Neubestimmung und Neugestaltung der Bildungsarbeit in der Volksschule. Die Schriftenreihe ‚Völkisches Lehrgut' tritt in den Dienst dieser Aufgabe, die der Lehrerschaft im Dritten Reich gestellt ist.
> Sie bietet deshalb, aus nationalsozialistischer Weltanschauung heraus, Richtlinien und Durchblicke für den neuen Lehrinhalt und für die neue Bildungsarbeit an ihm, also eine inhaltliche und lehrpraktische Bestimmung dessen, was volkhafte Bildung in der Volksschule heißt.

Die erste Hälfte des zwanzigsten Jahrhunderts

In Heften vom Umfange von ungefähr 100 Seiten[5] werden die einzelnen Lehrgüter in ihrer grundsätzlichen Bedeutung neu gesehen, vor allem aber in ihrer lehrpraktischen Auswertung behandelt. Die grundsätzlichen Erörterungen halten sich frei von langatmigen theoretischen und formalistischen Überlegungen; sie arbeiten kurz und klar das Wesentliche und Entscheidende heraus.

Den größten Raum nehmen die lehrpraktischen Darbietungen ein. Sie sollen weder pädagogische Rezepte anbieten, noch allerlei methodische Virtuosenstückchen empfehlen, sondern lebenswahre und echte Durchblicke geben durch eine gediegene Bildungsarbeit, wie sie in unserer Zeit nötig und auch möglich ist.

Der Lehrer findet in dieser Schriftenreihe Antwort und Klärung auf die vielen Fragen, die jeder Tag, die jede Stunde immer wieder an ihn stellt; die Sammlung zeigt ihm, wie sich seine Arbeit durch den Aufbruch der Nation, durch den Sieg der nationalen Erhebung neu gestalten muss, damit er in seiner Schule wirken kann, wie es der Geist der nationalsozialistischen Pädagogik fordert und gebietet."

Dieser Werbetext macht deutlich, dass Herausgeber, Autoren und Verleger dazu beitragen wollen, das auf dem Schulbuchmarkt vorhandene ideologische Vakuum mit entsprechenden Inhalten zu füllen.

In der Reihe „Völkisches Lehrgut" erschienen ab 1934 folgende Einzelhefte:

1. Beitl, Richard: Volkskunde und Schule. Ein Wegweiser zum volkskundlichen Unterricht, 1934.
2. Bohne, Gerhard: Evangelische Religion. Gegenstand und Gestaltung, 1934, 2. Aufl. 1936.
3. Diekermann, Walter: Musikpflege in der völkischen Schule, 1936, 2. Aufl. 1941.
4. Dobers, Ernst: Rassenkunde. Forderung und Dienst, 1936, 2. Aufl. 1939; 3. Aufl. 1942.
5. Fischer, Georg: Zeichen- und Kunstunterricht, 1934.
6. Günther, Walther: Film- und Lichtbildgebrauch in der Schule, 1939.
7. Hoffmeister, Willi: Leibesübungen und Geländesport als Erlebnis und Verpflichtung. Zur Neugestaltung des Schulturnens in d. dt. Volksschule, 1935, 2. verb. u. erw. Auflage 1941.
8. Kern, Arthur: Rechtschreiben in organisch-ganzheitlicher Schau, 1936, 2. Aufl. 1942.[6]
9. Lorch, Hermann: Arteigene Sprachlehre. Wortbildung und Wortbedeutung als dt. Bildungsgut, 1935.
10. Lorch, Hermann: Stilbildung. Wege und Beispiele, 1936.
11. Müller, Theodor: Erdkunde, Heimatkunde und Geopolitik als völkisches Bildungsgut, 1935, 2. erw. Auflage 1941.
12. Prestel, Josef: Volkhafte Dichtung. Besinnungen uund Durchblicke, 1935.
13. Roediger, Wilhelm: Geschichte. Ziel, Stoff und Weg, 1934.
14. Timmermann, Hans: Schulphysik als völkisches Lehrgut, 1934.
15. Wolter, Friedrich: Biologie : Lebenskunde im Schulalltag, 1934, 2. Aufl. 1939, 3. erw. Aufl. 1941, 4. Auflage 1943.

---

5 Die meisten Hefte blieben im Umfang unter 100 Seiten (48-96 Seiten).
6 Dieser Titel erschien 1950, 1952, 1953 und 1955 in erweiterter Auflage am neuen Verlagsstandort Bad Heilbrunn erneut. – Josef Prestel gehörte nach 1945 mit anderen Titeln ebenfalls noch zu den Verlagsautoren. Weitere Kontinuitäten dieses Autorenkreises lassen sich nicht nachweisen.

Kaufmännisch war die Reihe durchaus erfolgreich und sie scheint auch die Bedürfnisse der Zielgruppe getroffen zu haben, da einige Bände mehrfach aufgelegt wurden (Verkaufszahlen liegen leider keine vor): 2 Auflagen erlebten die Titel von Bohne, Diekermann, Hoffmeister, Kern und Müller; 3 bzw. 4 Auflagen gar die Titel von Dobers und Wolter. Diese positive Resonanz legt auch ein Flyer aus dem Jahr 1935 nahe (Verlagsarchiv). Dort heißt es auf der Titelseite: „Die erfolgreiche Reihe der neuen Pädagogik setzt sich immer mehr durch, weil sie dem Lehrer gibt, was er heute braucht!"

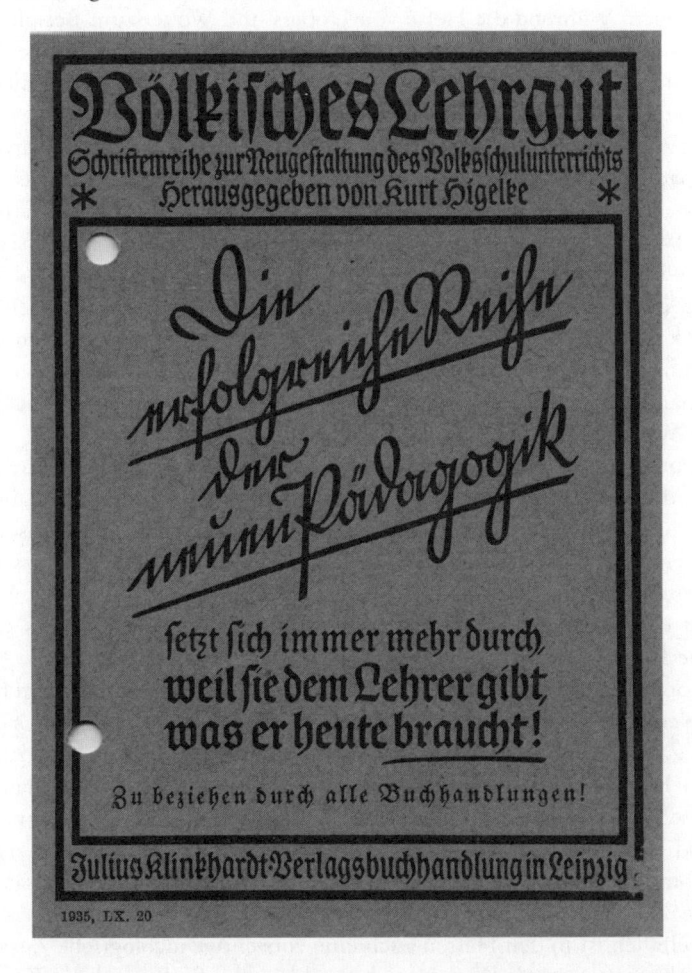

Abb. 5: Völkisches Lehrgut, Flyer mit Bestellkarte 1935 (Verlagsarchiv)

Eine Inhaltsanalyse der publizierten Reihentitel bestätigt das im Verlagsprospekt angekündigte Profil. Die Hefte boten in der Tat für den Fachlehrer sehr praxisnahe Handlungsorientierungen, machten Vorschläge zur didaktischen und methodischen Gestaltung des Unterrichts und reduzierten die ideologische Grundlage auf das für die Praxis als notwendig Erachtete. Sie legten Wert auf Anschaulichkeit und boten den Lesern traditionelles schulisches Lehrgut unter nationalsozialistischer Funktionalisierung an.

Gleichwohl unterscheiden sich die Titel durchaus in ihren ideologischen Positionierungen. Während die Hefte von Dobers und Wolter zum Beispiel ausgesprochen rassistisch argumentierten, sind die Darstellungen von Bohne, Diekermann und Fischer gemäßigter. Im Falle von Diekermann wird Traditionelles gar nahezu ohne ideologische Ergebenheitsadressen dargestellt.

Im Heft zur Biologie von Wolter kommen zum Beispiel keine Zweifel an der politisch-pädagogischen Grundhaltung auf, wenn der Berliner Rektor einleitend zum ersten Kapitel unter der Überschrift „Die Lebenskunde als Kernstück völkischer Weltanschauung" schreibt: „Als Grundlage der neuen Weltanschauung dürfen wir wohl die Erkenntnis bezeichnen, dass das Individuum nichts gilt für sich, dass es wenig gilt im Geschehen des Ganzen, dass es jederzeit ersetzt werden kann, dass es ersetzt werden muss, wenn es seinen Dienst am und im Ganzen nicht mehr erfüllt, es seine Daseinsberechtigung nur so lange hat, als es im Verband der Gemeinschaft dem gemeinsamen Ziele zustrebt und sich ihr zu diesem Zwecke willig und völlig unterordnet" (1941, S. 7).

Insgesamt bringen die Hefte auch didaktisch-methodische Gestaltungsvorschläge, die einerseits traditionelle Volksschulmethodik, andererseits aber auch reformpädagogische Methodik aufgreifen und dies z.T. mit nationalsozialistischen Perspektiven verbinden. Beispielhaft lässt sich das an Rödigers Beitrag zum Geschichtsunterricht demonstrieren. Das Buch zeige „die geistige Haltung auf, mit der wir an sie [die Geschichte; JWL] herangehen sollen; es versucht die neue Blickrichtung anzugeben, unter der wir sie sehen müssen. [...] In der Stoffanordnung und Stoffbehandlung wird das bewährte Alte mit dem brauchbaren Neuen zu einer Einheit verschmolzen. Alle Einzelheiten fügen sich dem großen Ziel der politischen Erziehung ein" (Vorwort). Wenn dann zum Beispiel im Kapitel „Die Begegnung des Kindes mit dem geschichtlichen Stoff" didaktisch-methodische Arrangements wie Erzählung und Auswertung, Buch und Bild, Wandern und Schauen sowie die Feier behandelt werden, so zeigt dies die Verbindung traditioneller und reformpädagogisch orientierter Ansätze ganz konkret. Das ist faktisch der Ansatz sämtlicher Handreichungen.

In Einzelfällen ist in den Heften auch eine vorsichtige ideologische Zurückhaltung zu konstatieren, die ihre Ursache wohl in der Sache und der Kultur des Faches, nicht aber in einer grundsätzlichen Distanz zum Nationalsozialismus hatte. So schreibt z.B. Bohne (zu Bohne vgl. Käbisch 2007) zum evangelischen Religionsunterricht, nachdem er sich im Vorwort durchaus positiv auf die „nie gekannte Einheit" des deutschen Volkes im NS-Staat bezogen und den Nationalsozialismus mit dem Christentum verbunden hatte, u.a. im Kapitel „Deutsche Frömmigkeit": „Die Berufung auf irgendeine bedeutsame Gestalt der deutschen Geschichte ist also kein tragfähiger Grund für unseren Glauben. Und die Betrachtung deutscher Menschen und der Entwicklung des Glaubens ist zwar eine interessante Sache, aber kaum ein Weg zum Glauben" (1936, S. 53). Zweifellos richtet sich diese Kritik auch an ein von Hermann Werdermann in der Reihe „Neuland in der deutschen Schule" publiziertes Heft zu christlichen Persönlichkeiten (vgl. Kap. 1.3).

Die Lehrer, die ihren Unterricht mit Hilfe dieser Reihe neu orientierten, fanden also neben Vertrautem und Traditionellem auch die ideologischen Grundlagen, die ihnen von den nationalsozialistischen Bildungsbehörden nun nahegelegt und durch Publikationen wie diese auf die Alltagsebene des Unterrichts in der Volksschule heruntergebrochen wurden.

1.3 „Neuland in der deutschen Schule"

Während das „Völkische Lehrgut" sich auf die Traditionsbestände des Volksschulunterrichts konzentrierte, signalisierte die Parallelreihe schon mit dem Reihentitel, dass hier „Neuland in der deutschen Schule" betreten werden sollte. Diese Reihe wurde ebenfalls von Kurt Higelke herausgegeben und umfasste in den Jahren zwischen 1936 und 1943 ebenfalls 15 Hefte, die im Einzelnen folgende Themen behandelten:

1. Timmermann, Hans/Wolter, Friedrich: Erzeugungsschlacht und Schule, 1936; ab der zweiten Auflage: Wolter, Friedrich: Deutschlands Erzeugungsschlacht in der Schularbeit. Lehrstoff, Stundenbilder, lehrpraktische Winke, 1937, 3. Auflage 1939.
2. Wolter, Friedrich: Der Vierjahresplan in der Schularbeit. Lehrstoff, Stundenbilder, lehrpraktische Winke, 1938, 2. Aufl. 1939.
3. Mehlan, Otto: Arbeit und Unterricht im Schulgarten, 1937, 2. durchges. Aufl., 1937, 3. durchges. Auflage, 1940, 4. Aufl. 1943.
4. Prestel, Josef: Dichtung der Gegenwart in der Volksschule, 1936.
5. Sörensen, Iver: Volksgut im Zeichenunterricht. Von d. Pflege d. bildnerischen Gemeinschaftsgutes, 1937, 2. Aufl. 1939.[7]
6. Prestel, Hubert: Gelände-Vorschulung in den oberen Klassen der Volksschule, 1937.
7. Hoffmeister, Willi: Gestaltung von Turn- und Sportfesten. Eine Arbeitshilfe f. d. Erzieher in d. Jungvolkschule, 1938.
8. Werdemann, Hermann: Christliche Persönlichkeiten unserer Zeit im Religionsunterricht der Volksschule, 1936, 2. Aufl. 1940.

---

7 Der Titel erschien 1951 in neubearbeiteter und erweiterter Auflage am neuen Verlagsstandort Bad Heilbrunn erneut.

9. Dobers, Ernst: Die Judenfrage. Stoff u. Behandlung in der Schule, 1936, 1938, 1939, 1941.
10. Dobers, Ernst: Die Zeitung im Dienste der Rassenkunde, 1936.
11. Klimmeck, Artur: Die Wetterkunde in der Schule, 1937.
12. Grotelüschen, Wilhelm: Das Memelland. Schicksal e. dt. Grenzlandes, 1937.
13. Pohl, Irmgard: Deutsche im Südosten Europas. Vorposten des Volkstums, 1938.
14. Puls, Willi Walter: Nordschleswig. Der abgetrennte Teil d. Nordmark, 1937.
15. Bülow, Georg: Schulgartenarbeit und Lehrplangestaltung. Eine Handreichung f. d. Stoffauswahl u. d. Stoffeinordnung in d. Lehrplan, 1941.

Auch diese Reihe stieß offenbar auf größere Resonanz beim Zielpublikum, denn hier erlebten Einzelhefte bis zu vier Neuauflagen (Dobers, Judenfrage; Mehlan, Schulgarten; Wolter, Erzeugungsschlacht 3 Auflagen; je zwei Auflagen erfuhren die Hefte von Sörensen; Wolter, Vierjahresplan; Werdermann). Einzelne Autoren publizierten in beiden Reihen.

Diese Nachfrage ist nicht weiter verwunderlich. Denn während im „Völkischen Lehrgut" der schulische Traditionsbestand lediglich unter eine neue ideologische Perspektive gestellt – und damit zum Teil natürlich auch verkürzt, verfälscht und funktionalisiert wurde –, zeigten die Hefte dieser Reihe die genuin nationalsozialistischen Themen, die in der Volksschule nun auch obligatorisch zu behandeln waren. Für die meisten Lehrer dürfte das in der Tat echtes Neuland gewesen sein, und die Reihentitel boten bei diesen Themen die entsprechend notwendige Orientierung.

Interessant ist auch hier in Einzelfällen das enge Zusammengehen von nationalsozialistischer Ideologie, moderner, reformpädagogisch orientierter Methodik und modernem Medieneinsatz (vgl. zum Kontext Reformpädagogik im NS Link 1999 und 2006). Am Beispiel des Zeitungs-Bandes von Dobers (1936), aber auch am Beispiel von Günthers Film- und Lichtbildgebrauch (1939, Völkisches Lehrgut) konnten die Leser zum einen den Eindruck gewinnen, durchaus in einer Kontinuität zu stehen, nicht nur gegenüber den Traditionsbeständen der Volksschulpädagogik, sondern auch gegenüber reformpädagogischen Lernarrangements. Zum anderen konnten sie sich aber sowohl ideologisch als auch medial auf der Höhe der Zeit wissen. Denn z.B. der Einsatz von Zeitung, Bildern und Filmen im Unterricht wurde im Nationalsozialismus offiziell gefördert (vgl. z. B. die Ansätze bei Reichwein; Amlung 1991, Hohmann 2007).

Der Volksschullehrerbildner Dobers z.B. behandelt mit der Zeitung im Unterricht ein modernes Medium, das von vielen Reformpädagogen der Weimarer Zeit als neues Unterrichtsmedium genutzt wurde. Mit welchen didaktischen Zielstellungen er dieses Medium jedoch nutzte und wie er mit modernen methodisch-medialen Mitteln[8] den nationalsozialistischen Rassismus transportier-

---

8 Dobers arbeitete häufiger mit modernen Medien und moderner Methodik, um seine rassis-

te und damit wohl auch in gemäßigteren Lehrerkreisen salonfähig machte, wird an folgendem Beispiel exemplarisch deutlich. Im Band „Die Zeitung im Dienste der Rassenkunde" (1936) kontrastierte er u.a. zwei Pressefotos aus der Berichterstattung über die Olympischen Spiele von 1936. Die beiden Fotos zeigen einen weißen (Lutz Long) und einen schwarzen (Jesse Owens) Leichtathleten beim Weitsprung. Jeder heutige Leser ahnt den rassistischen Kommentar von Dobers zum Foto von Jesse Owens: Die Körperhaltung beim Sprung sei „fast wie beim eleganten und leichten Sprung eines Tieres in der freien Wildbahn" (S. 45). Interessant mit Blick auf die weitere Geschichte des Verlages Julius Klinkhardt sind die Publikationen von Hermann Werdermann. Sein Buch (Christliche Persönlichkeiten unserer Zeit, 1936) sei, so schreibt er im Vorwort, entstanden auf Anregung Kurt Higelkes und auf Anregung des Verlages nach Leserzuschriften auf seinen Artikel in der Deutschen Schule (Werdermann 1935). Behandelt werden Paul von Hindenburg, Traugott Hahn, Hans Bertram, Carin Göring, Sven Hedin und Gustav Schneider. Für „die deutsche Jugend im Dritten Reich" sei dies sinnvoll, denn: „Diese Jugend sieht auf politischem Gebiet Führergestalten vor sich, zu denen sie emporschaut. Da ist es berechtigt, wenn G. Bohne fordert: ‚Der ev. Religionsunterricht wird einige auch heute noch wesentliche Gestalten herausstellen. Das Schwergewicht ist dabei zu legen auf Männer und Frauen der jüngsten Vergangenheit, deren Leben uns auch gegenwärtige Aufgaben zeigen und ihre Lösung aus evangelischem Geist verdeutlichen kann.'" (S. 6) Versucht er hier wohl auch eine sachliche Differenz mit Bohne auszugleichen (s.o.), so ist Werdermann als Person insgesamt in unserem Kontext interessant. Denn in seiner Weltanschauung und in seinen religionspädagogischen Überzeugungen bündeln sich zunächst widersprüchliche Ansätze zu einer Einheit, in der sich auch weltanschauliche, allerdings weniger religiöse Überzeugungen des kulturprotestantischen Verlegers Walther Klinkhardt spiegeln (vgl. Kap. 2).
Zu Werdermann, der auch als ‚bedeutendster Publizist der Deutschen Christen' bezeichnet wird (vgl. Friedländer u.a. 2002, S. 111), liegt eine interessante theologiegeschichtliche und biographische Untersuchung vor, die diese scheinbaren Widersprüche differenziert analysiert (Rickers 1995). Werdermann habe weltanschauliche Elemente des Nationalsozialismus nicht nur aufgenommen und innerlich bejaht, er habe sich ihrer auch bedient zur Formulierung einer von ihm so empfundenen zeitgemäßen Form christlichen Glaubens und damit habe er dem Nationalsozialismus letztlich auch eine christliche Legitimität bescheinigt. „Dennoch ist es genauer betrachtet nicht ganz einfach, das weltanschauliche Engagement des Verfassers sachgerecht einzuschätzen." (Rickers

---

tischen Überzeugungen didaktisch gut aufbereitet zu propagieren und bei den Lehrern zu implementieren (vgl. Link/Reiche 2005) – Auch publizierte Dobers in der Deutschen Schule mehrfach rassenpolitische und antisemitische Beiträge.

1995, S. 121) Seine Grundhaltung wird als völkisch und antijudaistisch, aber nicht als rassistisch und antisemitisch beschrieben. In seiner Person sei Werdermann „zwischen 1933 und 1945 *zugleich* Nationalsozialist, Deutscher Christ und Vertreter der Wort-Gottes-Theologie bzw. religionspädagogisch gesehen der Verkündigungskonzeption"[9] im Sinne Gerhard Bohnes gewesen (Rickers 1995, S. 125; Hervorh. i.O.). Diese scheinbaren Widersprüche bündelt der Autor abschließend in einer durchaus offenen Frage: „Und was bedeutet es, dass Werdermann [...] oder auch andere im groben Zuschnitt und mit Einschränkungen *die selbe theologische Grundeinstellung* wie die Bekennende Kirche eingenommen, sich aber offen für den Nationalsozialismus erklärt haben?" (Rickers 1995, S. 129; Hervorh. i.O.) Dies sind strukturell dieselben Widersprüche und Ambivalenzen, die ich bei Wilhelm Kircher, einem Reformpädagogen aus der Generation Klinkhardts und Higelkes, untersucht habe (Link 1999) und die in Varianz auch auf Walther Klinkhardt zutreffen (vgl. Kap. 2).

Systematisch gesehen waren beide Reihen ein Mittel, um die intendierte nationalsozialistische Schulreform verlegerisch zu begleiten und inhaltlich zu gestalten. Perspektivisch wäre es sicherlich eine interessante Forschungsfrage, zu untersuchen, wie diese Publikationen in die Schulrealitäten hinein wirkten.

1.4 „Die deutsche Schule" unter der Schriftleitung Kurt Higelkes

Die vom Deutschen Lehrerverein herausgegebene Zeitschrift „Die Deutsche Schule" (DDS) erschien von Jahrgang 1 (1897) bis Jahrgang 47 (1943) im Verlag Julius Klinkhardt, ein Faktum, das die enge Verbundenheit des Verlages mit der (liberalen) Volksschullehrerbewegung belegt. Programmatisch sollte die Zeitschrift in ihrer Gründungsphase „ein Organ zur theoretischen Klärung und praktischen Verwirklichung einer neuen sozialintegrativen Nationalerziehung sein" (Herrlitz 2001, S. 220). Ihr Anspruch war ein integrativer und ein wissenschaftlicher: „Hier traf die akademische Pädagogik mit führenden Repräsentanten der Schulverwaltung und der Schulpraxis zusammen (Herrlitz 2001, S. 220-221). Auch bot sie unterschiedlichen reformpädagogischen Strömungen ein Forum. In der Weimarer Republik ist indes ein „Bedeutungsverlust" zu konstatieren, da die wissenschaftliche Pädagogik nunmehr mit der Zeitschrift *Die Erziehung* über ein eigenständiges Periodikum verfügte (Herrlitz 2001, S. 221).

Die Bedeutung und die Rolle der DDS im Nationalsozialismus hat jüngst Andreas Hoffmann-Ocon untersucht (Hoffmann-Ocon 2008).[10] Neben der Frage

---

9 Die Verkündigungstheologie ging davon aus, die Glaubenslehre vornehmlich als Heilsbotschaft auf die Predigt und die Seelsorge auszurichten.
10 Ich danke Andreas Hoffmann-Ocon für die kollegiale und freundliche Überlassung des ge-

nach inhaltlichen Kontinuitäten und Brüchen wurde in dem Projekt hauptsächlich die Frage untersucht, ob die Zeitschrift, die von 1935 bis einschließlich 1938 als Zeitschrift der Reichsfachschaft 4 (Volksschulen) im Nationalsozialistischen Lehrerbund (NSLB) erschien, „eine Vorreiterin hinsichtlich der Konstruktion und Verbreitung von pädagogischen NS-Ideologemen" war (Hoffmann-Ocon 2008, S. 191). Dies geschah durch die Analyse des Inhalts, des Autorenspiegels, der vorherrschenden Semantik und des Schriftleiterhandelns. Letzteres ist in unserem Zusammenhang von besonderem Interesse.

Hoffmann-Ocon kommt u.a. zu dem Ergebnis, dass die DDS „durch die Schriftleiterpolitik von Kurt Higelke zum Korpus verschiedener rassenwissenschaftlicher Diskurse" wurde (S. 202). Higelkes Schriftleitertätigkeit müsse als „treibende Kraft gewertet werden, was den Umbauprozess der DDS zu einer Zeitschrift anging, die zentral an der Konstruktion und Verbreitung von pädagogischen NS-Ideologemen beteiligt war" (S. 203). Somit sei eine inhaltliche und thematische Neujustierung der DDS zu verzeichnen. Gleichwohl bedeute dieser Befund nicht, dass es in der DDS keine Artikel gab, die trotz der neuen regimepolitischen Vorzeichen pädagogische Diskussionen aus dem Traditionsbestand der Weimarer Republik weiterhin zu pflegen versuchten. Auch in dieser Richtung seien Spuren der Kontinuität in den Beiträgen der DDS während der NS-Zeit zu entdecken (ebd.).

Die Analysen Hoffmann-Ocons haben weiterhin ergeben, dass Higelke die Struktur der Zeitschrift im Nationalsozialismus sehr deutlich auf die Volksschullehrerbildung ausrichtete. Dahinter steht die selbe Strategie der Kompensation vorhandener (Markt-)Lücken, die schon bei den beiden skizzierten Reihen „Völkisches Lehrgut" und „Neuland in der deutschen Schule" deutlich wurde. Die Struktur der einzelnen DDS-Hefte folgte mit den Rubriken Rassenkunde, Jugend- und Charakterkunde einer bestimmten Logik. Die Hochschulen für Lehrerbildung (HfL) hatten ein Curriculum und eine Definition von Erziehungswissenschaft, die dieser Logik genau entsprachen. Nicht zufällig waren viele DDS-Autoren Professoren und Dozenten an den HfL und darüber hinaus auch Verlags-Autoren (z.B. Tumlirz, Dobers, Werdermann, Bohne, Prestel, Wolter).

Wer war jener Kurt Higelke, der diese Publikationsstrategien für den Verlag entwickelte und damit zu einem Berater des Verlegers in Fragen der Schulpädagogik und Lehrerhandbücher avancierte? Geboren 1900 wuchs Higelke in kleinen Verhältnissen in Landsberg an der Warthe auf (alle biographischen Angaben nach Hoffmann-Ocon 2008 und ders., Abschlussbericht). Nach der

---

samten Abschlussberichtes des von der Max-Traeger-Stiftung finanzierten Projektes, der selbstverständlich ausführlicher ist als die publizierten Projektergebnisse.

Ausbildung zum Volksschullehrer und ersten Lehrtätigkeiten holte er das Abitur – wie andere bildungshungrige und aufstiegsorientierte Pädagogen aus eher kleineren Verhältnissen auch – auf einem für Volksschullehrer verkürzten Weg in Berlin nach. Danach studierte er u.a. bei Eduard Spranger in Berlin und legte 1924 die zweite Lehrerprüfung ab. Higelke wurde im Jahr 1931 in den Geschäftsführenden Ausschuss und in die Erziehungswissenschaftliche Hauptstelle des Deutschen Lehrervereins gewählt und löste nach Konflikten über das Profil der Zeitschrift zum 1. Januar 1933 Carl L.A. Pretzel in der Funktion des Schriftleiters der DDS ab. Damit war zugleich ein Generationswechsel vollzogen. Higelke, nur ein Jahr jünger als Walther Klinkhardt, gehörte zur jüngeren Generation von Funktionsträgern in der NS-Zeit. Es folgte ein beruflicher Aufstieg zum Schulleiter und der Eintritt in die NSDAP 1937. Ab 1939 bearbeitete Higelke als Schulrat bzw. Regierungs- und Schulrat im Generalgouvernement die pädagogischen Angelegenheiten in Krakau in der Hauptabteilung Wissenschaft, Erziehung und Volksbildung. In dieser Funktion nahm er auch die DDS in Dienst für die Belange des deutschen Ostens, insbesondere für die Organisation des deutschen Volksschulwesens im Generalgouvernement.

Nach 1945 behauptete Higelke, dass die DDS in der NS-Zeit eine reine Privatveröffentlichung des Julius Klinkhardt Verlages gewesen sei (Hoffmann-Ocon 2008, S. 192). Mag dies als eigene Konstruktion durchaus zutreffen und damit ein beredtes Zeugnis für die Selbstwahrnehmung der historischen Akteure (eben auch für den Verlag) sein, die hier und bei Hoffmann-Ocon dargestellten Zusammenhänge zeigen, dass die DDS auch als offizielle Fachschaftszeitschrift des NSLB alles andere als eine reine Privatveröffentlichung war.

1.5 Die Publikationsstrategie im bildungshistorischen Kontext

Mit Higelke stand dem Verlag also ein ausgewiesener Kenner der Volksschulpädagogik als Berater zur Seite, dessen Expertise nicht nur auf inhaltlicher Ebene deutlich ist, sondern der in seinen Funktionen auch über innere Kenntnisse und Netzwerke in der Schulverwaltung, im NSLB und innerhalb der Volksschullehrerbildung verfügte. Das bedeutete für den Verlag eine strategisch nicht zu unterschätzende Beraterfunktion. Die enge Zusammenarbeit zwischen Klinkhardt und Higelke im Bereich Schulpädagogik und Lehrerhandbücher war ein entscheidender Hebel für die erheblichen Akzentverschiebungen im Verlagsprogramm, die ähnlich ja auch in der DDS nachgewiesen wurden.

Machte die kurze Skizze der beiden neu gegründeten Reihen und der DDS beispielhaft deutlich, welche inhaltliche Ausrichtung diese (neuen) Verlagspublikationen verfolgten, stellt sich auf der Grundlage der Verlagsprofile selbstverständlich bildungshistorisch die Frage nach den Hintergründen, Ursachen und Kontexten der skizzierten Akzentverschiebung im Verlagsprofil. ‚Brotpublikationen' waren zweifellos die Schul- und Handbücher sowie Longseller wie z.B. Rudolf Hildebrandt *Vom deutschen Sprachunterricht in der Schule und von deutscher Erziehung und Bildung* (21. Auflage 1940). Hinzu traten nun neue Projekte. Am Beispiel der beiden Reihen „Völkisches Lehrgut" und „Neuland in der deutschen Schule" wurde deutlich, wie diese Entfaltungsmöglichkeiten verlegerisch genutzt wurden. Strategisch und verlegerisch-kaufmännisch waren diese Projekte zweifellos erfolgreich. Sie zeugen von einer professionellen Marktbeobachtung und konnten – v.a. durch die enge Zusammenarbeit mit Higelke – neue Marktsegmente erschließen und ausgestalten. So reagierte der Verlag sehr schnell und entschlossen auf neue Entwicklungen im Fachdiskurs und nutzte dies als verlegerische Chance. Denn beide Reihen können als Reaktion auf die Entwicklungen im Erziehungssektor in den Phasen der Machtergreifung und Machtsicherung (1933-1936) sowie der Machtdarstellung und Kriegsvorbereitung (1937-1940, Herbst) interpretiert werden (Scholtz 1985, S. 48ff; Keim 1995, 1997).

Die nationalsozialistischen Bildungspolitiker hielten selbstverständlich eine Neuausrichtung der schulischen Bildungsarbeit nach den ideologischen Grundsätzen des Nationalsozialismus für unverzichtbar und sprachen vor diesem Hintergrund u.a. auch von der notwendigen ‚Überholung der Lehrer', womit eine breit angelegte ideologische und fachliche Schulung gemeint war (vgl. Kraas 2004). Reichseinheitliche Richtlinien für die Schulen erschienen erstmals 1937 für die Grundschule, 1938 für die Höheren Schulen und 1939 für die Volksschulen. Auf die Volksschulrichtlinien, die im Dezember 1939 veröffentlicht wurden, reagierte der Klinkhardt Verlag bemerkenswert schnell, indem bereits im Juni 1940 unter dem Titel *„Neubau der Volksschularbeit. Plan, Stoff und Gestaltung nach den Richtlinien des Reichserziehungsministeriums vom 15. Dezember 1939"* ein praxisorientiertes Handbuch publiziert wurde. Herausgeber dieses Handbuches, das 1942 bereits in dritter Auflage erschien, war wiederum Kurt Higelke. Ohne die internen Kenntnisse und Netzwerke Higelkes wäre es kaum möglich gewesen, in dieser kurzen Zeit ein immerhin 244 Seiten (3. Auflage 368 Seiten) umfassendes Handbuch zu publizieren.[11] Die Gemengelage aus Traditionsbeständen der Volksschulpädagogik, -didaktik und -methodik und der neuen pädagogischen NS-Ideologie, wie sie für die Reihen „Völkisches Lehrgut", „Neuland in der deutschen Schule" sowie die Zeitschrift „Die deutsche Schule" aufgezeigt wurde, spiegelt sich auch in diesem Handbuch.

Schulbücher, die nach den neuen ideologischen Vorgaben gestaltet waren, gab es 1933 noch nicht. Vor dem Hintergrund der üblichen langwierigen Genehmi-

---

11 Eine 4. Auflage erschien 1943 im zum Eher-Konzern, dem NSDAP-Zentralverlag, gehörenden Deutschen Schulverlag, Berlin, dem in den letzten Kriegsjahren die gesamte Herstellung von Schulbüchern übertragen wurde (Blänsdorf 2004, S. 368).

gungsverfahren war selbst im NS-Staat nicht zu erwarten, dass sich dies binnen kürzester Zeit änderte. Erste neue Schulbücher wurden nach der Veröffentlichung der genannten reichseinheitlichen Richtlinien für die Schulen ab 1938 publiziert (Blänsdorf 2004; Keim 1997).[12] Unmittelbar nach der ‚Machtergreifung' konnte zunächst nur mit ad-hoc-Maßnahmen auf diese Situation reagiert werden. Viele pädagogische Zeitschriften publizierten in den ersten Jahren der NS-Zeit daher grundlegende und praxisorientierte Beiträge, die den Lehrern Hinweise und Handlungsorientierung für ihren Unterricht auf nationalsozialistischer Grundlage gaben. Manche Verlage publizierten Ergänzungshefte zu eingeführten Schulbüchern (vgl. Blänsdorf 2004, Keim 1997, S. 47f). Die Rassenkunde spielte dabei selbstverständlich eine besondere Rolle. Insgesamt entfaltete sich in der ersten Phase der Machtergreifung und Machtsicherung auch innerhalb der Schulpädagogik eine Dynamik, die von verschiedensten Gruppen breit und z.T. auch widersprüchlich genutzt wurde (vgl. für die Grundschule Götz 1997). Diese Dynamik bot selbstverständlich auch dem Klinkhardt Verlag Chancen, die er in enger Zusammenarbeit mit Kurt Higelke als ausgewiesenem Fachmann gestaltete. Denn beide analysierten Reihen reagierten auf diese inhaltliche Lücke und nutzten dieses Vakuum verlegerisch.

Ähnliche strukturelle Rahmenbedingungen treffen auch auf das größte Segment der Verlagsproduktion in der NS-Zeit zu: die Publikationen zur Berufsschulpädagogik (47%). Formen und Institutionen der Berufspädagogik und des beruflichen Bildungswesens erlebten im Nationalsozialismus einen erheblichen Ausbau und damit verbunden eine gewisse Professionalisierung und Vereinheitlichung (u.a. Reichsberufsschulpflichtgesetz 1938; vgl. Kipp / Miller-Kipp 1995; Harney 1999). Auch auf diese Entwicklung reagierte der Verlag Julius Klinkhardt ausgesprochen aufmerksam, indem er dieses Verlagssegment erheblich ausbaute. All dies bedeutete aber im Ergebnis nicht nur eine strategisch-professionelle Veränderung des Verlagsprofils, sondern ebenso eine verlegerisch-inhaltliche Mitgestaltung der Neuausrichtung der Schulpädagogik im NS-Staat.

Die Programmgestaltung ist selbstverständlich eine Kernaufgabe des Verlegers. Sie passiert in der Regel nicht einfach, sondern sie wird im Dialog mit Autoren, Beratern sowie durch aufmerksame Beobachtungen des Marktes und der Fachdiskussionen gestaltet. Gerade in einem Familienunternehmen kommt dem Verleger in diesem Kontext eine besondere Bedeutung zu. Um die Skizze des Verlagshandelns in der NS-Zeit auch aus dieser Perspektive beleuchten und einschätzen zu können, wird ein Portrait des damaligen Verlegers meine Analysen des Verlagsprogramms ergänzen und abschließen.

---

12 An der Produktion des *Deutschen Lesebuches für Volksschulen* war der Verlag Julius Klinkhardt ab 1937 in Gemeinschaft mit anderen Verlagen beteiligt.

2. Der Verleger Walther Julius Klinkhardt

Zu Beginn meiner Recherchen war über den damaligen Verleger Walther Julius Klinkhardt (1899-1968) biographisch wenig bekannt, was über Rahmendaten sowie über Erinnerungen aus dem Familienkreis oder über Skizzen aus Anlass früherer Jubiläen hinaus ging. Die Person hinter dem Namen blieb unkonturiert. Neu recherchierte Quellen vermitteln nun aber ein Bild des Verlegers, das eine hochinteressante deutsche Biographie im 20. Jahrhundert zeigt.
Geboren am 8. Januar 1899 – also nur ein Jahr älter als Kurt Higelke – und aufgewachsen mit drei jüngeren Schwestern in einem großbürgerlichen Leipziger Elternhaus, erhielt Klinkhardt zunächst Privatunterricht, besuchte eine Volksschule in Leipzig-Leutzsch und wechselte Ostern 1909 auf das Schiller-Realgymnasium zu Leipzig-Gohlis, das er im April 1917 mit dem Not-Reifezeugnis verließ (alle Angaben nach dem eigenhändigen Lebenslauf in UAL, Phl.Fak. Prom. 8965). Anschließend trat er als Einjährig-Kriegsfreiwilliger ins Heer ein und nahm wie viele junge Männer aus seiner Generation am Ersten Weltkrieg teil. Im Januar 1919 zurückgekehrt, begann Klinkhardt dann ein Studium der Philosophie, Pädagogik und Germanistik an der Universität in Leipzig, verbunden mit einem Zwischensemester in Berlin (Februar bis März 1920). Er studierte u.a. bei Eduard Spranger und Theodor Litt Pädagogik sowie Psychologie u.a. bei Hans Volkelt und Felix Krüger, dem Nachfolger des Gründers Wilhelm Wundt in der Leitung des Instituts für experimentelle Psychologie. Das Studium beendete er 1922 erfolgreich mit der Promotion zum „Dr. phil.". Der Titel der Dissertation lautete: *„Der Einfluss des Raumgedächtnisses bei gewerblicher Arbeit. Ein Beitrag zur Berufspsychologie des Buchhandels"*. Gutachter waren der Psychologe Felix Krüger sowie der Pädagoge Theodor Litt.
In der Arbeit galt es, so heißt es im Gutachten Krügers, „fast durchweg Neuland zu erschließen". Dem Autor wird „experimentell-psychologisches Geschick" bescheinigt, wobei jedoch die theoretische Grundlegung eng begrenzt sei. Litt als Zweitgutachter attestiert der Arbeit „fleißigen und die Resultate verständig verwertenden" Charakter (UAL, Phl.Fak.Prom. 8965). Grundlage der Arbeit waren „psychotechnische" Versuche an 90 Lehrlingen des Buchhandels sowie Selbstbeobachtungen des Verfassers.
Damit zeigte die 80seitige Dissertation auch durch die teilweise handschriftlichen Darstellungen der Versuchsreihe im 35seitigen Anhang, dass Walther Klinkhardt sich am Institut für experimentelle Psychologie, an dem u.a. auch Ernst Meumann lehrte (vgl. Beitrag Matthes), in einem modernen und vor allem empirisch ausgerichteten wissenschaftlichen Umfeld bewegte, das in seiner Zeit außergewöhnlich war. Durch das Thema der Arbeit sowie durch die gewählten Studienfächer wird zudem deutlich, dass Klinkhardt sich zielorien-

tiert für die Tätigkeit im familieneigenen Verlag qualifizierte. Volontariate und Tätigkeiten in der Lindauerschen Universitätsbuchhandlung in München, der Handelshochschule in München sowie im Verlag und der Druckerei Oldenbourg während und nach dem Studium fügen sich in diese Qualifikationsphase sinnvoll ein. Zum 1. Januar 1924 trat Klinkhardt dann als Gehilfe in den elterlichen Betrieb ein, den er im Krisenjahr 1929 geschäftsführend übernahm. In den ersten Jahren seiner Tätigkeit als Geschäftsführer musste er zunächst noch den Verlust der firmeneigenen Druckerei kompensieren.

Im September 1925 hatte er Annemarie Reclam geheiratet und damit zu einem großen Leipziger Verlag verwandtschaftliche Beziehungen geknüpft. Das Ehepaar hatte vier Kinder und führte in Leipzig ein großbürgerliches Leben, das u.a. von regelmäßigen Musik- und Kulturabenden im eigenen Hause geprägt war, zu denen Leipziger und auswärtige Verlegerkollegen ebenso eingeladen wurden wie z.B. der Leipziger Oberbürgermeister Carl Friedrich Goerdeler, der sich als nationalkonservativer Politiker am späten Widerstand gegen den Nationalsozialismus beteiligte (Attentat vom 20. Juli 1944). Soweit ist die Biographie Klinkhardts weder außergewöhnlich noch sonderlich interessant. Geradlinig münden Ausbildung und privates Umfeld in die Übernahme des familieneigenen Verlages und die Fortführung des großbürgerlichen Leipziger Lebens.

Interessant wird diese Biographie aber nun durch Quellenfunde im Bundesarchiv, im Sächsischen Hauptstaatsarchiv Dresden sowie im Staatsarchiv München, die im Zusammenhang mit Recherchen zu Mitgliedschaften Walther Julius Klinkhardts in NS-Verbänden bzw. NS-Organisationen und seinem Entnazifizierungsverfahrens standen (vgl. Quellenverzeichnis). Die im Bundesarchiv überlieferte NSDAP-Mitgliederkartei verzeichnet den Parteieintritt Klinkhardts zum 1. Mai 1937.[13] Eine weitere Überlieferung des früheren NS-Archivs des Ministeriums für Staatssicherheit der DDR im Sächsischen Hauptstaatsarchiv in Dresden gibt nicht nur Hinweise auf weitere Mitgliedschaften, sondern vor allem interessante Hinweise auf Klinkhardts politische Biographie. Er trat am 8. Juli 1933 in die SA ein und hatte dort den Rang eines Oberscharführers. Ein Dienstleistungszeugnis der SA-Standarte R 107 (Leipzig) vom 3. September 1936, das vermutlich im Zusammenhang mit Klinkhardts Parteiaufnahmeverfahren steht, betont, dass über ihn „nichts Nachteiliges" zu sagen sei (SHASTAD, Bestand 13471: NS-Archiv des MfS, ZA I 5424 Akte 9). Das Zeugnis hält weiter fest, dass er Gauobmann des Bundes reichsdeutscher Buchhändler im Gau Sachsen II, Reserveoffizier sowie Mitglied der Nationalsozialistischen Volkswohlfahrt (NSV) sei. Zudem habe Klinkhardt dem Bund

---

13 Bei diesem Eintrittsdatum ist zu berücksichtigen, dass die NSDAP nach den Märzwahlen 1933 einen Parteiaufnahmestopp verhängte, der bis 1937 in Kraft war.

Oberland, der Brigade Ehrhardt und von 1924 bis 1933 dem Wehrwolf angehört. Nach eigenen Angaben habe er sich aktiv am Hitler-Putsch beteiligt – in den Worten des Zeugnisses: „an dem Aufmarsch in München am 9.11.1923". Diese politischen Kontexte lassen aufhorchen.

In der politischen Beurteilung eindeutiger als dieses Dienstleistungszeugnis ist die undatierte, untenstehend abgedruckte politische Beurteilung der NSDAP-Ortsgruppe Leipzig-Zentrum (um 1937): „Auf Grund seines Einsatzes und seiner tadellosen Führung" sei er auf Vorschlag der SA in die Partei aufgenommen worden, sein persönlicher Leumund sei sehr gut und er müsse als „einwandfreier Nationalsozialist angesehen werden" (SHASTAD, Bestand 13471: NS-Archiv des MfS, ZA I 5424 Akte 9).[14]

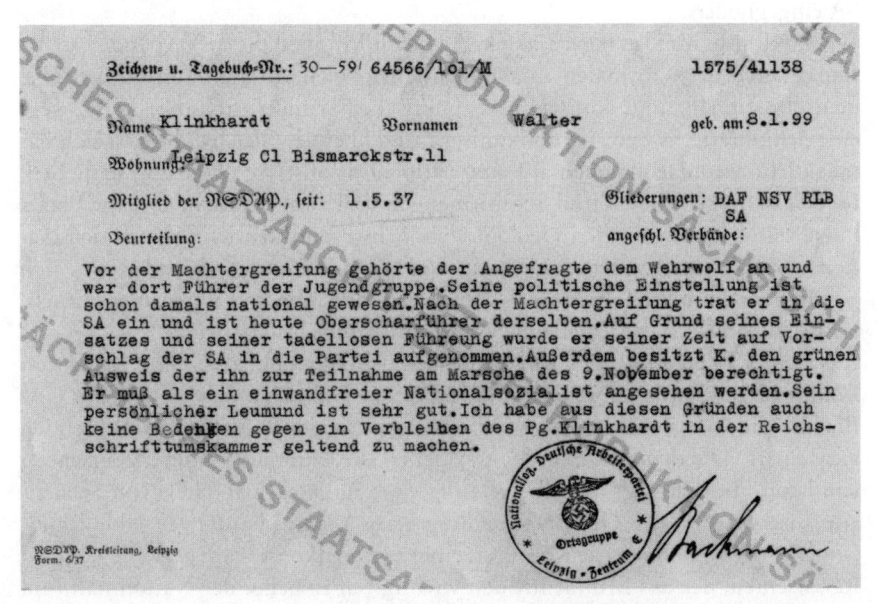

Abb. 6: Politische Beurteilung Walther Julius Klinkhardts durch die NSDAP-Ortsgruppe-Leipzig-Zentrum, um 1937. (Sächsisches Hauptstaatsarchiv Dresden)

Die inhaltsleere Standardfloskel vom einwandfreien Nationalsozialisten sagt dabei weniger aus als die erwähnten Mitgliedschaften in den Freikorpsverbänden der Weimarer Republik. Diese waren ein Sammelbecken für antirepublikanisch eingestellte ehemalige Frontsoldaten (vgl. Thoms / Pochanke 2001). Die

---

14 In welchem Zusammenhang die Schlussbemerkung bzgl. des Verbleibs Klinkhardts in der Reichsschrifttumskammer steht, kann auf der derzeit bekannten Quellengrundlage nicht ermittelt werden.

Brigade Ehrhard war zum Beispiel beteiligt am Kapp-Lüttwitz-Putsch 1920 in Berlin – Klinkhardt war zu eben jener Zeit im Zwischensemester in Berlin – und an der Niederschlagung kommunistischer Aufstände in Sachsen (vgl. Krüger 1971, Thoß 2008). Der Bund Oberland, 1921 als paramilitärischer Verband in München gegründet, verfolgte antirepublikanische, völkische Ziele und war u.a. auch am Hitler-Putsch 1923 beteiligt (vgl. Hübner 2008). Der Wehrwolf, als Mitteldeutscher Schutzverband 1923 in Halle an der Saale gegründet, stand zunächst dem Stahlhelm nahe und verfolgte ebenfalls völkische und antirepublikanische Ziele mit der Perspektive eines ‚sozialen Großdeutschland' (vgl. Finker 1968). Im Gegensatz zu den Freikorps-Verbänden baute er zur Nachwuchssicherung eine Jugendorganisation auf. 1933 wurde der Wehrwolf in die SA eingegliedert.

Wenn Klinkhardt also nach eigenen Angaben Mitglied dieser Verbände war, so signalisieren diese formalen Zusammenhänge zweifelsfrei eine militaristische, deutschnationale und konservative politische Grundeinstellung, keineswegs eine demokratische bzw. republikanische und liberale. Gleichwohl lässt sich daraus nicht automatisch auch auf eine nationalsozialistische Haltung schließen. Ideologische Affinitäten und Schnittmengen sind zwar deutlich, aber die Frage, inwieweit und mit welchen ideologischen Schwerpunkten Klinkhardt den Nationalsozialismus rezipierte, wie weit seine Zustimmung ging und wie er sich gegenüber dem nationalsozialistischen Antisemitismus und Rassismus verhielt, lässt sich aufgrund der Quellenlage nur rudimentär beantworten.

Aus der NS-Zeit gibt es nämlich nur eine einzige publizistische Quelle von Walther Klinkhardt selbst (Klinkhardt 1935). Dabei handelt es sich um eine Buchbesprechung, die im Jahr 1935 in der im eigenen Verlag erscheinenden Zeitschrift „Die deutsche Schule" erschienen ist. Unter dem Titel „Wehrwissen von heute" bespricht er die Übersetzung eines italienischen Titels von Sebastiano Visconti-Prasca („Der Entscheidungskrieg"). Klinkhardts wertende Randbemerkungen zeichnen die Konturen eines nationalkonservativen Verlegers und Rezensenten, der das Militär für den wichtigsten Erzieher der Nation hält und soldatische Tugenden preist: „Jeder verantwortungsbewusste Deutsche darf nicht vergessen, dass Schweigen eine vom Soldaten geforderte Pflicht ist, die man nicht unbedacht oder gar leichtfertig gefährden soll." (S. 266). Ausdrücklich fordert er von den Erziehern, „den Anschluss herzustellen [...] an das Wehrwissen und Wehrdenken von heute" (S. 266). Denn: „Jeder Wehrerziehung sind Grenzen gesetzt im Wissen des Erziehers um Wehrfragen. Diese Grenzen werden umso enger sein, je ferner der Erzieher vom Berufskreis der Wehrmacht steht. Ein halbes Menschenalter ist vergangen, seit Deutschland ein ‚Volk in Waffen' war, und das kleine Berufsheer der Hunderttausend Mann wurde von den politischen Kreisen der Nachkriegszeit in einer beinahe ängstlichen Isolie-

rung vom Volksganzen erhalten. Hier liegt wohl eine Erklärung dieser Entfernung, die aber gerade dann nicht vergessen werden darf, wenn man dem Lehrer deutsche Wehrerziehung zuweist" (S. 265).
Mit diesem Blick aus dem Jahr 1935 zurück auf die Weimarer Republik und vor allem durch den Verweis auf das „Volksganze" schlägt Klinkhardt dann die Brücke zum italienischen Ursprung des Buches. Es sei geschrieben, in der „Atmosphäre eines Regimes, das auf die umfassendste und vollständigste Volksgemeinschaft gegründet sei, die die Geschichte kennt. Wir Deutsche dürfen heute stolz die gleiche Grundlage für unser Vaterland feststellen" (S. 267). Insgesamt sei das Buch „aus einer Haltung des Geistes und des Gemütes geschrieben, die der unseren verwandt ist": „Im Zeitalter der Technik und ihrer vielfach überschätzten Bedeutung für den Krieg, setzt es sich mit dem Herzen eines Frontsoldaten für *den Menschen als Träger der Schlacht* ein" (S. 269; Hervorh. i.O.).
Diese wenigen ideologischen Verweise auf den italienischen Faschismus und Militarismus zeigen zusammen mit dem skizzierten Freikorps-Engagement Klinkhardts die Schnittmengen seiner weltanschaulichen Grundhaltungen mit denen der Nationalsozialisten. Solche Sichtweisen sind z.B. auch aus Ernst Jüngers „In Stahlgewittern" bekannt. Klinkhardt begrüßte als typischer Vertreter der „Konservativen Revolution" (vgl. Breuer 1993) die ‚Deutsche Revolution'. Die bekannten formalen Indizien und vor allem die Mitgliedschaften in NSDAP und SA signalisieren eine grundsätzliche Zustimmung zum Nationalsozialismus, wie sie in großbürgerlichen, nationalkonservativen Kreisen weit verbreitet war. Inwiefern bei diesen Mitgliedschaften möglicher Weise auch strategische Überlegungen im Zusammenhang mit seinen Verlagsgeschäften eine Rolle spielten, kann nur Spekulation bleiben. Allerdings dürfte es für einen zunächst parteinahen, dann parteigebundenen Verleger einfacher gewesen sein, seine Publikationen für die öffentliche Kommunikation bei den entsprechenden Zensur- und Prüfstellen genehmigen zu lassen, als für jemanden, der zumindest formal auf Distanz zum System stand. Auch sein berufsverbandspolitisches Engagement ist in diesem Zusammenhang sicher bedeutsam, ist zugleich aber auch Ausdruck des professionellen und traditionsbewussten Selbstverständnisses eines Familienunternehmers.
Mit Beginn des Zweiten Weltkrieges wurde Klinkhardt zum Wehrdienst eingezogen und diente, 1943 zum Major d.R. ernannt, in verschiedenen Positionen und Funktionen an der West- und der Ostfront, zuletzt bis 1944 als Sachbearbeiter für Papierfragen im Oberkommando der Wehrmacht. Die Führung der Verlagsgeschäfte musste er in dieser Zeit seinen Mitarbeitern überlassen. Das Verlagsgebäude wurde bei Bombenangriffen auf Leipzig 1943 vollständig zerstört. Auch dies hatte zur Folge, dass die Familie 1946 nach Bad Tölz in Bayern übersiedelte, wo Klinkhardts Mutter ein Haus besaß.

Nach dem ‚Gesetz zur Befreiung von Nationalsozialismus und Militarismus' vom 5. März 1946 (Schullze 1947) musste Walther Klinkhardt, wie jeder Deutsche über 18 Jahre, den berühmten Meldebogen ausfüllen, der einen Einblick in Lebenslauf und politische Vergangenheit erlaubte. Auf Grund seiner Angaben und der formalen Belastungen durch seine NS-Mitgliedschaften musste Walther Julius Klinkhardt sich anschließend einem Spruchkammerverfahren (vgl. Niethammer 1982) unterziehen. Die überlieferten Spruchkammerakten (STAM, Spruchkammer-Akten K 3636) werfen ein interessantes Bild sowohl auf die Person des Verlegers als auch auf die nachträgliche Deutung der Verlagstätigkeiten.

Wahrheitsgemäß notierte Klinkhardt am 5. Mai 1946 auf dem Meldebogen seine Mitgliedschaften in Partei, SA, NSV, der Reichskulturkammer sowie dem NS-Kriegerbund, der Deutschen Jägerschaft und seine berufsständische Mitgliedschaft in der „Gruppe Buchhandel". Unter Frage 13 stufte er sich selbst als „Mitläufer" ein. Nach Artikel 12 des Gesetzes zur Befreiung von Nationalsozialismus und Militarismus war dies durchaus angemessen, zumal er innerhalb der Partei oder ihrer Gliederungen nie Funktionsträger war. Selbst wenn ihn der öffentliche Ankläger als Minderbelasteten eingestuft hätte (Artikel 11), hätten die in Artikel 39 erwähnten „besonderen Umstände" (u.a. Austritt aus der NSDAP und ihren Gliederungen, nachweisbare regelmäßige öffentliche Teilnahme an den Veranstaltungen einer anerkannten Religionsgesellschaft) subjektiv auf jeden Fall eine Einstufung als Mitläufer gerechtfertigt. Denn er hielt fest, dass er seit 1934 keinen Dienst mehr in der SA getan habe und seine Mitgliedschaft lässt er 1935/36 enden.[15] Der Mitläuferantrag wurde am 12.1.1948 genehmigt. Allerdings fiel Klinkhardt auch unter die Weihnachtsamnestie[16] vom Februar 1947, was ihm per Postkarte am 22.1.1948 lapidar mitgeteilt wurde.

---

15 Nach dem sogenannten Röhm-Putsch 1934 wurden alle Nicht-Parteimitglieder aus der SA ausgeschlossen (vgl. Peter 1993). Dies traf auch auf Klinkhardt zu.

16 Von dieser für die amerikanische Zone am 2. Februar 1947 erlassenen und Mitte 1947 in Kraft getretenen Amnestie profitierte die Masse der kleinen Mitläufer, soweit ihr Jahreseinkommen vor 1945 unter 4500 Reichsmark gelegen hatte (was auf Klinkhardt nach eigenen Angaben zutraf) oder sie stark erwerbsgemindert waren (vgl. Schullze 1947, S. 257-259; vgl. zur Weihnachtsamnestie auch Niethammer 1982, S. 436-441). – Niethammer sieht in der Amnestie sowohl einen 'vordergründigen Publikumserfolg' als auch einen 'spektakulären Leerlauf'. Bis März 1949 seien allein in Bayern 856847 Fälle vom Kläger und 115768 Fälle von den Spruchkammern aufgrund der Weihnachtsamnestie eingestellt worden. Zusammen mit der Jugendamnestie seien auf diese Weise knapp 85% aller Fälle niedergeschlagen worden. Die Weihnachtsamnestie, die von den Klägern und Spruchkammern extensiv interpretiert worden sei, „machte klar, dass die Masse der Betroffenen während des Dritten Reiches in untergeordneter sozialer Stellung verblieben war, also weder die Entscheidungsprozesse im Dritten Reich erheblich beeinflussen noch aus dem Engagement in NS-Organisationen einen wirklich spürbaren persönlichen Nutzen im Sinne eines sozialen Aufstiegs ziehen konnte" (S. 439).

Im Spruchkammerverfahren selbst[17] beantragte Klinkhardts Anwalt, ihn als Entlasteten einzustufen und drängte wiederholt auf eine Beschleunigung des Verfahrens, damit die Verlagsgeschäfte wieder aufgenommen werden konnten. Als Begründung führte er neben dem ‚Austritt' aus der SA u.a. an, dass Klinkhardt zwischen 1933 und 1945 zahlreiche religiöse und religionspädagogische Schriften in seinem Verlag veröffentlicht habe. Dies belege, dass Klinkhardt als Verleger „die christliche Weltanschauung gegen die Einflüsse des Nationalsozialismus und den totalen Führungsanspruch desselben" vertreten habe und der „Verlag als nicht den Nationalsozialismus förderndes Unternehmen" gelten könne (Schreiben des Anwaltes Katzenberger vom 2. Juni 1947; STAM, Spruchkammer-Akten K 3636). Explizit werden in diesem Zusammenhang als Beweise Monographien und Aufsätze von Gerhard Bohne in der Zeitschrift „Die deutsche Schule" sowie Publikationen von Hermann Werdermann angeführt. Von beiden Verlagsautoren liegen neben anderen entlastenden Aussagen Stellungnahmen den Spruchkammerakten bei, die diese Argumentation stützten.

Solche offenkundig entlastenden Beweisverfahren durch sog. „Persilscheine" waren bei den Spruchkammerverfahren durchaus üblich und finden tausendfache Parallelen in anderen Fällen. In unserem Zusammenhang sind die Stellungnahmen jedoch insofern von Interesse, als sie einen Blick auf das Selbstverständnis des Verlegers und einiger Autoren eröffnen. Wie oben gezeigt, weisen die Publikationen von Bohne und Werdermann widersprüchliche Bezüge zum Nationalsozialismus auf. Während Bohne zurückhaltender argumentierte, machte Werdermann deutliche ideologische Zugeständnisse an den Nationalsozialismus. Diese zeichneten sich aber, wie gesehen, durch eine zum Teil widersprüchliche weltanschauliche Gemengelage aus. In den Akten findet sich auch der Hinweis, dass die 2. Auflage (1940) von Werdermanns „Christliche Persönlichkeiten unserer Zeit" im Jahr 1943 von der Gestapo beschlagnahmt worden sei, nachdem 1941 bereits die Auslieferung untersagt worden sei. Quellen anderer Provenienz, die diese Zusammenhänge erschließen könnten, liegen leider nicht vor.

Die ideologische Biographie Werdermanns dürfte viele Parallelen zu Walther Klinkhardts ideologischer Orientierung gehabt haben. Die Entlastungszeugnisse verdeutlichen als nachträgliche Konstruktionen die Selbstwahrnehmungen der Zeugen ebenso wie des Angeklagten. Die Argumentationen zeigen, dass sich sowohl Autoren als auch Verleger in einer Kontinuität christlicher und nationalkonservativer Traditionen sahen, die neben oder trotz des Nationalsozialismus für sie wichtige weltanschauliche und schulpädagogische Orientierungen bilde-

---

17 Während des Verfahrens war Klinkhardt tätig bei der US-Armee in einem Post Office sowie als Hilfsarbeiter in der Dietrichschen Verlagsbuchhandlung in Wiesbaden (mindestens bis Oktober 1947).

ten. Diese weltanschauliche Gemengelage und die damit oft verbundene selektive Wahrnehmung dessen, was unter Nationalsozialismus verstanden wurde, war keineswegs singulär, sondern sehr typisch für viele Zeitgenossen aus dem Umfeld der Konservativen Revolution. Von inhaltlicher Verantwortung für das gesamte Verlagsprogramm und nicht nur für einen Bruchteil der Publikationen ist in den Akten – dem Anlass entsprechend – selbstverständlich nirgends die Rede. Die entlastende These des Anwalts, dass der Verlag ein „nicht den Nationalsozialismus förderndes Unternehmen" war, lässt sich vor dem Hintergrund der vorliegenden Analyse keineswegs verifizieren.

3. Fazit

Dass sich das Profil eines pädagogischen Fachverlages unter veränderten gesellschaftlich-politischen Rahmenbedingungen verschoben hat, ist weder außergewöhnlich, noch sonderlich überraschend. Vor allem nicht in einem Staat, der sich selbst wesentlich als Erziehungsstaat definierte. Die quantitative Programmanalyse, die exemplarische Sichtung neuer Pogrammsegmente und die Skizze der Verlegerbiographie haben diesen erwarteten Prozess jedoch mit Datenmaterial und Fakten im konkreten Einzelfall belegt und damit eine allgemeine Hypothese am Material verifiziert.

Im Ergebnis wurde deutlich, dass Verlag und Verleger aufmerksam auf die Veränderungen im Erziehungssektor nach der ‚Machtergreifung' reagierten. Vor allem im Falle der Volksschullehrerbildung bzw. -fortbildung konnten neue Märkte inhaltlich erschlossen werden. Die Reihen „Völkisches Lehrgut" und „Neuland in der deutschen Schule" zeigten exemplarisch, wie dieses Potenzial verlegerisch genutzt wurde. Dabei wurde aber ebenso deutlich, dass die aufmerksame Marktbeobachtung und -gestaltung auch eine inhaltliche Unterstützung nationalsozialistisch ausgerichteter Pädagogik zur Konsequenz hatte. Selbst wenn mit Blick auf das gesamte Verlagsprogramm eine Gemengelage von Kontinuitäten und Brüchen deutlich ist, so hat der Verlag mit einem bedeutsamen Teil seiner Publikationsstrategie dazu beigetragen, die NS-Ideologie im Bereich Pädagogik öffentlich zu kommunizieren.

Auch der erhebliche Ausbau des Verlagsprogramms im Sektor Berufsschulpädagogik, der zu Lasten anderer Verlagssegmente ging, verdeutlicht ein sehr professionelles Verlagshandeln. Dieses Programmelement wurde auf Grund der neuen Bedarfsstrukturen durch die zunehmende Institutionalisierung der Berufsschulpädagogik im NS-Staat systematisch erweitert und umfasste knapp die Hälfte der publizierten Titel.

Die auffälligen inhaltlichen Akzentverschiebungen in der Lehrerbildungsliteratur als zentralem traditionellen Verlagssektor gehen wesentlich auf die enge

Zusammenarbeit von Walther Klinkhardt mit Kurt Higelke und dessen beratende und publizistische Unterstützung zurück. Insgesamt bedeuteten diese Akzentverschiebungen jedoch keine grundsätzliche und vollständige Neuausrichtung des Verlagsprogramms. Der Verleger griff strategisch geschickt auf die Expertise, die internen Kenntnisse und die Netzwerke eines externen Beraters zurück, der beste Beziehungen zur Schulverwaltung, zur Volksschullehrerbildung wie zum Nationalsozialistischen Lehrerbund besaß und damit auch eine Kontinuität alter Verlagstraditionen im neuen gesellschaftlich-politischen Umfeld repräsentierte.

Durch aufmerksame Marktbeobachtung und professionelle externe Beratung erschloss der Verlag mit einem großen Teil seiner Produktion neue Publikationsfelder bzw. baute bereits eingeführte aus. Das war kaufmännisch und strategisch erfolgreich. Und an der Anzahl der publizierten Titel in der NS-Zeit lässt sich auch ein Aufschwung ablesen. Dieser Aufschwung war aber ohne ein Zusammengehen von verlegerischer Tätigkeit und Weltanschauung, ohne ein Bündnis mit dem Nationalsozialismus nicht möglich.

So nahmen auch im Falle des Klinkhardt Verlages – wie es in Meyers Lexikon von 1937 heißt – „Schöpfer und Betreuer des Buches" ihre „große Verantwortung" wahr, die darin lag, der „nationalsozialistische[n] Bedeutung des Buches", nämlich „der ungeheuren Kraft, mit der es für die Verbreitung von Ideen wirkt", zuzuarbeiten.

Die „Erkenntnis der bedeutsamen Rolle der Erziehungswissenschaft im neuen deutschen Reiche", die Klinkhardt zum 100jährigen Verlagsjubiläum 1934 – wie eingangs zitiert – formuliert hatte, hatte zur Konsequenz, dass er das Ende des Zweiten Weltkrieges tatsächlich als Zusammenbruch erlebte und mit leeren Händen im bayerischen Oberland auf einen Neuanfang hoffte (vgl. Beitrag Hartmann).

Quellen und Literatur

Ungedruckte Quellen
Bundesarchiv, Berlin (BA): NSDAP Mitgliederkartei
Sächsisches Hauptstaatsarchiv Dresden (SHSTAD): Bestand 13471: NS-Archiv des MfS, ZA I 5424 Akte 9
Staatsarchiv München (STAM); Spruchkammer-Akten K 3636: Klinkhardt, Dr. Walther
Universitätsarchiv Leipzig (UAL)
    UAL, Quästurkartei
    UAL, Sittenzeugnisse 1920, 1922
    UAL, Phl.Fak.Prom. 8965
Archiv des Verlages Julius Klinkhardt, Bad Heilbrunn (Verlagsarchiv)
Klinkhardt, Walther, Julius: Der Einfluß des Raumgedächtnisses bei gewerblicher Arbeit. Ein Beitrag zur Berufspsychologie des Buchhandels. Leipzig, Diss. 1922. (UB Leipzig)

Gedruckte Quellen
100 Jahre Julius Klinkhardt Verlagsbuchhandlung 1834-1934. Leipzig 1934.
Ehrenwirth, Franz: Geburtstag am Alpenrand. [Zum 65. Geburtstag von Walther Klinkhardt.] In: Börsenblatt für den Deutschen Buchhandel, Frankfurter Ausgabe, Nr. 3, 10. Januar 1964, S. 45-46.
Higelke, Kurt (Hrsg.): Neubau der Volksschularbeit. Plan, Stoff und Gestaltung nach den Richtlinien des Reichserziehungsministeriums vom 15. Dezember 1939. Leipzig 1940, 3 Aufl. 1942.
Klinkhardt, Walther: Wehrwissen von heute. Zugleich ein Buchbericht. In: Die deutsche Schule 39 (1935), S. 265-269.
Meyers Lexikon. Stichwort „Buch". Leipzig 1937, Sp. 208-210.
Publikationen des Verlages Julius Klinkhardt 1918-1945.
Schullze, Erich (Hrsg.): Gesetz zur Befreiung von Nationalsozialismus und Militarismus. München 1946, 2. Auflage, ebd. 1947.
Vollnhals, Clemens (Hrsg.): Entnazifizierung. Politische Säuberung und Rehabilitierung in den vier Besatzungszonen 1945-1949. (=dtv dokumente, 2962). München 1991.
Werdermann, Hermann: Christliche Persönlichkeiten der Gegenwart als Mittel zur Verlebendigung des Religionsunterrichtes. In: Die deutsche Schule 39 (1935), S.24-32.

Literatur
Abele, Bernd: Zur Geschichte des Verlages Bruno Cassirer 1928-1932. In: 1989/4, B 121-136 (Teil 1); 1933-1938: Der Verlag Bruno Cassirer im Nationalsozialismus. In: Buchhandelsgeschichte 1990/1, B 1-18.
Amlung, Ullrich: Adolf Reichwein (1898-1944). Ein Lebensbild des politischen Pädagogen, Volkskundlers und Widerstandskämpfers. 2 Bde. Frankfurt / M. 1991.
Blänsdorf, Agnes: Lehrwerke für Geschichtsunterricht an Höheren Schulen 1933-1945. Autoren und Verlage unter den Bedingungen des Nationalsozialismus. In: Lehmann, Hartmut (Hrsg): Nationalsozialismus in den Kulturwissenschaften. 1. Band: Fächer – Milieus – Karrieren. Göttingen 2004, S. 273-370.
Breuer, Stefan: Anatomie der Konservativen Revolution. Darmstadt 1993.
Finker, Kurt: Wehrwolf. Bund deutscher Männer und Frontkrieger. In: Fricke, Dieter u.a. (Hrsg.):

Die bürgerlichen Parteien in Deutschland, Band II. Berlin 1968, S. 835-840.
Friedländer, Saul / Frei, Norbert / Rendtorff, Trutz / Wittmann, Reinhard (Hrsg.): Bertelsmann im Dritten Reich, 2 Bände. München 2002.
Götz, Margarete: Die Grundschule in der Zeit des Nationalsozialismus. Eine Untersuchung der inneren Ausgestaltung der vier unteren Jahrgänge der Volksschule auf der Grundlage amtlicher Maßnahmen. Bad Heilbrunn 1997.
Harney, Klaus: Ausdifferenzierung von Lehrfunktionen im Berufsbildungssystem. In: Apel, Hans Jürgen (Hrsg.): Professionalisierung pädagogischer Berufe im historischen Prozess. Bad Heilbrunn 1999, S. 277-294.
Herrlitz, Hans-Georg: Einhundert Jahre „Die deutsche Schule" (1997). In: Ders.: Auf dem Weg zur Historischen Bildungsforschung. Studien über Schule und Erziehungswissenschaft aus siebenunddreißig Jahren. Weinheim und München 2001, S. 219-235.
Hoffmann-Ocon, Andreas: „Die Deutsche Schule" im Nationalsozialismus. Ein dunkles Kapitel wird beleuchtet. In: Die Deutsche Schule 100 (2008), 2, S. 190-205.
Hohmann, Christine: Dienstbares Begleiten und später Widerstand. Der nationale Sozialist Adolf Reichwein im Nationalsozialismus. Bad Heilbrunn 2007.
Horn, Klaus-Peter: Pädagogische Zeitschriften im Nationalsozialismus. Selbstbehauptung, Anpassung, Funktionalisierung. (=Bibliothek für Bildungsforschung, 3). Weinheim 1996.
Hübner Christoph: Bund Oberland, 1921-1923/1925-1930. In: Historisches Lexikon Bayerns, URL: <http://www.historisches-lexikon-bayerns.de/artikel/artikel_44349> (07.05.2008)
Käbisch, David: Bohne, (Paul) Gerhard. In: Bautz, Friedrich-Wilhelm / Bautz, Traugott (Hrsg.): Biographisch-Bibliographischen Kirchenlexikon, Band XXVII. Nordhausen 2007, Sp. 143-161.
Keim, Wolfgang: Erziehung unter der Nazi-Diktatur, Band 1: Antidemokratische Potentiale, Machtantritt und Machtdurchsetzung. Darmstadt 1995; Band 2: Kriegsvorbereitung, Krieg und Holocaust. Darmstadt 1997.
Kipp, Martin / Miller-Kipp Gisela: Erkundungen im Halbdunkel. Einundzwanzig Studien zur Berufserziehung und Pädagogik im Nationalsozialismus. Frankfurt/M. 1995.
Kraas, Andreas: Lehrerlager 1932-1945. Politische Funktion und pädagogische Gestaltung, Bad Heilbrunn 2004.
Krüger, Gabriele: Die Brigade Ehrhardt. Hamburg 1971.
Link, Jörg-W.: Reformpädagogik zwischen Weimar, Weltkrieg und Wirtschaftswunder. Pädagogische Ambivalenzen des Landschulreformers Wilhelm Kircher (1898-1968). (=Untersuchungen zu Kultur und Bildung, 2) Hildesheim 1999.
Link, Jörg-W. / Reiche, Steffen: Schule in Bewegung. Eine pädagogische Zeitreise mit Texten von Rochow bis Klafki. Vorgetragen von Steffen Reiche, zusammengestellt und eingeleitet von Jörg-W. Link. Audio-CD (Hörbuch) mit Booklet. Bad Heilbrunn, 2005.
Link, Jörg-W.: Pädagogischer Widerstand? Adolf Reichweins „Schaffendes Schulvolk" im Kontext nationalsozialistischer Landschulreform. In: Miller-Kipp, Gisela / Zymek, Bernd (Hrsg.): Politik in der Bildungsgeschichte - Befunde, Prozesse, Diskurse. Bad Heilbrunn, 2006, S. 53-69.
Merziger, Patrick: Verlage im Nationalsozialismus zwischen Politik, Ökonomie und Öffentlichkeit (Sammelrezension). In: H-Soz-u-Kult, 13.05.2005, <http://hsozkult.geschichte.hu-berlin.de/rezensionen/2005-2-105>.
Niethammer, Lutz: Die Mitläuferfabrik. Entnazifizierung am Beispiel Bayerns. Bonn 1982.
Ottweiler, Ottwilm: Die Volksschule im Nationalsozialismus. Weinheim, Basel 1979.
Peter, Wolfgang: SA und SS als Instrumente nationalsozialistischer Herrschaft. In: Bracher, Karl Dietrich / Funke, Manfred / Jacobsen, Hans-Adolf (Hrsg.): Deutschland 1933–1945. Neue Studien zur nationalsozialistischen Herrschaft. Bonn, 2., ergänzte Auflage 1993, S. 76-94.

Rickers, Folkert: Bewahrung des Evangeliums und Bewährung des Glaubens. Die weltanschauliche Orientierung des Religionspädagogen Hermann Werdermann 1933-1945. In: Ders.: Zwischen Kreuz und Hakenkreuz. Untersuchungen zur Religionspädagogik im „Dritten Reich". Neukirchen-Vluyn 1995, S. 100-143.

Ritzi, Christian: Vom Freikorps-Kämpfer zum Bibliotheksdirektor. Zur Biographie von Hanns Beckmann – Leiter der Deutschen Lehrerbücherei 1942-1944. In: Ritzi, Christian (Hrsg.): Wege des Wissens. 125 Jahre Bibliothek für Bildungsgeschichtliche Forschung. Berlin 2003.

Ruppelt, Georg: Buch und Bibliotheksgeschichte(n). Hildesheim 2007.

Scholtz, Harald: Erziehung und Unterricht unterm Hakenkreuz. Göttingen 1985.

Scholtz, Harald: Das nationalsozialistische Reich – kein Erziehungsstaat. In: Benner, Dietrich (Hrsg.): Erziehungsstaaten. Historisch-vergleichende Analysen ihrer Denktraditionen und nationaler Gestalten. Weinheim 1998, S. 131-144.

Sontheimer, Kurt: Antidemokratisches Denken in der Weimarer Republik. Die politischen Ideen des deutschen Nationalismus zwischen 1918 und 1933. 4. Auflage, München 1994.

Tavernaro, Thomas: Der Verlag Hitlers und der NSDAP. Die Franz Eher Nachfolger GmbH. Wien 2004.

Thamer, Hans-Ulrich: Verführung und Gewalt. Deutschland 1933-1945. Berlin 1994.

Thoms, Robert / Pochanke Stefan: Handbuch zur Geschichte der deutschen Freikorps. Bad Soden-Salmünster 2001.

Thoß, Bruno: Brigade Ehrhardt, 1919/20. In: Historisches Lexikon Bayerns, URL: <http://www.historisches-lexikon-bayerns.de/artikel/artikel_44457> (07.05.2008).

III.
Nachkriegszeit bis zur Gegenwart

Stefan, Walther, Michael und Peter Klinkhardt 1950 vor dem Neubau des Verlagsgebäudes in Bad Heilbrunn

Ein Weg in den Westen.
Der Verlag Julius Klinkhardt in den Jahren 1945-1950
Rüdiger Hartmann

In Leipzig war der Krieg am 16. April 1945 mit der Besetzung der Stadt durch die Amerikaner zu Ende.
Allerdings war schon zu diesem Zeitpunkt klar, dass aufgrund der im Krimabkommen getroffenen Vereinbarungen die amerikanische Besatzungszeit nur von kurzer Dauer sein würde. Die Amerikaner hatten auch nur ein geringes Interesse daran, funktionierende ökonomische Strukturen (wieder-)aufzubauen – etwa im herstellenden und vertreibenden Buchhandel – oder auch nur damit zu beginnen. Ihr Ziel war es vielmehr, aus den an die Russen abzugebenden Gebieten wichtige ökonomische Strukturen, aus Leipzig also wichtige Verlagsstrukturen, in die eigene Besatzungszone zu überführen.
So versuchten die Amerikaner, eine Reihe von Verlegern in den Westen mitzunehmen: sie informierten gezielt ausgewählte Unternehmer vom kurz bevorstehenden Einmarsch der Russen und boten die Möglichkeit an, mit Familie und Gepäck in den Westen überzusiedeln. Ein entsprechender Konvoi verlässt am 12.6.1945 die Stadt; am 19. folgt ein weiterer mit Verlegern, die aufgrund fehlender Bedeutung ursprünglich nicht für eine Umsiedlung vorgesehen waren.[1]
Die Russen rücken am 1. Juli 1945 in die von den Amerikanern geräumten Gebiete nach; auch Leipzig wird an sie übergeben.
Anders als die Amerikaner sind die Russen an einer schnellen ökonomischen Wiederbelebung interessiert; und hatten damit anfangs auch Erfolg.[2]
Langfristig beabsichtigte Stalin in der Sowjetischen Besatzungszone (SBZ)[3] ein ähnliches System einzuführen wie das, das er in der Sowjetunion geschaffen hatte. Allerdings sollte dieses langfristige Programm nicht durch eine sofortige

---

1 Vgl. die ausführliche Schilderung der Ereignisse in Keiderling, F.A. Brockhaus 1905-2005, S. 222-225.
2 Vgl. Zank: Wirtschaftsplanung und Bewirtschaftung in der Sowjetischen Besatzungszone, S. 485-486.
3 Vgl. zur Sowjetischen Besatzungszone grundsätzlich Broszat / Weber (Hrsg.): SBZ-Handbuch

Sowjetisierung in der eigenen Besatzungszone gefährdet werden. Er fürchtete nicht nur Proteste der West-Alliierten und ein Verprellen demokratischer Antifaschisten, die er als potentielle Bündnispartner betrachtete und auf deren Unterstützung die Sowjetunion in der SBZ auch angewiesen war. Vor allem wollte er die gesamtdeutsche Konzeption offenhalten, weil sie die höchste Reparationsleistung für die Sowjetunion gewährleistete.

Stalin postulierte daher die Notwendigkeit einer Übergangsetappe, die der „antifaschistischen Demokratie". In dieser Phase verzichtete die Sowjetunion auf die völlige Veränderung des gesellschaftlichen und wirtschaftlichen Systems im Sinne des Sowjetkommunismus. Aber man transformierte die SBZ zum einen durch die Veränderung der Strukturen – so wurden von der Sowjetischen Militäradministration in Deutschland (SMAD)[4] schon im Juni 1945 Landesverwaltungen für die Provinzen und Länder der SBZ und Zentralverwaltungen in Berlin geschaffen und man besetzte Funktionen neu. In den Landesverwaltungen waren Vertreter aller Parteien, in den Zentralverwaltungen vor allem Kommunisten. Allerdings hatte die Letztentscheidung immer die SMAD. Und in der Überzeugung, dass eine Veränderung der Produktionsverhältnisse eine Veränderung der Gesellschaft bewirkt, führte man die Planwirtschaft ein, führte eine Industrie- und Bodenreform durch und förderte den Ausbau des volkseigenen Sektors. In dieser ersten Phase lag ein Schwerpunkt auf einer rigorosen Ausschaltung des Nationalsozialismus aus dem öffentlichen und beruflichen Leben. Aber: Hohe Priorität hat zu diesem Zeitpunkt die schnelle ökonomische Wiederbelebung, und damit auch die des Buchgewerbes.[5]

Der Julius Klinkhardt Verlag und sein Verleger Dr. Walther Klinkhardt waren bei Kriegsende in einer schwierigen Situation. Zwar ereilte das Kriegsende Walther Klinkhardt in Leipzig, aber der Verlag und ein Großteil seines Warenbestandes, jedoch natürlich nicht Außenbestände, waren am 4. Dezember 1943 durch Bombenangriffe völlig zerstört worden[6]. In der Zeit zwischen der Zerstörung und Kriegsende konnten allerdings 23 Titel wieder lieferbar gemacht werden und ein entsprechender Warenbestand aufgebaut werden. Der zerstörte Verlag bestand am Ende des Krieges noch aus dem Verleger Dr. Walther Julius Klinkhardt, der seit 1928 Mitinhaber, seit 1935 Leiter und seit 1942

---

4 Vgl. zur Sowjetischen Militäradministration in Deutschland grundsätzlich Foitzik: Sowjetische Militäradministration in Deutschland (SMAD) 1945-1949 und ders., Sowjetische Militäradministration in Deutschland (SMAD). In: Broszat / Weber (Hrsg.), SBZ-Handbuch, S. 7-69.
5 Siehe hierzu Weber, Geschichte der DDR, S. 19-122 und Zank, Wirtschaftsplanung und Bewirtschaftung in der Sowjetischen Besatzungszone, S. 485-504.
6 Siehe hierzu den „Antrag auf Ersatzleistung für Sachschäden an beweglichen Gegenständen gemäß der Kriegssachschädenverordnung vom 30. November 1940".

Ein Weg in den Westen

Alleininhaber des Verlages war, und – soweit es sich rekonstruieren lässt – sechs Angestellten und zwar dem Prokuristen und Herstellungsleiter Erich Krämer[7] (16.12.1898), dem Prokuristen und Buchhalter Paul Kroll (21.12.1893), einem Herrn Hoffmann, und den Damen Junghans, Engelmann und Paul.
Mit dem Gesetz Nr. 191 vom 24. November 1944, abgeändert am 12. Mai 1945 war jede Art von Druck- und Verlags-, auch Vertriebstätigkeit in den Besatzungszonen untersagt.[8] In einer ergänzenden Vorschrift wurde aber diese Tätigkeit Einzelnen unter bestimmten Bedingungen erlaubt, diese waren von Zone zu Zone verschieden. Die Lizenzierungspflicht für Verlage wurde erst im September 1949 aufgehoben.
Verlagslizenzen wurden an Personen vergeben und waren an diese gebunden. Voraussetzung für den Erhalt einer Lizenz war, daß sich der Antragsteller während des dritten Reiches nicht aktiv an der nationalsozialistischen Politik beteiligt hatte. In der sowjetischen Besatzungszone wurden Lizenzen bevorzugt an die neu gegründeten antifaschistischen Organisationen vergeben.
Im Rahmen der von der SMAD gewünschten und versuchten zügigen ökonomischen Wiederbelebung erhält der Julius Klinkhardt Verlag am 5.11.1945 eine „vorbehaltlich erteilte Genehmigung" für den Vertrieb von Büchern, also eine Genehmigung zur Belieferung der Sortimenter. Aber er erhält keine Produktionserlaubnis, also keine Verlagslizenz.
In den folgenden Monaten bemühte man sich um eine Erweiterung der Betriebserlaubnis in die Produktionserlaubnis. Gleichzeitig versuchte man aus den noch vorhandenen Vorräten den Buchhandel zu beliefern bzw. versuchte die Möglichkeit von Lizenzverkäufen zu sondieren. (5.4.1946 Kr; 18.41946 Kr; 28.3.1946 Kr)[9]

---

7 Erich Krämer (16.12.1898-27.1.1967) führte ein ausgesprochenes Doppelleben. Neben seiner Tätigkeit im Verlag Julius Klinkhardt war er – als autodidaktischer Gitarrist – ein bedeutender Vertreter der Zupfmusik und ein Vertreter der Zupfmusikerneuerung um Konrad Wölki. Er leitete lange Jahre die Leipziger Lautengilde (gegründet 1894), rief auch das Orchester nach dem zweiten Weltkrieg neu zusammen. Von der Gründung der Volks-Musikschule Leipzig (1951) an war er an dieser Musikschule als Gitarrenlehrer tätig und leitete auch das Zupforchester dieser Schule. Er war der Neuherausgeber der Theoretisch-praktischen Mandolinen-Schule von Theodor Ritter; war darüber hinaus als Verfasser einer Instrumentationslehre musiktheoretisch tätig. (Vgl. Zernecke, Ariane: Die Mandoline in der DDR, S. 86-87)
8 Vgl. zum Folgenden Widmann, Geschichte des Buchhandels, S. 185.
9 Ungedrucktes Material aus den im Verlagsarchiv vorhandenen Briefwechseln von Dr. Walther Klinkhardt mit Erich Krämer bzw. Dr. Felix Büchner wird zitiert mit Angabe des Briefdatums und des Namenskürzels des Schreibers. Hierbei stehen die Kürzel Kl für Klinkhardt, Kr für Krämer und Bü für Büchner.

Das Bemühen um eine Produktionserlaubnis war bedingt realistisch, denn die SMAD verfolgte zu diesem Zeitpunkt noch die Strategie, auch einigen Privatverlagen Lizenzen zu erteilen[10].
Die Geschichte des Verlages Julius Klinkhardt und seines Verlegers zwischen den Jahren 1945 und 1950 ist bestimmt durch immer neue Versuche, eine Verlagslizenz zu erhalten.

1. Schließung und Umgründung in Julius Klinkhardt GmbH (Ost)

Aber statt zu einer Verlagslizenz kommt es erst einmal zu einer Katastrophe. Am 23.5.1946 erreicht den Verlag ein Schließungsbescheid. Er ist Folge der *Anordnung über Beschäftigung im Gesamtbuchhandel und dem gewerblichen Leihbüchereiwesen vom 11. April 1946*:

„Um endgültig alle antidemokratischen und nazistischen Einflüße aus dem Buch- und Musikalienhandel auszumerzen, haben sämtliche früheren Mitglieder der NSDAP sowie ihrer Gliederungen aus dem Verlags-, Zwischen-, Versand-, Sortiments-, Zeitschriften- und Antiquariatsbuchhandel, dem Musikalienhandel und den gewerblichen Leihbüchereien (...) auszuscheiden. (...) Grundsätzlich werden die buchhändlerischen Firmen, die unter diese Anordnung fallen, geschlossen. Soweit deren Weiterführung im öffentlichen Interesse liegt, entscheidet die Landesverwaltung – Volksbildung – Abt. Kunst und Literatur, auf Grund der Vorschläge von örtlichen Stellen über die Art der Weiterführung des Geschäfts..."[11]

Es ist Klinkhardts Mitgliedschaft[12] in der NSDAP und in der SA, die dazu führt, dass der Verlag unter die Anordnung vom 11.4. fällt und geschlossen wird. Allerdings gilt er aufgrund des späten Eintritts in die NSDAP nicht als „aktivistischer Nazi".[13]
Der Schließungsbescheid erreicht nicht mehr den Verleger, sondern nur noch seinen Stellvertreter Erich Krämer. Klinkhardt ist schon im Februar 1946 in den Westen, zu seiner Mutter nach Bad Tölz geflohen. Anlaß waren Verhöre

---

10 Bereits im März 1946 wurden in Leipzig von der SMAD lizenziert die (Privat-)Verlage: Insel-Verlag, Philipp Reclam jun., Verlag Breitkopf & Härtel, Verlag Dr. Paul Schöps, Verlag Volk und Buch, Verlag Albrecht Seemann.
11 Amtliche Nachrichten der Landesverwaltung Sachsen 1 (1945), S. 19.
12 Gemäß des Fragebogens, den Dr. Walther Klinkhardt in der Amerikanischen Besatzungszone wie jeder Deutsche zwischen 18 und 65 auszufüllen hatte, bestand seine politische Belastung im dritten Reich in einer von 1933-1934/35(?) dauernden Mitgliedschaft in der SA und einer Mitgliedschaft in der NSDAP ab 1937/38(?)-1945. Über politische Funktionen und Ämter im dritten Reich ist nichts bekannt.
13 Siehe Wille, Entnazifizierung in der Sowjetischen Besatzungszone Deutschlands 1945-1948, S.55.

durch Offiziere des NKWD[14] und eine befürchtete Verhaftung.[15] Sicher schätzte Klinkhardt die Bedrohungssituation richtig ein, als er sich absetzte. Denn anders als im Westen standen in der SBZ in den Entnazifizierungsbehörden ehemalige Opfer des Nationalsozialismus, die zum Teil jahrelange Konzentrationslagerhaft hinter sich hatten und Verhöroffiziere der Armee eines Landes, gegen das die Wehrmacht einen jahrelangen Vernichtungskrieg geführt hatte. Zudem wandelten sich Entnazifizierungsbefragungen je nach Intention sehr schnell in „politisch zu qualifizierende Verfahren".[16]
Warum Dr. Walther Klinkhardt nicht mit den Konvois Mitte Juni 1945 Leipzig verlassen hat, bleibt unklar. Über seinen Schwiegervater, Dr. Ernst Reclam, der eine Übersiedlung ablehnte, war er sicher über die Möglichkeiten informiert. Und auch, wenn er nicht zu den Angefragten des ersten Konvois gehört hat, so hätte er sich sicher – wie andere auch – einen Platz im zweiten erhalten können.
Das ganze Jahr 1946 ist der Abwendung des Schließungsbescheides gewidmet.

Krämer teilt Klinkhardt umgehend den Schließungsbescheid mit und er erhält folgende Reaktion Klinkhardts, der man anmerkt, wie sehr sich der Schreiber um Fassung bemüht:

„Ihr soeben eingegangenes Schreiben v. 8. 5. enthält ja wirklich eine außerordentlich unerfreuliche Nachricht. Bevor ich aber nichts über Ausführungsbestimmungen gehört habe, muß ich mich mit dieser einfachen Feststellung begnügen. Es will mir jedenfalls noch nicht in den Kopf, daß mir ein Besitz aus der Hand geschlagen werden soll, den ich nicht nur ererbt habe. Ich muß nun das Vertrauen zu Ihnen in L. haben, im Rahmen des möglichen für den Verlag zu wirken. Weiter werde ich mich wohl erst äußern können, nachdem ich von Ihnen gehört habe ... und nachdem ich mir die Sache etwas in Ruhe überlegt habe."(27.5.1946 Kl)

Krämer ist sich des Ernstes der Lage sehr schnell bewusst. Er sucht nach Handlungsmöglichkeiten, gegen den Schließungsbescheid vorzugehen und versucht sofort ein „öffentliche Interesse" am Erhalt des Julius Klinkhardt Verlages zu konstruieren (29.5.1946 Kr).
Auch wird ihm sehr schnell – schon aufgrund des Wortlautes der Verordnung – klar, dass eine Umstellung der Besitzverhältnisse erfolgen muß. Er schlägt am 7.6.1946 eine „Umstellung der Besitzverhältnisse, die nicht zu umgehen sein wird, wenn der Fortbestand des Verlages gesichert sein soll" vor. Ihm schwebt eine GmbH vor, deren Gesellschafter Klinkhardts Schwiegervater Dr. Ernst Reclam,

---

14 Das *Volkskommissariat für innere Angelegenheiten* war unter anderen für den Nachrichtendienst zuständig.
15 Vgl. die Schilderung seiner Fluchtgründe in der „Beilage zum Antrag auf Ausstellung eines Ausweises für Vertriebene und Flüchtlinge".
16 Foitzik, Sowjetische Militäradministration in Deutschland (SMAD) 1945-1949, S. 176.

Klinkhardts ältester Sohn Peter Klinkhardt und er selbst sein sollen. Und er sendet unter diesem Datum eine Denkschrift[17] an das Volksbildungsamt[18], Abteilung Buch- und Bibliothekswesen beim Oberbürgermeister der Stadt Leipzig und bittet um Aufhebung des Schließungsbescheids. Er begründet in seiner Denkschrift seinen Antrag mit einem öffentlichen Interesse am Erhalt des Klinkhardt Verlages. Er versucht, dieses öffentliche Interesse, das dem Verlag zuteil werden müßte, durch die „echte Bildungsarbeit" – ein Resultat wohlüberlegter und durchdachter Verlagsplanung –, die der Verlag geleistet hätte, zu belegen. Und er verweist auf die Leistungsfähigkeit des Verlages, der seit seiner Zerstörung 1943 schon wieder 43 Titel lieferbar hätte. Abschließend weist er auf die bevorstehende Änderung der Besitzverhältnisse hin. Als Eideshelfer, die ein öffentliches Interesse am Erhalt des Klinkhardt Verlages bestätigen, legt er entsprechende Bescheinigungen des Volksbildungsamtes, Abt. Schulwesen, des Verbandes der Erzieher im FDGB und des FDGB, Fachgruppe Buchhandelsangestellte bei.

In der Zwischenzeit berät sich der Verleger mit seinem Rechtsberater und Freund Dr. Felix Büchner. Man ist sich einig, dass durch eine geeignete Vertragskonstruktion der Verlag in jedem Fall der Familie erhalten bleiben soll. Man entwickelt ein Modell, in dem Klinkhardts Sohn Peter Geschäftsführer, seine Gattin Kommandantistin werden soll. (15.6.1946 Bü) Dieses Modell wird dann aber aufgrund vermuteter mangelnder Akzeptanz der SBZ-Behörden (Peters jugendliches Alter) verworfen.

Einen Monat später schlägt Büchner Klinkhardt ebenfalls die Krämersche Lösung einer GmbH vor. Um Klinkhardt die Entscheidung zu erleichtern, führt er die Vorteile dieser Lösung an: In einer GmbH wäre die Haftung der Familie begrenzt; aufgrund der Gesellschaftermehrheit hätte man aber die Kontrolle über die Handlungen des Geschäftsführers. Zudem sei mit der Konstruktion einer GmbH der Anordnung Genüge getan. (6.7.1946 Bü)

Der dem Schreiben beigelegte Vertragsentwurf für eine zu gründende Julius Klinkhardt GmbH nennt denn auch als Geschäftszweck „Gegenstand des Unternehmens der Gesellschaft ist der Erwerb und die Fortführung der bisher in Leipzig unter der Fa. Julius Klinkhardt Verlagsbuchhandlung betriebenen Verlagsbuchhandlung", Sitz Leipzig, und führt als Gesellschafter auf: Ernst Reclam, Annemarie Klinkhardt, Erich Krämer. Als Geschäftsführer soll Erich Krämer bestellt werden[19].

---

17 Denkschrift zum Lizenzierungsantrag vom 7.6.1946
18 Vgl. hierzu Welsh, Deutsche Zentralverwaltung für Volksbildung, besonders 235-236.
19 Gesellschaftervertrag Julius Klinkhardt Verlagsbuchhandlung mit beschränkter Haftung, Sitz Leipzig vom 6.7.1946.

In seinem Brief vom 19.7.191946 äußert Krämer seine Freude über Klinkhardts grundsätzliche Zustimmung zur Bildung einer GmbH und teilt mit, sich gleich um die Genehmigung der Zentralstelle zur Umbildung bemühen zu wollen.
In den nächsten Monaten macht die Zulassung keine Fortschritte; für den Verlag ist das ein ökonomisches Problem; die Situation führt zur Auszehrung seiner Betriebsmittel (30.8.1946 Kl) Erst im Oktober beginnen sich die Ereignisse zu beschleunigen.
Am 10.10. teilt Krämer mit, dass er die Genehmigung zur Umgründung fernmündlich erhalten habe, am nächsten Tag schreibt er, dass er erfahren habe, dass kein Familienmitglied Gesellschafter der GmbH sein dürfe. In den folgenden Tagen einigt man sich darauf, dass Dr. Ernst Reclam als Treuhänder Klinkhardts und Krämer alleinige Gesellschafter der GmbH sein sollen. Und erhält daraufhin am 23.10.1946 das Einverständnis der Landesverwaltung Sachsen zur Umbildung. Am 12.11. teilt Krämer Klinkhardt die Aufhebung des Schließungsbescheids mit. Einen Monat später kann Krämer zwar die erfolgte Gründung der GmbH an Klinkhardt melden (7.12.1946), aber eben auch, dass immer noch keine Lizenz vorliege. Und erst wieder einen Monat später kann er vermelden, das die JK Gmbh am 6.1.1947 beim Handelsregister Leipzig eingetragen wurde. (20.1.1947)
Der Verlag in Leipzig ist vorerst gerettet, allerdings um den Preis, dass Klinkhardt aus der Geschäftsführung ausgeschieden ist, also nur noch mittelbar Einfluß auf die Geschäfte des Verlages hat. Für Klinkhardt, der im 3. Reich den Verlag so zielsicher restrukturiert hat, ist der Verlust seiner Gestaltungsmöglichkeit eine tiefe Kränkung. Und: man ist nicht weiter als Ende 1945, denn man hat trotz der Umgründung keine Verlagslizenz.
Um diese bemüht Krämer sich weiterhin intensiv. Sein Bemühen um diese Lizenz, das das ganze Jahr 1947 andauern wird, fällt zusammen mit tiefen Einschnitten in der SBZ; der Kalte Krieg bringt die Integration der Besatzungszonen in die Machtblöcke. Die SMAD treibt die Umwälzung voran, vor allem das Prinzip der staatsgeleiteten Staatswirtschaft und der stalinistischen Diktatur. Mitte Juni 1947 wird die deutsche Wirtschaftskommission zwischen den Zentralverwaltungen für Industrie, Brennstoff und Energie sowie Handel und Versorgung mit den Regierungen der Provinzen und Länder geschaffen für Produktions-, Erfassungs und Verteilungspläne. Mit ihrem systematischen Ausbau bestimmen die Kommunisten immer eindeutiger Wirtschaft und Verwaltung. 1948 versuchen SMAD und SED vor allem die Wirtschaft voranzubringen, ab Mitte 1948 gibt es den ersten Halbjahrplan, im Februar erhält die DWK weitgehende Vollmachten zur selbständigen Lenkung der Wirtschaft.[20]

---

20 Siehe Weber: Geschichte der DDR, Seite 19-122.

Am 1.2.1947 teilt Krämer mit, dass er vom Volksbildungsamt die Aufforderung erhalten habe, einen Lizenzantrag zu stellen. Antrag und eine vorbereitete Denkschrift hat er seit Anfang des Jahres bereitliegen. Am 13.3. teilt er mit, dass er am Rande der Leipziger Buchmesse erfahren habe, dass der Lizenzantrag zurückgestellt sei. Als Ursache vermutet er eine zu beobachtende konzeptionelle Unklarheit der Aufgabenverteilung von öffentlichen und privaten Verlagen. In dieser Unentschiedenheit der staatlichen Stellen reflektiert sich die unklare Politik der SMAD und der zugeordneten deutschen Stellen, die einerseits eine staatlich gelenkte Wirtschaft durchsetzen wollen, andererseits aus politischen Gründen noch zögerlich agieren.

Im Juni (7.6.) berichtet Krämer von einem Besuch in Berlin bei der Deutschen Zentralverwaltung (DZV)[21], dass im Verlagswesen keine Monopolstellung der öffentlichen Hand geplant sei. Gleichzeitig erfährt er, dass der eigene Lizenzantrag neben zahlreichen anderen von der sächsischen Landesverwaltung nicht weitergegeben worden ist; ihm wird aber gestattet, ihn sofort einzureichen. Bei dieser Verzögerung muß es sich nicht um Schlamperei handeln, sondern es kann sich hier auch um von außen schwer wahrnehmbare politische Taktik handeln. In den Zentralverwaltungen saßen vor allem Kommunisten, in den Landesverwaltungen aber zu dieser Zeit noch mehr Mitglieder anderer Parteien. Verzögerungen konnten durchaus der Überlegung folgen, nach einem abzusehenden Personalwechsel doch noch die Genehmigung eines Antrages zu erhalten. Gleichzeitig sehen wir hier die Folge einer Organisationseigenart der SMAD, die Geschichtswissenschaft als „Diffusion" bezeichnet. Dieses Prinzip beschreibt die Eigenart der SMAD, einzelnen Verwaltungen und Dienststellen sich überschneidende oder unklare Befugnisse und Aufgaben zuzuweisen. Das geht soweit, dass diese sogar mit sich wechselseitig widersprechenden Aufträgen betraut wurden. Für die Beherrschten wurde damit ein Gefühl der Unsicherheit erzeugt, das dazu dienen konnte, Herrschaft zu festigen. Für die SMAD hatte es den erstaunlichen Vorteil, dass unterschiedliche, sich zum Teile widersprechende Ziele verfolgt werden konnten. Erstaunlicherweise führte dieses Prinzip durchaus zu Effektivitätssteigerungen. Zurückzuführen ist dieses Phänomen jedoch nicht auf bewußte Planungen, es war vielmehr die Folge widersprüchlicher Befehle aus Moskau.[22]

Am Ende des Jahres, nach zahlreichen Klagen über den fehlenden Fortschritt hinsichtlich einer Verlagslizenz, (24.5.1947 Kr; 10.7.1947 Kr., 21.7.1947 Kr; 2.8.1947 Kr) stellt Krämer fest, dass „ich zur Zeit an meinem Platze im wesent-

---

21 Vgl. zur Deutschen Zentralverwaltung grundsätzlich Welsh, Deutsche Zentralverwaltung für Volksbildung.
22 Siehe hierzu Foitzik, Sowjetische Militäradministration in Deutschland (SMAD) 1945-1949, S. 242-254 und passim.

lichen nur Verwaltungsarbeit leisten kann und echter verlegerischer Tätigkeit, wie wir sie von früher her in so hohem Maße gewohnt waren, entbehren muß" (7.11.1947).
Anfang 1948 hat er ein einstündiges Gespräch mit einem hohen Repräsentanten der DZV, Vizepräsident Marquardt. Dieser macht ihm deutlich, dass nur der Verlag Volk und Wissen von der SMAD den Auftrag erhalten wird, Schulbücher zu drucken, und empfiehlt Krämer dringend die Zusammenarbeit. Zu diesem Zeitpunkt hat man sich endgültig dazu entschlossen, den Aufbau einer Staatswirtschaft zu forcieren. Marquardt sieht nur in den Bereichen Lehrerbildungsbuch (pädagogische Psychologie und pädagogische Soziologie), vor allem bei Zeitschriften, aber auch bei Büchern die vage Möglichkeit einer Lizenzierung.[23]
Krämer reagiert prompt. Schon am 9.2. legt er einen Entwurf für eine Zeitschrift für die genannten Bereiche vor. Als Schriftleiter hat er Dr. Arno Sachse, den Leiter des Schulfunks und Pädagogischen Funks im Mitteldeutschen Rundfunk gewonnen. Und er bietet eine zweite Option für den Fall, dass eine Zeitschriftenlizenz Probleme bereiten solle, an, eine Schriftenreihe Kultur – Seele – Erziehung (Schriften zur psychologisch-pädagogischen Forschung). Parallel zu dem Versuch, auf direktem Wege an eine Lizenz zu kommen, versuchte Krämer über die Arbeitsgemeinschaft Fachbuch eine Produktionslizenz zu erhalten. Die AG Fachbuch wurde vom Freien Deutschen Gewerkschaftsbund (FDGB)[24] angeregt und hatte aufgrund ihrer Nähe zu diesem gute Chancen, Produktionslizenzen zu erhalten. Außerdem ist der FDGB in seiner Anfangszeit noch keineswegs eine politisch eindeutig ausgerichtete Organisation. Als die AG Anfang 1947 eine Lizenz erhält, stellt er im Mai einen Aufnahmeantrag, aber trotz der Unterstützung des Antrags durch die anderen Mitglieder (7.6.1947) vezögert sich die Aufnahme und verläuft dann im Sande. Auch das ganze Jahr 1948 über häufen sich die Klagen über den mangelnden Erfolg aller Versuche, eine Verlagslizenz zu erhalten. (20.3.1948 Kr; 15.4.1948 Kr; 15.10.1948 Kr., 19.11.1948 Kr)
Anfang 1949 wird endgültig klar, dass es für die Julius Klinkhardt GmbH, Leipzig, keine Verlagslizenz mehr geben wird. In der Sowjetischen Besatzungszone setzt man endgültig auf Staatswirtschaft und läßt andere Verlage als volkseigene nicht mehr zu. Der neu gegründete Deutsche Fachbuchverlag in Leipzig sammelt Einzellizenzen interessierender Titel nicht lizenzierter Verlage ein und veröffentlicht diese Titel. Krämer schildert Klinkhardt die neue Situation in einem Brief vom 4.2.1949:

---

23 Siehe das Protokoll Erich Krämers zur Besprechung mit dem Vizepräsidenten in der Deutschen Zentralverwaltung für Volksbildung in der SBZ am 6.1.1948.
24 Vgl. zum FDGB grundsätzlich Müller, Freier Deutscher Gewerkschaftsbund (FDGB).

„Heute ist es nun soweit, daß ich Ihnen die offizielle Gründung eines Deutschen Fachbuchverlages in Leipzig berichten kann, dessen Träger in der Hauptsache der FDGB ist und der zu dem Zwecke mitgegründet worden ist, das Fachschrifttum der nicht lizenzierten Verleger zu neuem Leben zu bringen. Man hat mich, vor allem von Berlin aus, nachdrücklich auf diesen Verlag hingewiesen, und erste Verhandlungen mit dem bestellten Verlagsleiter haben grundsätzlich ergeben, daß man dort zu einer Zusammenarbeit mit unserem Verlage auf der Basis von 50 zu 50 bereit ist. In dieses Verhältnis ist das Verlagsrecht der herauskommenden Bücher eingeschlossen. Es geht also in gewisser Hinsicht auf eine ähnliche Vereinbarung hinaus, wie sie für die Deutsche Berufsbildung mit Ehrenwirth getroffen worden ist. Da die Entwicklung erst am Anfang steht, sind Einzelheiten der Vertragsabfassung noch nicht zur Sprache gekommen. Es soll dies erst in der 2. Hälfte des Mts. geschehen. Darüber hinaus bin ich aufgefordert worden, ein bestimmtes Fachgebiet des Verlages zu übernehmen. Nach eingehender Aussprache mit Ihrem Herrn Schwiegervater habe ich mich entschloßen, diesen Schritt im Interesse des Verlages Klinkhardt zu tun, weil ich glaube, daß ich da meiner alten Firma am besten dienen kann. Die Anregung kam sowohl von Berlin als auch von Leipzig auf mich zu, sie ist also wohl bei der Gründung bereits von diesen Stellen besprochen worden, und in beiden Fällen hat man von sich aus erklärt, daß der Betreuung des Verlages Julius Klinkhardt durch mich selbstverständlich auch bei einer Beteiligung im neuen Verlage nichts im Wege stünde, da ja die nicht lizenzierten Verlage nicht ohne weiteres untergehen sollten.
Das ist die Lage, vor der ich also jetzt stehe. Die nächste Zukunft wird zeigen, ob der Weg beschreitbar ist oder nicht. In Betracht für diese Verbindung kommt das gesamte technische Schrifttum. Meine Überzeugung nach den vielen Besprechungen mit den allen in Betracht kommenden Stellen in Berlin, Dresden und Leipzig ist, daß es der einzige Weg ist, das Verlagsgut zu erhalten und die Firma im bescheidenen Rahmen fortzuführen. Nachdem mir auch Herr Kunis nach seiner soeben erfolgten Rückkehr erklärte, daß Sie mit der hier notwendigen Einstellung zu dieser Entwicklung einverstanden seyen, habe ich meine Einwilligung zu der angedeuteten Neuordnung gegeben, von der ich nicht zuletzt auch eine wirtschaftliche Entlastung des Verlages erwarte." (4.2.1949 Kr)

Von diesem Zeitpunkt an nimmt der Briefwechsel zwischen Klinkhardt und Krämer kontinuierlich ab. Man klärt noch offene Lizenzierungsfragen und schreibt sich am Ende nur noch zu Weihnachten. Etwas intensiviert sich der Briefwechsel noch 1956/57, als man aufgrund des Todes des Gesellschafters Dr. Ernst Reclam sich über die Liquidation der Firma verständigen muß. Die Liquidation der Julius Klinkhardt GmbH Leipzig erfolgt dann am 3.4.1957.

Wovon lebt der Verlag in diesen Jahren?
Einerseits hat der Verlag zu diesem Zeitpunkt noch 43 lieferbare Titel; da er ohne Verlagslizenz keine Nachauflagen oder neuen Produkte herstellen darf, muß er aus diesen leben. Die Basis ist durch die Zerstörung des Warenbestandes relativ schmal. Noch am 2.8.1947 teilt Krämer mit, dass er die Auslieferung relativ gering halten will, um möglichst lange einen Warenbestand zu haben.
Die zweite Basis des Verlages sind Einnahmen aus den Verkäufen von Lizenzen der eigenen Bücher.
Dabei ist man auch unter Druck: Autoren verlassen die SBZ und wollen ihre Bücher möglichst schnell wieder veröffentlichen, auch aufgrund neuer Verlags-

kontakte im Westen. Da der Klinkhardt Verlag nicht veröffentlichen kann, entsteht mittelfristig auch ein juristisches Problem. Krämer umreißt es wie folgt: „Die hier allgemein vertretene Auffassung läßt ein Festhalten am Verlagsvertrag als unbedingt geboten erscheinen – schon um Präzedenzfälle zu vermeiden – läßt aber andererseits auch nach Auswegen suchen." (10.10.1946)
Der Ausweg ist der, der schon seit 1946 beschritten wird: der Verkauf von Lizenzen. Hierbei ist man sich von Anfang an einig, dass Lizenzen für Ost und West getrennt verkauft werden müssen. Dabei verfährt man arbeitsteilig: Krämer kümmert sich um die SBZ, Klinkhardt um die Westzonen.
Im Osten handelt es sich im wesentlichen um den Verkauf von Lizenzen an den Verlag Volk und Wissen. Bereits im Juni 1946 (18.6.) teilt Krämer mit, dass er mit dem Leiter des Verlages Volk und Wissen, einem Herrn Pludra, gesprochen habe und dass dieser Lizenzausgaben übernehmen wolle.
Im Oktober (4.10) meldet er die Vergabe von Lizenzen von Berufschulbüchern an Volk und Wissen als fast sicher. Am 18.12. meldet er den Abschluss eines ersten Lizenzvertrages mit Volk und Wissen. Es handelt sich um den Titel *Großmann, Ich kann haushalten*. Der Vertrag wird für eine Auflage mit einer Auflagenhöhe von 50.000 Exemplaren abgeschlossen. Die vereinbarte Lizenzgebühr beträgt 15%. Irgendwann nach dem 1.2. werden weitere Verträge geschlossen. Wie beim ersten Vertrag verbleiben alle verlegerischen Arbeiten, insbesondere auch die Autorenbetreuung und die Arbeiten der Druckvorstufe beim Ursprungsverleger.
Die Zusammenarbeit mit Volk und Wissen bleibt allerdings vor allem in der Anfangsphase der noch nicht endgültig konsolidierten politischen Linie mit Unwägbarkeiten verbunden. Am 19.9.1947 unterrichtet Krämer Klinkhardt von einer Unterredung mit Herrn Hagemann, dem Geschäftsführer von Volk und Wissen. Dieser habe ihm mitgeteilt, dass der lizenzierte Titel *Großmann, Ich kann haushalten* eingestampft werden müsse. Die Gründe hierfür seien politische: es solle nicht mit Büchern gearbeitet werden, die von (ökonomischen und gesellschaftlichen) Voraussetzungen ausgingen, die nicht mehr vorlägen.
Am 7.11.1947 erscheinen dann die ersten beiden Lizenzausgaben von Klinkhardttiteln im Verlag Volk und Wissen: *Santen, Ausbessern und Nähen* und *Engelmann, Garten und Blumenpflege*.

2. Walther Julius Klinkhardt als Lizenztreuhänder

Nach seiner Flucht in den Westen konnte Walther Klinkhardt seine Tätigkeit als Verleger nur noch mittelbar ausüben. Erich Krämer leitete den Verlag im Osten und kümmerte sich vor allem auch um das Tagesgeschäft; Klinkhardt selbst kümmerte sich neben den deutlich reduzierten Leitungsaufgaben um den

Verkauf der Lizenzen im Westen. Diese Tätigkeit nimmt im Laufe der nächsten Jahre immer mehr zu (vgl. 8.12.1947 Kl). Mit einer Bestätigung seiner Tätigkeit als Lizenztreuhänder seines Verlages war Klinkhardt schon in den Westen geflohen: Er trug eine von Erich Krämer ausgestellte Bescheinigung vom 8.5.1946 bei sich, die ihn „beauftragt und berechtigt, in der amerikanischen, britischen und französischen Besatzungszone Deutschlands Verhandlungen über den Abschluß von Verlags-Lizenzverträgen zu führen"[25].

Es gelingen Klinkhardt bereits 1946 Lizenzverkäufe. Dabei war der Verkauf von Lizenzen kein leichtes Geschäft. Es gibt in dieser Zeit eine Fülle von Kontakten mit den unterschiedlichsten Verlagen (u.a. Kröner, Westermann, Thienemanns, Sauerländer). Mit manchen der Häuser wurde man schnell handelseinig, bei anderen zogen sich die Vertragsverhandlungen sehr lange hin, wieder bei anderen zerschlugen sich Pläne sehr schnell, bei anderen erst nach vielen Vorarbeiten. Dabei bedeutete der Abschluss eines Vertrages noch nicht, dass das Buch auch erschien (und damit Geld floss). Grund für das Scheitern der Verhandlungen waren meist noch nicht vorhandene Verlagslizenzen oder Papiermangel.

In dieser ersten Phase, die etwa bis Mitte 1947 dauert, dient der Lizenzverkauf vor allem dazu, die Ertragssituation des Verlages zu verbessern. Hinzu kommt das Bestreben, durch die Vergabe von Lizenzen auch auf von Leipzig aus nicht zu beliefernden Märkte präsent zu sein. Gleichwohl wird in dieser Phase zwischen Erich Krämer, Felix Büchner und Walther Klinkhardt immer wieder die Problematik des Lizenzverkaufs thematisiert: Vor allem Büchner wiederholt immer wieder das Argument, dass es problematisch sei, Einzellizenzen an Westverlage zu geben, denn dadurch gerate der Verlag Julius Klinkhardt in Vergessenheit (3.8.1946 Bü).

Ein Verlag, mit dem man sehr schnell und unkompliziert (innerhalb von sechs Monaten) zum Abschluß eines Lizenzvertrages kam, ist der Michael Beckstein Verlag München. Am 18.3.1946 unterrichte Klinkhardt Krämer, dass Beckstein erhebliches Interesse an Lizenzen für Schulbuch und Fachbuch zeige. Für welche Titel ist allerdings nicht mehr rekonstruierbar. Er, Klinkhardt, denke an eine zeitlich begrenzte (etwa auf 5 Jahre) Lizenz für die amerikanische Zone. Eine Möglichkeit einer Versorgung durch den Klinkhardt Verlag aus Leipzig sei ja ohnehin nicht möglich.

Am 27.9.1946 meldet Klinkhardt, dass Beckstein die endgültige Form des Vertrages gebilligt habe, Anfang November unterrichtet Krämer Klinkhardt , dass der unterzeichnete Vertrag vom Verlag Beckstein eingegangen sei. (8.11.1946 Kr).

---

25 Bescheinigung für Dr. Walther Klinkhardt vom 8.5.1946.

Dass auch in dieser ersten Phase ein von vornherein nur als reiner Lizenzverkauf geplantes Unternehmen sehr wohl scheitern konnte, zeigen die Verhandlungen mit dem Hessischen Staatsministerium wegen der Einführung von Berufsschullehrbüchern. Es ist auch ein Beispiel dafür, dass nicht nur im Osten an den Ministerien aufgrund von noch ungeklärten politischen Differenzen die konzeptionellen und politischen Positionen unklar waren, so dass es den Verlagen schwer war, ihre Bücher zu vermarkten.

Am 10.5.1947 berichtet Krämer von Kontaktaufnahmen hinsichtlich der Übernahme von Berufsschulbüchern in Hessen, in denen sehr großes Interesse signalisiert werde.

Sehr schnell aber geraten die Verhandlungen an einen toten Punkt (11.6.1947 Kr). Klinkhardt unternimmt im August 1947 eine aufwendige Autorenreise nach Wiesbaden und Stuttgart, um diese Angelegenheit zu klären, von der er Krämer am 1.9.1947 ausführlich unterrichtet. Aus dem Ministerium berichtet er, dass die Lizenzverhandlungen in Wiesbaden restlos verfahren seien. Vor allem beurteile die zuständige Referentin, Frau von Meyer, Lizenzausgaben völlig überraschend als aussichtslos. Man sei sich noch nicht über die Art von Berufsschullehrmitteln, die man fördern wolle, im klaren. Drei Wochen später, am 19.9.1947, berichtet Klinkhardt eine endgültige Verschlechterung der Lage in Wiesbaden; ein Herr Huber (ein ehemaliger Schulleiter) sei wieder ausschlaggebend für Gestaltung von Unterrichtsbüchern; er wolle aber keine Bücher, sondern Arbeitsblätter.

Klinkhardts Tätigkeit als Lizenztreuhänder seines Verlages wird erschwert durch die Bewirtschaftung der Arbeitskräfte (Arbeitspflicht) nach dem Krieg. Aufgrund seiner fehlenden Entnazifizierung wird er nicht als Verlagsvertreter anerkannt und muß eine Stelle als „housemaster in the Herderhaus Bad Tölz Post Exchange"[26] annehmen, die er vom 4.10.1946 bis 8.8.1947 ausübt. Er beschreibt den Sachverhalt in einem Brief an Krämer so:

> „Obgleich ich seit meinem Hiersein meinen Tag recht gut ausfüllte und meine Arbeit gewiß nicht als „Beschäftigung" anzusehen war, genügte das dem Arbeitsamt nicht, da ich nicht als „Vertreter" zugelaßen sei und dafür auch keine Chance hätte, bevor ich nicht vor der Spruchkammer gewesen sei. Also mußte ich eine Stelle als Hilfsarbeiter annehmen und habe das seit etwa 10 Tagen bei einer amerikanischen Dienststelle getan. Die Tätigkeit entspricht so ungefähr der, die früher Frau Paul in der Liebigstr. leistete, erstreckt sich aber über den ganzen Tag." (14.10.1946)

Ein halbes Jahr später schildert er ausführlich seine Tätigkeit und skizziert, wie er diese mit seiner Tätigkeit als Verleger und Lizenztreuhänder zu verbinden suche.

---

26 Arbeitszeugnis vom 8.8.1947.

Ehe ich zum Sachlichen komme, soll dieser Brief aber auch wieder einmal einige persönliche Zeilen über mich enthalten. An meiner Beschäftigungsart hat sich eigentlich nichts geändert, ich bin weiterhin wohlbestallter Hausdiener, als der ich in den nächsten Tagen nun schon mein halbjähriges Jubiläum feiern kann. Ich fange um 7 Uhr an, freue mich der Kürze aber auch der landschaftlichen Schönheit des Weges zur Arbeitsstätte und bin dann den ganzen Tag „auf den Beinen". Um 16 Uhr ist Feierabend. Dann bin ich aber auch rechtschaffen müde, und nur das Interesse und die eben nicht wegzuverordnende Neigung zu geistiger Arbeit bringen mich oft zum Diktat, dem meist sonntägliche und abendliche Beschäftigungen mit dem Stoff vorausgingen. Da noch englische Sprachstunden hinzukommen, blieb nicht nur kaum noch Zeit für ein Privatleben, sondern ich spürte doch diese Dauerbelastung an Nerven und körperlicher Leistung – und Andere sahen sie mir an. Ich bin deshalb recht froh, daß der deutsche Personalchef für meinen Wunsch nach gewissen Erleichterungen Verständnis hatte, als ich ihm vor kurzem die Lage schilderte. So kann ich jetzt gelegentlich nachmittags etwas früher aufhören und von Zeit zu Zeit, etwa alle zwei Wochen, einmal einen Tag zu Hause arbeiten. Ich hoffe, daß sich dies auch bald darin auswirken wird, daß ich zum Lesen wieder mehr Zeit finde, denn die Börsenblätter zweier Zonen wurden mit erheblicher Verspätung, kulturelle Zeitschriften kaum noch und ein paar Seiten Erholungslektüre nur noch vor dem Einschlafen im Bett gelesen. Das nun endlich auch hier einsetzende Frühlingswetter (heute schneit es allerdings wieder lustig) mit den längeren Tagesstunden fordert zudem ja direkt, die Natur nicht nur durchs Fenster zu genießen. Und der Garten möchte gelegentlich auch von mir betreut werden. Vorläufig bin ich allerdings noch nicht soweit, denn trotz abendlicher Vorarbeit, die gestern leider sogar spätnächtlich wurde, kann ich heute am „Hausdienerfreien" Tag doch nicht alles beantworten, was Sie mir auf den Schreibtisch legten – worüber Sie aber gewiß nicht böse sein werden. (Kl 25.3.1947)

Im Zuge der sich abzeichnenden Umgründung des Verlages und des damit verbundenen Verlusts seines Status als Verleger versucht Klinkhardt sich über seine zukünftige Stellung zum Verlag klar zu werden. Er trifft im Mai 1947 seinen Freund und zugleich Justiziar des Verlages, Dr. Felix Büchner, zu einer Art Strategiegespräch, das uns in einem brieflichen Protokoll Klinkhardts in einem Brief an Büchner (13.5.1947) vorliegt. Es ist deshalb von Bedeutung, weil Klinkhardt in den folgenden Jahren versucht, die damals angestellten Überlegungen zu realisieren.
Als erstes wird geplant, dass Klinkhardt trotz der Umgründung des Verlages weiterhin als Lizenztreuhänder für die GmbH tätig bleibt. Es wird deutlich, wie sehr der Verlust des Verlages Klinkhardt persönlich trifft; offensichtlich wollte er ursprünglich für die neu geschaffene GmbH im Westen nicht als Lizenztreuhänder tätig werden; hier kann Büchner ihn umstimmen. Klinkhardt stimmt zu, die GmbH im Westen zu vertreten, auch wenn man noch eine Zeitlang das Problem hat, eine angemessene Bezeichnung für seine Tätigkeit zu finden, die in der Folgezeit zwischen „Generalbevollmächtigter", „Vertreter" u.a. changiert, bis man ab Ende 1947 die alle zufriedenstellende Bezeichnung „Lizenztreuhänder" gefunden hat. Eine weitere Überlegung im Strategiegespräch betrifft die Absicht einer Verlagsgründung im Westen. Klinkhardt sollte hier aber nur als Gesellschafter fungieren, nicht als Geschäftsführer. Diese Überlegung wird un-

ter dem Namen einer Julius Klinkhardt GmbH verfolgt, kann aber nie in die Tat umgesetzt werden (siehe unten S. 160). Auch plant man die Gründung einer Verlagsbuchhandlung, die tatsächlich realisiert werden kann (siehe unten S. 161).
Es scheint, als ob ab diesem Zeitpunkt im Mai 1947 Dr. Walther Klinkhardt Überlegungen zu einer Gründung eines neuen, eigenen Verlages bei all seinen Handlungen begleiten. Er scheint den Verkauf von Lizenzen als Strategie zu begreifen, sich wieder als Verleger ins Spiel zu bringen und sei es auch auf dem Umweg eines Gemeinschaftsverlages. Er verhandelt in der Folgezeit Lizenzbedingungen, die nur unter diesem Aspekt verständlich sind. Krämer kann diesen oft nur unter schwersten Bedenken zustimmen.
Das zeigt sich an der umfangreichsten und erfolgreichsten Zusammenarbeit der Jahre bis 1949, mit dem Ehrenwirth-Verlag in München.
Erste Kontakte zu Ehrenwirth knüpft Klinkhardt schon bei einem Aufenthalt in München im Frühjahr 1946. Sehr schnell wird man sich über Konditionen für Lizenzausgaben der *Kühnelschen Hilfsmittel Bd. 1* und *2* einig. Am 19.9.1947 berichtet er deren Erscheinen nach Leipzig. Dass man sich sehr schnell über die vertraglichen Konditionen einigen konnte, lag darin, dass Klinkhardt zu dieser Zeit vor allem das Erscheinen dieser viel nachgefragten Lehrmittel im Westen sichern wollte, da es mit der Auslieferung von Leipzig aus aufgrund von Postunterbrechungen und Lieferverboten immer wieder Probleme gab. Man wollte also möglichst schnell einen von Leipzig aus nicht belieferbaren Markt bedienen. Weiterreichende Überlegungen spielen keine Rolle.
Anders bei der weiteren Zusammenarbeit. Im Oktober berichtet Klinkhardt Krämer von Ehrenwirths Interesse an den Berufsschulbücher des Klinkhardt Verlages, und zwar an der gesamten Reihe B der Deutsche Berufsbildung (27.10.1947 Kl). Hintergrund des Interesses schienen Anfragen aus der bayerischen Ministerialbürokratie an Ehrenwirth zu sein, ob dessen Verlag auch Berufsschul-Schulbücher zu Verfügung stellen könne oder ob man eine eigene Herstellung im Staatsverlag anstreben müsse. (8.12.1947 Kl)
Im Dezember finden ausführliche Diskussionen der Vertragsbedingungen zwischen Ehrenwirth und Klinkhardt und Klinkhardt und Krämer statt. (8.12.1947 Kl) (12.12.1947 Kr)
Leider lassen sich keine Auflagenhöhen und Lizenzgebühren rekonstruieren, allerdings sind doch (nicht nur) für heutige Verhältnisse ungewöhnliche Vereinbarungen zu erkennen. So soll etwa der Lizenznehmer auch Unterlizenzen vergeben dürfen; es ist für Klinkhardt mühsam, für einen solchen Fall angemessene Entschädigungen auszuhandeln. Auch stellt Ehrenwirth Bedingungen, die weit über das Maß eines Lizenzvertrages hinaus gehen: er möchte die in Lizenz übernommenen Bücher verlegerisch betreuen, d.h. Überarbeitungen vornehmen lassen und mit den Autoren direkt verhandeln. Und er möchte diese Arbei-

ten durch reduzierte Lizenzgebühren (7 1/2 %) honoriert wissen. Klinkhardt akzeptiert gegen die schweren Bedenken Krämers. Ein interessantes Detail stellt die Tatsache dar, dass über einen bedingten Fall der Rechte an Ehrenwirth (ausser es käme zu einem Gemeinschaftsverlag mit Klinkhardt oder ein anderer Partner würde von Klinkhardt beigebracht) und über einen Kaufpreis für diese Lizenzen nach Ablauf der Lizenzfrist verhandelt wird.

An den Zugeständnissen des Verkaufs von Unterlizenzen, der verlegerischen Betreuung und einem bedingten Verkauf der Rechte an Ehrenwirth sieht man, dass es Klinkhardt nicht mehr allein um einen Verkauf von Lizenzen geht. Denn allein unter diesen Aspekten gesehen sind die Bedingungen höchst problematisch. Das wird auch daran deutlich, dass Krämer die Lizenzvereinbarung am Anfang nicht mit tragen will; denn im ungünstigsten Fall verliert der Verlag seine Rechte an Ehrenwirth. Klinkhardt nimmt die Problematik in Kauf, da er damit rechnet, nach Ablauf der Lizenzlaufzeit von 5 Jahren entweder als Partner in einem Gemeinschaftsverlag mit Ehrenwirth oder mit einem eigenen Verlag die Lizenzen wahrnehmen zu können. Am 18.2.1948 bestätigt Krämer den Erhalt des Lizenzvertrages. Die Herstellung der Bände scheint in Leipzig organisiert zu werden, denn Krämer berichtet Mitte April ausführlich über den Stand der Arbeiten an allen Bänden der Reihe.

Man sieht an mehreren Verhandlungen dieser Zeit, dass Krämers und Klinkhardts Interesse am Lizenzverkauf sich deutlich unterscheiden: Krämer rechnet damit, dass der Verlag auf andere Geschäftsfelder ausweichen muß, daher ist sein Interesse, Rechte möglichst schnell für möglichst viel Geld zu verkaufen. (13.9.1947 Kr). Klinkhardt hingegen will Optionen auf die Zukunft, er will sich als Verleger langsam wieder ins Spiel bringen.

Ein weiteres Zeichen dafür, dass Klinkhardt eine Verlagsgründung im Westen vorbereitet, ist die Tatsache, dass Klinkhardt sich sofort die Rechte aller Klinkhardt-Titel für die Westzonen sichert, nachdem deutlich geworden ist, dass mit einer Verlagslizenz im Osten nicht mehr zu rechnen ist. Er verfolgt eine formale Aufteilung der Verlagsrechte für den Westen und für den Osten und schreibt in diesem Kontext an Krämer: „Ich beantrage hiermit, eine Verwertung der Verlagsrechte in der Weise, dass diese für die Westzonen mir allein und für die sowjetische Besatzungszone Ihnen allein zufallen." (14.4.1949 Kl)

Er begründet sein Verlangen damit, dass im Verkaufsvertrag nur die Vorräte bezahlt wurden und von einer Bewertung der Verlagsrechte abgesehen wurde. Außerdem seien Verlagsrechte ausschließlich durch Lizenzverträge mit im Westen ansässigen Verlagen aktiviert worden. Am 2.7.1949 bestätigt ihm Krämer die vorgeschlagene Aufteilung in einer formalen Vereinbarung.

Besondere Aufmerksamkeit verdient die Lizenzvergabe an den Verlag Handwerk und Technik, denn aus ihr erwächst der spätere Gemeinschaftsverlag Handwerk und Technik und Klinkhardt.

Handwerk und Technik hatte durch einen Herrn Schreiner bei Klinkhardt Interesse an den Lizenzen einer Anzahl von Werken angemeldet. In die Verhandlungen schaltet sich Dr. Büchner mit einem Brief an Klinkhardt ein unter Hinweis darauf, „dass zwischen uns besondere persönliche und geschäftliche Beziehungen bestehen" (2.3.1949 Bü) und er die Verhandlungen mit ihm aufgrund dieser persönlich führen wolle. Er erhöht nachträglich die bereits verhandelte Titelanzahl der in Lizenz zu nehmenden Bücher. Handwerk und Technik nimmt damit eine sehr hohe Anzahl der bei Klinkhardt verlegten Berufsschullehrbücher in Lizenz, die geplanten Auflagen liegen zwischen 16000 und 30000 Exemplaren. Im selben Brief findet Büchner bewegende Worte für die Zusammenarbeit:

> „Sehr freue ich mich, lieber Herr Dr. Klinkhardt, daß es zu dieser geschäftlichen Zusammenarbeit mit Handwerk und Technik gekommen ist. Ich glaube, daß sie im beiderseitigen Interesse liegen wird und daß ein wesentlicher Vorteil wohl für Sie darin zu sehen ist, daß die Erhaltung wesentlichen Verlagsguts für Ihren künftigen eigenen Verlag im großen Umfange durch eine Stelle erfolgt, mit der Sie überdies so freundschaftliche Beziehungen verbinden, wie sie zwischen uns seit langem bestehen. (2.3.1949 Bü)

Er betont den Vorteil, der Klinkhardt daraus erwüchse, dass nun die meisten seiner Bücher in einem Hause erscheinen könnten. In der Tat ist dies die Lösung eines Problems, dass vor allem Büchner seit 1946 sah, dass nämlich durch die Vergabe von Einzellizenzen an unterschiedliche Verlage der Name Klinkhardt in Vergessenheit geraten könne und es daher sinnvoll sei, diese Lizenzen in einem Hause zu bündeln.
Am 13.6.49 werden die Verträge zwischen Walther Klinkhardt und Handwerk und Technik geschlossen.
In den Verträgen wird u.a. festgelegt, dass derjenige, der die Herstellung finanziert, vorab 7,5% aus dem Erlös erhält. Klinkhardt hat die vorhandenen Matern, Klischees, Manuskripte usw., also einen Großteil der Lektoratsarbeit und einen Teil der Arbeit der Druckvorstufe, zur Verfügung zu stellen; eine Vergütung hierfür wird in das Ermessen von Handwerk und Technik gestellt. Auch hat Klinkhardt zu versprechen, dass er nach Möglichkeit, aber ohne Vergütung, den Vertrieb zu unterstützen hat. Außerdem hat Handwerk und Technik das Recht, nach Ablauf des Lizenzvertrages zu verlangen, dass (einzelne oder auch alle) Werke nach Abwicklung des Lizenzvertrags in den Gemeinschaftsverlag Handwerk und Technik/Julius Klinkhardt übergehen.
Krämer tritt mit der GmbH dem Vertrag bei, wenn auch erst nach längeren Verhandlungen mit seinem früheren Verleger. Denn unter anderem sieht eine Klausel des Beitrittsvertrags vor, dass die GmbH nur in der SBZ verkaufen darf, Handwerk und Technik aber nicht nur in den Westzonen, sondern auch in der SBZ. Für Krämer bedeutet dies, dass der Lizenzverkauf in der SBZ deutlich

erschwert wird. Klinkhardt leistet aber Überzeugungsarbeit und so meldet er am 2.7.1949 an Büchner:

> Sie persönlich wird aber vor allem interessieren, daß Herr Krämer auch meinen mit dem Verlag Handwerk und Technik abgeschloßenen Vertrag unterzeichnen wird. Über diesen sei er „erschrocken", was ja auch Anderen so ging, bevor sie die nötige Einsicht fanden. Sein „Schrecken" bezog sich überraschender Weise nicht auf die Leipzig bindenden Vertragsteile, sondern auf die mich angehenden Bedingungen. Daß ich einen solchen Vertrag eben nur mit einer befreundeten Firma schließen konnte, sah er dann vielleicht ein.

Auch an diesem Vertragsabschluß erkennt man, dass es zum Zeitpunkt des Abschlusses Klinkhardt vor allem um einen neuen Verlagsauftritt geht, nicht um günstige Lizenzverkäufe. Er ist bereit, die aus kaufmännischer Sicht höchst berechtigten Einwände seines ehemaligen Stellvertreters zu ignorieren.

Nach Abwicklung des Lizenzvertrages macht der Verlag Handwerk und Technik von dem im Lizenzvertrag vereinbarten Recht Gebrauch, das Erscheinen der lizenzierten Bücher im Gemeinschaftsverlag zu verlangen. So gehen diese Titel am 4.11.1952 in den Gemeinschaftsverlag Handwerk und Technik/Julius Klinkhardt über.

3. Julius Klinkhardt GmbH (West)

Von einem frühen Versuch, verlegerisch wieder tätig zu werden, zeugen die Überlegungen und Vorbereitungen einer Julius Klinkhardt GmbH (West). Die Idee wird von Dr. Büchner ins Spiel gebracht. Er empfiehlt seinem Freund „die Prüfung verlegerischer Niederlassung im Westen". (2.7.1946 Bü)

In einem Brief, in dem Klinkhardt Krämer von einem Hamburger Aufenthalt berichtet, anläßlich dessen er den Justiziar und Freund Dr. Büchner getroffen hat, präzisiert er die Überlegungen, denen nahezu alle Besprechungen gegolten hätten:

> „Es ist nämlich der Plan – vor allem nach meinen Besprechungen mit Dr. Büchner – entstanden, für die westlichen Zonen einen eigenen Verlag J.Kl. zu gründen. Dieser Verlag könnte in gegenseitigen Lizenzaustausch mit J.Kl. Leipzig treten und damit dessen Interessen in viel wirkungsvollerer Weise wahrnehmen, als ein dritter Verlag." (31.7.1946 Kl)

Dieser Verlag ist noch nicht als Ersatz des Stammhauses gedacht, sondern als Ergänzung, die den neuen Bedingungen Rechnung tragen soll. Zum einen könnte der Verlag mit Lizenzen aus Leipzig arbeiten und diese im Westen vermarkten. Damit wäre auch das Problem gelöst, das eventuell bei der Vergabe von Einzellizenzen an Westverlage entstehen könnte, nämlich, dass der Verlag Julius Klinkhardt in Vergessenheit geraten könne. Zum anderen hätte sich dann auch das Problem der interzonalen Belieferung von Kunden, die immer problematischer wurde, erledigt. (3.8.1946 Bü)

Um die Lizenzierungschancen dieses geplanten neuen Unternehmens zu erhöhen, verabreden Klinkhardt und Büchner, dass Klinkhardt sich auch hier nur als Gesellschafter engagieren solle, denn Klinkhardts fehlende Entnazifizierung wird von beiden als die entscheidende Ursache erkannt, die bisher eine Lizenzierung verhinderte. Als Geschäftsführer konnte Büchner den Verlagsbuchhändler Heinz Groth aus Hamburg gewinnen. Zudem will man sich für diesen Verlag in der britischen Besatzungszone, in Hamburg, um eine Lizenz bemühen – in der irrigen Annahme, dass dort eine Verlagslizenz leichter zu erhalten wäre als in Bad Tölz. Aufgrund des Zusammenschlusses zu Bizone haben sich aber zu diesem Zeitpunkt die Lizenzbedingungen in beiden Zonen bereits angeglichen.[27] Büchner sendet den Gesellschaftervertrag an Klinkhardt, aus dem wir die genaue Firmierung der Gesellschaft ersehen können:

„Julius Klinkhardt Verlagsbuchhandlung mit beschränkter Haftung, Sitz Hamburg ...
Gegenstand des Unternehmens der Gesellschaft ist der Betrieb einer Verlagsbuchhandlung, insbesondere der Verlag von Fachschul- und Fachbüchern ...
Gesellschafter: Käthe Klinkhardt, Heinz Groth, Verlagsbuchhändler, Dr. Walther Julius Klinkhardt, Verlagsbuchhändler, Geschäftsführer: Heinz Groth".[28]

Am 23.1.1947 unterrichtet Büchner in einem Brief Klinkhardt, dass sich die Verlagsgründung verzögert, da noch keine Lizenz erteilt wurde. Er tröstet seinen Freund:

„Ich habe den Eindruck, daß Lizenzen in allen Zonen zur Zeit nur aufgrund besonderer Beziehungen oder unter besonderen Umständen zu erhalten sind, daß Lizenzanträge, denen solche besonderen Empfehlungen oder Verbindungen fehlen, einfach liegen bleiben."

Und er deutet an, dass die fehlende Entnazifizierung Klinkhardts die Gründung des Unternehmens behindert.
Nachdem auch nach einigen Monaten noch keine Lizenz erteilt wurde, finden wir im Protokoll der Strategiebesprechung vom 13.5.1947 (s.o.) das Ergebnis, dass man sich weiter um die Hamburger Lizenzierung bemühen wolle. Danach finden sich keine Hinweise mehr zu diesem geplanten, aber nie realisierten Unternehmen.

4. 1948: Fachversandbuchhandlung

Einen weiteren Versuch, die fehlende Verlagslizenz zu kompensieren, stellt die Gründung einer Fachversandbuchhandlung dar. Die Idee hierzu taucht erstmalig in der erwähnten Strategiebesprechung im Mai 1947 zwischen Klinkhardt und Büchner auf:

---
27 Vgl. Widmann, Geschichte des Buchhandels, S. 185.
28 Gesellschaftervertrag Julius Klinkhardt Verlagsbuchhandlung mit beschränkter Haftung, Sitz Hamburg.

> Da nicht anzunehmen ist, daß sich die Hamburger Verlagslizenz oder nach meiner Entnazifizierung eine Tölzer Verlagslizenz bald verwirklichen laßen wird, soll von mir versucht werden, nach meiner Entnazifizierung die Lizenz als Versandbuchhändler zu erhalten. Ich wünsche dies unter der Firma Julius Klinkhardt s.Zt. zu beantragen. (13.5.1947 Kl)

Ausschlaggebend für die Gründung der Buchhandlung ist die aus der resignativen Einsicht gewonnene Erkenntnis, dass weder die Hamburger Verlagslizenz sich bald realisieren lassen wird noch dass nach einer Entnazifizierung er selbst mit dem Erhalt einer Lizenz rechnen könnte.
Klinkhardt wird durch die Weihnachtsamnestie 1947 entnazifiziert. Umgehend beantragt er eine Gewerbeerlaubnis und erhält am 30. März 1948 die „Erlaubnis zur Errichtung einer Fachversandbuchhandlung in Bad Heilbrunn"[29], am 16. April 1948 ist Betriebsbeginn[30].
Klinkhardt unterrichtet am 2.4. Krämer über seinen formal neuen Berufsweg Versandbuchhandlung und seine Entnazifizierung.
Krämer versucht, noch Einfluss auf die Namensgebung der Verlagsbuchhandlung zu nehmen (vgl. 14.5.1948 Kr). Aber man erkennt aus dem Briefwechsel deutlich, dass Klinkhardt, je länger er aus Leipzig weg ist, sich immer mehr von seinem Stammhaus entfernt. Und er ist auch immer weniger bereit, Entscheidungen über seine Zukunft noch als Angelegenheiten zu sehen, die er ernsthaft mit seinem ehemaligen Prokuristen und jetzigen Verlagsleiter zu diskutieren wünscht. Der Leipziger Verlag interessiert ihn nicht mehr; sein Ziel ist ein Neuanfang im Westen. Er schreibt in diesem Zusammenhang an Krämer:

> „Zunächst einmal: Ich will die Firma nicht ins Leben rufen, sondern sie ist tatsächlich schon gegründet. Das bedeutet, daß sie bei den Behörden, beim Landesverband, bei der Industrie- und Handelskammer usw. gemeldet ist. ... Wenn ich nun den Namen Julius Klinkhardt gewählt habe, so ist das wohl überlegt worden und, – was ausdrücklich festgehalten werden soll – auch mit Herrn Dr.B. besprochen worden. Es soll damit u.a. zum Ausdruck kommen, daß ich die fachliche Arbeit, die ich als Verleger leistete, auf einem anderen Gebiet fortsetzen will. ... Wahrscheinlich machen Sie sich doch nicht ganz klar, daß mein Name das einzige, äußerlich sichtbare Aktivum ist, über das ich verfüge, nachdem ich aus der Leipziger Firma ausgeschieden bin." (18.5.1948 Kl)

Allerdings geht es der Buchhandlung ökonomisch nicht sonderlich gut. Klinkhardt lebt weiterhin hauptsächlich von den Lizenzeinnahmen. Zu diesem Zeitpunkt erhält er 25% der Einnahmen, die der Leipziger Verlag aus Lizenzeinnahmen im Westen erzielt.

---

29 Erlaubnis zur Errichtung einer Fachversandbuchhandlung in Bad Heilbrunn vom 30.3.1948.
30 Anmeldebescheinigung der Gemeinde Bad Heilbrunn.

5. 1950: Julius Klinkhardt, Bad Heilbrunn

1950 endlich kann Dr. Walther Klinkhardt einen Verlag gründen und damit wieder selbst verlegerisch tätig werden. Mit der Gründung der BRD und der Verkündung des Grundgesetzes im Mai 1949 ändern sich (trotz Besatzungsstatuts) für Klinkhardt die Rahmenbedingungen entscheidend. Das Grundgesetz verbietet eine Zensur und damit kann auch die von den Besatzungsmächten eingeführte Lizenzierungspraxis für Verlage nicht mehr fortgeführt werden. In einem Brief Klinkhardts vom 2.7.1949 an Dr. Büchner wird deutlich, wie sehr Klinkhardt auf das intendierte neue Pressegesetz wartet, von dem er sicher sein zu können glaubt, dass es ihm wieder eine verlegerische Tätigkeit ermöglichen wird:

> „Für meine Zukunft wesentlich ist aber die Tatsache, daß vor einigen Tagen auch im bayerischen Landtag das neue Pressegesetz verabschiedet wurde. Es sollte am 1. Juli in Kraft treten, sobald die Militärregierung ihre Zustimmung gegeben habe. Ganz so schnell ist es nun doch wohl nicht gegangen, aber an der Annahme braucht man sicher nicht zu zweifeln, nachdem ein erster Entwurf vor Monaten abgelehnt wurde und inzwischen Württemberg-Baden mit seinem in Kraft gesetzten Gesetz ein Muster geschaffen hat. Ich glaube sicher sein zu können, daß mir das neue Gesetz die Möglichkeit zu verlegerischer Tätigkeit unter eigenem Namen Julius Klinkhardt schafft. Ich weiß allerdings auch, daß mir das allein nichts nützt." (2.7.1949Kl)

Allerdings weiß er auch, dass für ihn die formale Möglichkeit, einen Verlag zu gründen, nicht ausreicht. Es fehlt ihm zu diesem Zeitpunkt ein Teil des Kapitals, das nötig wäre, in einem neu gegründeten Verlag eine ausreichende Produktion zu finanzieren.

Im November 1949 kommt es zu einer überraschenden Wendung. Dr. Büchner unterrichtet Klinkhardt davon, das Herr Kroch, ein Aktionär der Gesellschaft für Buchverlag AG, die vor dem Krieg am Julius Klinkhardt Verlag beteiligt war, Interesse an einer Beteiligung an einem Julius Klinkhardt Verlag hätte. Büchner versucht Klinkhardt davon zu überzeugen, dass die Gründung einer Kommanditgesellschaft, mit Herrn Kroch als einem der Gesellschafter, durch eine entsprechende Einlage Krochs Klinkhardts Problem des Kapitalmangels lösen könnte. Und er macht ihm deutlich, dass durch einen entsprechend verhandelten Gesellschaftervertrag eine zukünftige völlige Unabhängigkeit der Verlags-KG von familienfremden Gesellschaftern durchaus möglich wäre:

> „Inzwischen hat mich Herr Kroch angefragt, was aus dem Verlag Jul. Klinkhardt geworden sei. Er glaubt Wiedergutmachungsansprüche auf Wiederherstellung des früheren Zustandes, d.h. eine Beteiligung bei Jul. Klinkhardt Verlagsbuchhandlung zu haben. Da er weiß, daß ich mit Ihnen sehr befreundet bin, hat er mir schon vorgeschlagen, daß seine Vertretung in dieser Sache nicht durch mich erfolgen sollte. Ich würde auch wegen der beiderseitigen Beziehungen in dieser Sache höchstens vermitteln, keinesfalls für eine der beiden Seiten anwaltlich tätig werden: Im Sinne der

Vermittlung scheint mir aber wirklich angesichts ihrer Kapitalnot der Gedanke wertvoll, ob Sie nicht zwei Fliegen mit einer Klappe schlagen würden, wenn sie eine Verständigung mit Kroch eingehen, bei der Ihnen ja von dieser Seite dann eine Kommanditeinlage zur Verfügung gestellt werden müßte, und durch einen entsprechenden Gesellschaftsvertrag sich Ihre Interessen sowie Ihre spätere völlige Unabhängigkeit sichern. Die Verhältnisse sind ja heute ganz andere, denn Kroch ist nicht hier und menschlichem Ermessen nach würde für die nächsten Jahre die Wahrung der Kroch'schen Interessen in meinen Händen liegen oder weitgehend durch mich beeinflußt werden. Ich könnte mir denken, daß man einen Weg finden könnte, der sowohl Ihren Interessen Rechnung trägt und Ihnen jetzt den Start ermöglicht, während andererseits das Kroch'sche Interesse, wie er es sieht, gewahrt wird. Es ist nicht zu verkennen, daß Kroch die Beteiligung bei Ihnen durch die Gesellschaft für Buchverlag AG. nicht so schnell und auch nicht zu den Bedingungen aufgegeben hätte, wenn nicht der politische Druck Veranlassung gewesen wäre. Auch hier hätte ich gern Ihre Ansicht gehört." (28.11.1949. Bü)

Büchner begründet das Interesse Krochs an einer Beteiligung mit Wiedergutmachungsansprüchen. Ob Klinkhardt an einer Arisierung der Gesellschaft für Buchverlag AG beteiligt war, lässt sich nicht rekonstruieren. Aufgrund der üblichen Abläufe dieser Arisierungsprozesse hätte er aber sicher einen Vorteil davon gehabt.

Allerdings werden diese Mitteilungen Büchners konterkariert durch seine Äußerungen in einem späteren Brief an Klinkhardt, geschrieben im September 1950, als der Verlag aufgrund der noch geringen Umsatzmöglichkeiten Kapitalprobleme hat und Büchner in seiner Funktion als Aufsichtsratsvorsitzender der Vereinigten Grundstücksgesellschaften AG Einsparvorschläge macht. Er schreibt:

„Ich habe mich selbst bei Herrn Kroch für die Beteiligung der Vereinigten Grundstücksgesellschaften AG bei Ihnen persönlich eingesetzt und bin für diese Beteiligung persönlich verantwortlich. Ich habe es nur getan, um Ihnen freundschaftlichst die Möglichkeit eines Wiederaufbaus zu geben." (8.9.1950 Bü)

Gab es also überhaupt Wiedergutmachungsansprüche? Wäre in diesem Falle eine Beteiligung eine ernstzunehmende Entschädigung gewesen? Es wäre eine Lösung im Rahmen der in den Westzonen üblichen „bürgerlichen" Vorgehensweise gewesen, die Wiedergutmachung im Rahmen des Bürgerlichen Gesetzbuches versuchte. Die nicht offizielle Anmeldung solcher Ansprüche reflektiert die Problematik, dass keineswegs eindeutig geklärt war, welche Eigentumsverschiebungen unter Wiedergutmachungsansprüche fallen konnten.[31] Oder möchte Büchner dem Freund das benötigte Kapital vermitteln? Am 22. Februar 1950 teilt Büchner Klinkhardt mit, dass er Aufsichtsratsvorsitzender der Vereinigten Grundstücksgesellschaften AG Hamburg wäre, einer Gesellschaft, deren Hauptaktionär Herr Kroch sei und dass diese bereit wäre, eine Kommanditbeteiligung bei der Julius Klinkhardt Versandbuchhandlung zu tätigen. Hinsichtlich eines geplan-

---

31 Vgl. Goschler: Schuld und Schulden, S. 100-124.

ten Verlages müsse er aber auf zwei getrennten Firmen, einer Julius Klinkhardt Buchhandlung und einem Julius Klinkhardt Verlag bestehen.
Klinkhardt geht darauf nicht ein, sondern schafft vollendete Tatsachen. Am 16.3.1950 lässt er im Handelsregister die Firma Julius Klinkhardt, Bad Heilbrunn (Verlag, Buchhandlung und Versandbuchhandlung) eintragen.[32] Damit war der heute noch bestehende Verlag im Westen neu gegründet.
Ein Kommanditvertrag mit der Vereinigten Grundstücksgesellschaften AG wird erst im Mai 1950 geschlossen.
Zu diesem Zeitpunkt läßt Klinkhardt vier Titel herstellen: *Huber, Allgemeine Unterrichtslehre, Huber/Prestel, Unterrichtsführung und Unterrichtsgestaltung in Volksschulfächern, Kühnel, Neubau des Rechenunterrichts* und *Hildebrand, Vom deutschen Sprachunterricht*. Es scheinen dies die ersten vier Titel zu sein, die der Julius Klinkhardt Verlag, Bad Heilbrunn, hergestellt hat.
Es geht dem Verlag in den ersten Jahren nicht glänzend, auch aufgrund unglücklicher Lizenzverträge, aber er wächst allmählich.
Auch die zu dieser Zeit nur noch dahin dümpelnde Julius Klinkhardt GmbH, Leipzig trägt zum Wachsen des Klinkhardt Verlages, Bad Heilbrunn, bei. 1947 hatte Erich Krämer den Verlag Dr. Werner Klinkhardt, Leipzig, für die GmbH erworben, konnte aber die erworbenen Rechte in der DDR nicht nutzen. Nun sieht Dr. Walther Klinkhardt die Möglichkeit, das in diesem Verlag erschienene umfangreiche wissenschaftliche Tafelwerk „Die Pilze Mitteleuropas" neu aufzulegen bzw. durch neue Bände fortzuführen. Eine entsprechende Anfrage bei Erich Krämer in Leipzig hinsichtlich einer teilweisen Rechteübertragung veranlasst diesen zu dem Eingeständnis, die Interessen der Autoren durch eine Veröffentlichung des Werkes nicht vertreten zu können:

„Die Übernahme geschah im Jahre 1947, also zu einem Zeitpunkt, an dem Sie bereits aus der Firma ausgeschieden waren. Bei der gegenwärtigen Lage des hiesigen Verlages wie der politischen Situation kann nicht daran gedacht werden, Ihnen anteilige Verlagsrechte daran abzutreten, da dies gegen die geltenden Bestimmungen verstoßen würde. Wie die Dinge liegen, bin ich nicht in der Lage, die Verlagsarbeiten im Interesse der Autoren fortzuführen und kann diese Mitarbeiter, die sich restlos außerhalb der DDR befinden, auch nicht zwingen, mit der GmbH zusammen zu arbeiten. Wenn sie sich also an Sie wenden, und Sie ihnen verlegerische Hilfe angedeihen lassen, so werde ich das weder verhindern können noch wollen." (5.7.1952 Kr)

Dr. Walther Klinkhardt verlegte dieses Tafelwerk und es wurde ein früher verlegerischer und kaufmännischer Erfolg des neuen Julius Klinkhardt Verlages; es ist ein Titel, der obwohl lange vergriffen, noch heute hin und wieder angefragt wird.

---

32 Handelsregister Neueintrag Julius Klinkhardt, Bad Heilbrunn (Verlag, Buchhandlung und Versandbuchhandlung), veröffentlicht im Bundesanzeiger und öffentlichen Anzeiger für das vereinigte Wirtschaftsgebiet am 4.4.1950.

Literatur

Ungedruckte Quellen

Familienarchiv Klinkhardt
Antrag auf Ersatzleistung für Sachschäden an beweglichen Gegenständen gemäß der Kriegssachschädenverordnung vom 30. November 1940.
Arbeitszeugnis vom 8.8.1947 (Bad Tölz Post Exchange).
Bescheinigung vom 8.5.1946 (Julius Klinkhardt Verlagsbuchhandlung in Leipzig).
Military Government of Germany. Fragebogen. (Ausgefüllt von Dr. Julius Walther Klinkhardt 27.3.1946, Abschrift).
Antrag auf Ausstellung eines Ausweises für Vertriebene und Flüchtlinge (undatiert, vermutlich 1954).
Anlage zu Punkt 25a des Antrages auf Ausstellung eines Ausweises für Vertriebene und Flüchtlinge (undatiert, vermutlich 1954).

Verlagsarchiv
Briefwechsel Walther Julius Klinkhardt – Erich Krämer (1946-1960).
Briefwechsel Walther Julius Klinkhardt – Dr. Felix Büchner (1946-55).
Anmeldebescheinigung zur Errichtung einer Fachversandbuchhandlung der Gemeinde Bad Heilbrunn.
Erlaubnis gemäß Gesetz Nr. 42 über die Errichtung gewerblicher Unternehmen vom 23.9.1946 der Regierung von Oberbayern zur Errichtung einer Fachversandbuchhandlung in Bad Heilbrunn vom 30.3.1948.
Denkschrift für das Volksbildungsamt, Abt. Buch- und Bibliothekswesen beim Oberbürgermeister der Stadt Leipzig zum Lizenzierungsantrag vom 7.6.1946.
Protokoll zur Besprechung mit dem Vizepräsidenten in der Deutschen Zentralverwaltung für Volksbildung in der SBZ am 6.1.1948.
Gesellschaftervertrag Julius Klinkhardt Verlagsbuchhandlung mit beschränkter Haftung, Sitz Hamburg.
Gesellschaftervertrag Julius Klinkhardt Verlagsbuchhandlung mit beschränkter Haftung, Sitz Leipzig.

Gedruckte Quellen

Anordnung über Beschäftigung im Gesamtbuchhandel und dem gewerblichen Leihbüchereiwesen vom 11. April 1946. In: Amtliche Nachrichten der Landesverwaltung Sachsen 1 (1946). S. 19.

Forschungsliteratur
Broszat, Martin und Hermann Weber (Hrsg.): SBZ-Handbuch. Staatliche Verwaltungen, Parteien, gesellschaftliche Organisationen und ihre Führungskräfte in der Sowjetischen Besatzungszone Deutschlands 1945-1949. München 1990.
Foitzik, Jan: Sowjetische Militäradministration in Deutschland (SMAD). In: Martin Broszat und Hermann Weber (Hrsg.): SBZ-Handbuch. Staatliche Verwaltung, Parteien, gesellschaftliche Organisationen und ihre Führungskräfte in der Sowjetischen Besatzungszone Deutschlands 1945-1949. München 1990. S. 7-69.

Foitzik, Jan: Sowjetische Militäradministration in Deutschland (SMAD) 1945-1949. Struktur und Funktion. Berlin 1999. (=Zeitgeschichte Bd. 44).
Goschler, Constatin: Schuld und Schulden. Die Politik der Wiedergutmachung für NS-Verfolgte seit 1945. Göttingen 2005.
Keiderling, Thomas: F.A. Brockhaus 1905-2005. Leipzig/Mannheim 2005.
Müller, Werner: Freier Deutscher Gewerkschaftsbund (FDGB). In: Martin Broszat und Hermann Weber (Hrsg.): SBZ-Handbuch. Staatliche Verwaltung, Parteien, gesellschaftliche Organisationen und ihre Führungskräfte in der Sowjetischen Besatzungszone Deutschlands 1945-1949. München 1990. S. 626-664.
Welsh, Helga A.: Deutsche Zentralverwaltung für Volksbildung. In: Martin Broszat und Hermann Weber (Hrsg.): SBZ-Handbuch. Staatliche Verwaltung, Parteien, gesellschaftliche Organisationen und ihre Führungskräfte in der Sowjetischen Besatzungszone Deutschlands 1945-1949. München 1990. S. 229-238.
Weber, Hermann: Geschichte der DDR. München, aktualisierte und erweiterte Neuausgabe 1999.
Widmann, Hans: Geschichte des Buchhandels. Vom Altertum bis zur Gegenwart. Teil 1: Zur Erfindung des Buchdrucks sowie Geschichte des deutschen Buchhandels. Wiesbaden, völlige Neubearbeitung der Auflage von 1952, 1975.
Wille, Manfred: Entnazifizierung in der Sowjetischen Besatzungszone Deutschlands 1945-1948. Magdeburg 1993.
Zank, Wolfgang: Wirtschaftsplanung und Bewirtschaftung in der Sowjetischen Besatzungszone – Besonderheiten und Parallelen im Vergleich zum westlichen Besatzungsgebiet. In: Vierteljahrschrift für Sozial- und Wirtschaftsgeschichte 71 (1984), S. 485-504.
Zernecke, Ariane: Die Mandoline in der DDR – eine Bestandsaufnahme. (Examensarbeit zur Staatlichen Prüfung für Musikerzieher 1999). Fuldabrück 2002.

Klinkhardts
Pädagogische Quellentexte –
ein kreativer Prozess
Andreas Klinkhardt

Der Verlag Julius Klinkhardt gab von 1960 bis 1999 die Reihe „Klinkhardts Pädagogische Quellentexte" heraus. In ihr erschienen Quellentexte bedeutender Pädagogen und problemgeschichtliche Textsammlungen zum Einsatz im Studium der Erziehungswissenschaft[1]. Die ersten Reihentitel kamen 1960 auf den Markt. Bis heute sind einzelne Titel lieferbar, den letzten Nachdruck gab es im Jahre 1999. Insgesamt wurden 100 Titel publiziert; in den Jahren 1960 bis 2000 konnten ca. 430.000 Exemplare abgesetzt werden.
Es handelte sich um ein kaufmännisch außergewöhnlich erfolgreiches Projekt von Quelleneditionen. Die Reihe prägte für viele Jahre das Gesicht des Verlags in der Fachwelt.

Der folgende Text vollzieht auf der Basis der im Verlagsarchiv dokumentierten Briefe und Gesprächsnotizen[2] die Entwicklung der Reihe von der Idee 1954 bis zum Erscheinen des ersten Bandes[3]. Neben der Dokumentation des Planungsablaufs werden kreative und kommunikative Muster kommentiert.

---

1 Die Beschäftigung mit der Geschichte der Pädagogik spielte im Lehramtsstudium und im Studium der Allgemeinen Pädagogik in den 60er und 70er Jahren des vergangenen Jahrhunderts eine zentrale Rolle.
2 Weitere Informationen gab Michael Klinkhardt, der Dr. Walther Klinkhardt gemeinsam mit Peter Klinkhardt in der Unternehmensleitung folgte. Bibliographische Daten kamen aus dem Band „Erziehungswisssenschaft in Deutschland im 20. Jahrhundert" von Klaus Peter Horn, Verlagsdaten aus der „Dokumentation deutschsprachiger Verlage" und der Festschrift „1. Mai 1984: 150 Jahre Pädagogik".
3 Er basiert auf einem während der Tagung „Edieren und Editionen bildungshistorischer Quellen" in Zürich am 2.12.2006 gehaltenen Vortrag.

Das erste Mal taucht die Idee zur Reihe im Jahr 1954 im Verlagsbriefwechsel auf. Theo Dietrich[4] skizziert am 10.10.1954 brieflich an Walther Klinkhardt[5] die Idee einer Reihe mit Quellentexten für das Seminar oder zum Einbau in Vorlesungen. Nach einer Einordnung in das Konkurrenzumfeld (Stalling, Oldenburg[6], oder Auer, Donauwörth[7], publizieren Quellentexte) schreibt er: „Ich selbst wäre interessiert an Heften im Umfang von 30 Seiten, evtl. auch Doppelheften, die Auszüge von Pädagogen enthalten, die die betreffende Periode charakterisieren."
Beispielhaft nennt er für das Altertum Quintilian, für die Renaissance Erasmus, für die Reformation Luther, für die Aufklärung Salzmann, und für die Gegenwart Grisebach[8]. Verschiedene Pädagogen als Herausgeber sollen gewonnen werden, diese sollen zugleich den Absatz unterstützen. In jedem Fall unbedingt nötig sei: „Pestalozzi, hier die Abendstunde, der Stanser Brief und eine Neujahrsrede".
Walther Klinkhardt bestätigt den Brief am 21.10.1954: „Der Gedanke, Geschichtspädagogische Quellentexte herauszubringen hat mich schon in früheren Jahren bewegt".
Er erklärt zugleich, dass die finanziellen Reserven des Verlages durch die Reihe „Pädagogische Abrisse"[9] zu sehr beansprucht seien. Er könne den Plan im Moment nicht verfolgen, er habe Verständnis, falls sich Dietrich anders orientiere und würde sich sehr freuen, wenn zu einem späteren Zeitpunkt die Planung neu aufgenommen werden könnte.

Der Verlag kann sich die Investition in die Reihe aus finanziellen Gründen nicht erlauben. Aus dem Leipziger Unternehmen konnten in den Jahren nach 1945 keine Mittel nach Bad Heilbrunn gerettet werden. Der Verlag musste seinen Start durch den Verkauf von Lizenzen an Kollegen finanzieren, Reserven waren nicht vorhanden.

Im Jahre 1955 ist kein Briefwechsel und kein Kontakt dokumentiert.

Nach Archivlage wurde in der Zeit insgesamt sehr wenig telefoniert. Allerdings gibt es gelegentlich Lücken im Briefwechsel und Verweise in Briefen auf im Archiv nicht dokumentierte Briefe, Telefonate und Treffen. Nicht zugänglich ist der Briefwechsel der Autoren bzw. Herausgeber untereinander.

---

4 Theo Dietrich, Prof. Dr., damals Professor an der Pädagogischen Hochschule Bremen, 1917-2003.
5 Walther Julius Klinkhardt, Dr. , 1899-1968, Verleger von 1929 bis 1968.
6 Verlag Gerhard Stalling, Oldenburg, gegr. 1789, später Niederdeutsches Verlagshaus (?), heute nicht mehr existent.
7 Auer Verlag, Donauwörth, gegr. 1875, heute Teil der Klett-Gruppe.
8 Eberhard Grisebach, Prof. Dr., Hochschullehrer, 1880-1945, im Briefwechsel Griesebach.
9 „Klinkhardts Pädagogische Abrisse", erschienen von 1950-1973 mit 15 Titeln.

Im Juli 1956 trifft sich der Verleger mit Prof. Dr. Ludwig Kiehn[10] in Hamburg..
Bei diesem Treffen entsteht die Idee, Pädagogische Texte in Form von Lesebogen[11] herauszubringen. Walther Klinkhardt möchte pädagogische Quellentexte in der Form dieser Lesebogen für Studierende herausbringen und erwähnt die Idee von Theo Dietrich.
Am 20.08. schreibt er einen Brief an Theo Dietrich, in dem er von seiner Unterredung mit Professor Kiehn erzählt, während der die Idee zur Herausgabe pädagogischer Texte in der Art der Lesebogen entstanden sei. Er vermutet, dass dieses Vorhaben mit Dietrichs Idee zusammenpasse und lädt ihn zur Zusammenarbeit ein. Die Rahmenbedingungen einer solchen Reihe konkretisiert er wie folgt:
„Sie dachten an Hefte im Umfang von etwa 30 Seiten und ich an einfache Bogen mit 16 und an Doppelbogen mit 32 Seiten Umfang. Die Ausstattung könnte ganz einfach in der Art meiner Lesebögen für Schüler sein, von denen ich Ihnen ein Muster übersende. Da die Auflage natürlich nicht so hoch sein kann, wäre allerdings ein so niedriger Preis nicht zu erreichen. Ich prüfte inzwischen die Herstellungskosten nach und kam zu den nachstehenden, vorläufig völlig unverbindlichen Preisen: Einzelbogen 50 Pfennig, bei Mengenbezug 40 Pfennig. Doppelbogen 90 Pfennig, bei Mengenbezug 75 Pfennig."
Weiter unten kommt: „Den Hinzutritt von Herrn Prof. Kiehn werden Sie sicher begrüßen", und nicht zuletzt bittet er um Zurückhaltung in Honorarfragen.
Am 07.09.1956 schreibt Ludwig Kiehn an Dr. Walther Klinkhardt, dass er grundsätzlich interessiert, aber völlig überlastet sei und daher vorschlage, Rudolf Lochner[12] aus Lüneburg statt seiner als Mitherausgeber einzuplanen. Weiter ist für das Jahr 1956 nichts dokumentiert. Theo Dietrich reagiert nicht.

---

10 Ludwig Kiehn, Prof. Dr., damals pl.a.o. Professor f. Berufspädagogik, Universität Hamburg, 1902-1984. Ludwig Kiehn war ein renommierter Berufspädagoge, der den Verlag damals in vielfältiger Hinsicht beriet. Meistens geht es um Autorengewinnungen, gelegentlich auch um die Einschätzung von Projekten.
11 „Klinkhardts Lesebogen zur Geschichte", auch „Lese- und Arbeitsbogen für die Landjugend", hg. von Professor Franz Huber, München. Lesebogen waren ein Versuch des Verlages, in Anknüpfung an die Tradition des Leipziger Stammverlages günstige Texte für die Hand von Schülern bereitzustellen. Es waren Blätter mit Rückstichheftung, einfachem Papier aber durchaus aufwändig illustriert. Sie erschienen von 1955 bis 1962, die Lese- und Arbeitsbogen für die Landjugend in Kooperation mit dem Bayerischen Landwirtschaftsverlag, Bonn – München – Wien.
12 Rudolf Lochner, Prof. Dr., damals Prof. f. Pädagogik, Päd. Hochschule Lüneburg, 1895-1978.

Interessant ist, dass die Idee jetzt realisierbar ist, dass aber zugleich die Findung der Herausgeber eher zufällig zu sein scheint.
Im Gespräch mit Ludwig Kiehn in Hamburg entwickelt sich ungeplant eigene Kreativität.
Dies scheint typisch für viele kreative Prozesse in der Verlagsarbeit zu sein: man sitzt zusammen, entwickelt Ideen und Sympathie und endet gelegentlich mit völlig überraschenden Ergebnissen.
Dennoch ist die Einladung von Professor Kiehn in die Reihenplanung problematisch: Er ist fachlich nicht ausgewiesen als Historiker. Dietrich und Kiehn kennen sich nicht. Der Verlag kann nicht einschätzen, ob die beiden zu einer guten Zusammenarbeit kommen können.

Im Januar 1957 schreibt der Verleger Theo Dietrich an und bittet um eine „Interessensbekundung", da er sich ansonsten anderweitig orientieren müsse.
Dieser antwortet am 22.01.1957:
„Grundsätzlich stehe ich weiterhin zu meinem damaligen Vorschlag (also von 1954). Eine Besprechung mit meinem Kollegen vor einigen Tagen über die Planung des Sommersemesters 1957 hat den Mangel von geschichtspädagogischen Quellentexten aufgezeigt."
Theo Dietrich verweist auf umfangreiche Konkurrenz, so gäbe es ähnliche Projekte in den Verlagen Küpper[13] und Diederichs[14]. Er glaubt dennoch, dass man die Reihenüberlegungen bei Klinkhardt fortführen sollte, da die Quellen des Küpper Verlages zu teuer für Studierende seien.
Theo Dietrich schreibt:
„Der Student wird bei der heutigen ökonomischen Einstellung fragen: Weshalb soll ich dafür nahezu DM 12,00 ausgeben?" In diesem Zusammenhang beklagt er eine „Häppchenpädagogik" im erziehungswissenschaftlichen Bereich.
Unter Verweis auf eine Reihe des Stalling Verlags schlägt Dietrich die Herausgabe von Doppelbogen, also 32 Seiten, eventuell bei einem Pädagogen vom Range Pestalozzis auch zwei Doppelbogen vor. Er regt an, dass bereits beim Erscheinen jedes Bandes die komplette Reihe auf Buchumschlägen und in der Verlagswerbung kommuniziert werden sollte. Wichtig ist ihm auch, dass Quellen der Gegenwart erscheinen. Die ersten Bände könnten schon im Sommersemester 1957 vorliegen.

---

13 Helmut Küpper Verlag, Düsseldorf u. München, gegr. 1895, 1978 von der Klett-Gruppe erworben. Die Reihe hieß „Pädagogische Texte", hg. von Wilhelm Flitner.
14 Eugen Diederichs Verlag, gegr. 1896, Düsseldorf, heute Imprint Verlag der Hugendubel-Gruppe. Vermutlich aber Verwechslung mit der Dieterich'schen Verlagsbuchhandlung, gegr. 1765, Mainz.

Die Mitarbeit von Ludwig Kiehn begrüßt er und schlägt ein gemeinsames Treffen vor. Er bittet zuletzt noch einmal um eine grundsätzliche Interessensbestätigung des Verlages.

Eine Bemerkung zur Rolle Theo Dietrichs an dieser Stelle:

> Theo Dietrich kann in diesem Briefwechsel als kreativ, immer wieder antreibend, immer wieder den Faden geduldig aufnehmend erlebt werden. Er hat die Idee, er verteidigt sie und ist zugleich immer verhandlungsbereit. Andererseits ist er auch ein Zweifler, er will Konzepte ständig überprüfen, und er kann nur schlecht zu einer letzten Entscheidung kommen. Im Verlag – und er schloß enge Freundschaft mit drei Generationen – war er berüchtigt für seine Autorenkorrekturen.

Am 29.01. beantwortet Walther Klinkhardt das Schreiben. Auch er ist bereit, die Bände schon zum Sommersemester 1957 zu publizieren. Der Kreis der Herausgeber muss „schnellstens" gefunden werden und „unverzüglich" müssen Textauswahl, Ausstattung und Ladenpreise festgelegt werden.

In diesem Zusammenhang bittet er um ein persönliches Gespräch, am besten in Hamburg bei Prof. Kiehn. Ein möglicher weiterer Herausgeber[15] sei Josef Derbolav[16] aus Bonn. Prof. Derbolav hat in einem Band „Aufgaben deutscher Forschung auf dem Gebiet der Geisteswissenschaften"[17], herausgegeben von Leo Brandt[18], die Pädagogik behandelt und hier die Herausgabe von Quellentexten gefordert.

Seinem Schreiben liegt eine Abschrift aus diesem Band bei:
„Dem historisch an der Pädagogik Interessierten sind die zahlreichen Reihen pädagogischer Klassiker aus der zweiten Hälfte des vergangenen Jahrhunderts kaum oder meist nur partiell greifbar. Vieles davon ist andererseits recht veraltet. Hier würde sich eine sachkundige Editionstätigkeit, die darüber hinaus durch Kommentierung und Interpretation die echte Auseinandersetzung mit der pädagogischen Tradition im Sinne eines fruchtbaren Ausgleichs mit der Gegenwart in Gang zu bringen hätte, ohne Zweifel große Verdienste erwerben."
Walther Klinkhardt bemerkt, dass die von Derbolav geforderte Kommentierung und Interpretation das Ziel der Billigkeit störe. Ein solches „Beiwerk" dürfte je-

---

15 Hier soll Josef Derbolav eingeladen werden, an späterer Stelle Rudolf Lochner. Direkte Anfragen bzw. Absagen sind in beiden Fällen im Verlagsarchiv nicht auffindbar.
16 Derbolav, Josef, Prof. Dr., damals Ord. Prof. f. Pädagogik u. Philosophie, Universität Bonn, 1912-1987.
17 Leo Brandt (Hg.): „Aufgaben deutscher Forschung. Bd. 1. Geisteswissenschaften", Opladen (Westdeutscher Verlag), 1956².
18 Leo Brandt, Prof., Staatssekretär Nordrhein-Westfalen, 1908-1971.

denfalls den Umfang nur in engsten Grenzen erhöhen. Zugleich schlägt er vor (wir sind im Jahre 1957), vollständig auf einen Umschlag zu verzichten:
„Der Kartonumschlag beeinflußt bei einem so geringen Umfang aber die Herstellungskosten unverhältnismäßig stark. Ich weiß nicht, ob wir nicht den Mut zu der einfachen Ausstattung haben sollten, die ich in meinem Brief vom 20.08.1956 für möglich hielt."
Im Zusammenhang mit der Kostenfrage problematisiert er auch die Aufnahme zeitgenössischer Texte, da hierfür Honorar bezahlt werden muss.

> Der Verleger problematisiert sofort den von ihm selbst eingeführten Konzeptentwurf von Derbolav an den Stellen, die das Unternehmen vergrößern können. Die Herausgeber sollen dadurch die engen wirtschaftlichen Rahmenbedingungen bei jeder Planung im Auge behalten.
> Zugleich soll der Derbolav-Text die Herausgeber auch in ihrem wissenschaftlichen Umfeld motivieren. Für den Verlag gilt weiterhin das Vorbild der Lesebogen. Auf erste Zweifel von Dietrich (Häppchenpädagogik) an der Konzeption wird nicht eingegangen. Aus heutiger Sicht überrascht auch die Bezeichnung der wissenschaftlichen Kommentare und Interpretationen als „Beiwerk".

In den nächsten Wochen werden immer wieder Briefe zwischen Theo Dietrich, Ludwig Kiehn und dem Verlag gewechselt, in denen es vor allem um Terminabsprachen geht. Am 6.2.1957 allerdings schlägt Theo Dietrich die Hereinnahme von Prof. Dr. Rudolf Lochner und Prof. Dr. Albert Reble[19] in den Kreis der Reihenherausgeber vor. Er versichert, dass ihm Ludwig Kiehn hier freie Hand gebe. In dieser Zeit gibt es im Verlagsarchiv einen umfangreichen Briefwechsel mit Ludwig Kiehn zu den unterschiedlichsten Themen. Ludwig Kiehn erklärt immer wieder, dass er Theo Dietrich freie Hand lasse und dass er auch bereit sei, zu Gunsten anderer Kollegen wie Rudolf Lochner oder Albert Reble zurückzutreten.
Am 18. und 20. Februar 1957 findet ein persönliches Treffen statt, in dem Theo Dietrich einen ersten Aufriss einer Quellensammlung vorschlägt. Er plant mit zwei Reihen
– Klassiker der Pädagogik
– Problemgeschichtliche Bogen
mit einem Umfang von 32 Seiten pro Heft, das Heft soll einen Kartonumschlag erhalten, der Ladenpreis soll DM 1,20 betragen. Theo Dietrich soll Albert Reble und Rudolf Lochner zur Zusammenarbeit einladen. Möglichst sollten bis zum

---

19 Albert Reble, Prof. Dr., 1910-2000, damals Ord. Professor für Pädagogik an der Pädagogischen Akademie Bielefeld. Albert Reble hatte eine vielbeachtete „Geschichte der Pädagogik" im Klett Verlag vorgelegt, die heute noch lieferbar ist.

Sommersemester die ersten Hefte vorliegen. Die Auflagenhöhen sollen sich zwischen 2000 und 4500 Exemplaren bewegen. Der Verleger bietet ein Honorar von DM 150,00 pro Doppelbogen an, das Ludwig Kiehn als gering empfindet. Am 27.02.1957 schreibt Theo Dietrich, dass die Herren Lochner und Reble an der Reihe „sehr interessiert und auch zur Mitarbeit bereit" sind. Er schreibt weiter: „Sie sind aber der Meinung, dass ein Umfang von 2 Druckbogen für eine gediegene Arbeit nicht ausreicht." Andererseits halten die genannten Herren die im Verlag Küpper erschienenen Ausgaben für zu umfangreich. Gemeinsam mit Ludwig Kiehn bittet Theo Dietrich den Verleger über Umfänge von vier bis sechs Bögen nachzudenken. Der Preis wäre dann immer noch tragbar für Studierende und statt der projektierten zehn Hefte könnte man ja nur 5 vorlegen. Mit Schreiben vom 12.03.1957 antwortet Walther Klinkhardt äußerst kritisch: „Bei seiner Planung für die pädagogischen Quellentexte wollte der Verlag schon rein äußerlich einen neuen Weg dadurch beschreiten, dass die Texte in Heften von 1 bis 2 Bogen Umfang und in einfachster Ausstattung herauskommen sollten. In unserer Hamburger Besprechung habe ich mich überzeugen lassen, daß 2 Bogen doch nicht unterschritten werden können, und mich auch mit den Gedanken von Doppelbogen vertraut gemacht. Der Wunsch der Herren Lochner und Reble, dem Sie sich anschließen, stellt den Plan aber in mehr als einer Hinsicht auf eine ganz andere Ebene".

Es geht dann weiter:

„Die Grundidee wird aber bestimmt gestört und diese bestand darin, die Hefte zu einem so niedrigen Preis herauszubringen, dass dieser überhaupt keine Rolle spielt und gleichzeitig auch dazu anregte, nacheinander wenigstens die meisten Nummern der Sammlung anzuschaffen".

Er verweist darauf, dass ein so vergrößertes Projekt „aber weit über das hinaus gehen wird, was sich der Verlag vorgenommen hatte". Es dadurch zu verkleinern, dass nicht alle Nummern angezeigt werden, hieße auch wieder den Grundgedanken verlassen, der gerade in einer sehr reichen Auswahl liegen sollte. Ich zitiere abschließend:

„Es ist nicht meine Absicht, den sicher wohl erwogenen Vorschlag der Herren mit einer glatten Absage zu beantworten. Gleichzeitig möchte ich zu erwägen geben, ob sich nicht ein mittlerer Weg dadurch finden ließe?"

> Es gibt einen echten Dissens zwischen Verlag und Herausgebern. Der Verleger scheint seiner Vorstellung von den Lesebogen treu bleiben zu wollen, die auch seiner Problemlage und Erfahrung entsprechen. Es gibt wenig Geld bei Anbietern (also ihm) und Nachfragern. Außerdem hat er ein bewährtes und in einem ähnlichen Markt erfolgreiches Konzept, von dem er sich nicht lösen möchte.

Die Herausgeber interpretieren die Lage völlig anders: Die Kaufkraft der Studenten steigt, die wissenschaftlichen Ansprüche werden angehoben und einander angeglichen, die Knappheit der ersten Nachkriegsjahre – die noch in dem Schreiben von Theo Dietrich von 1954 thematisiert wird – scheint ihnen ausgestanden zu sein.

Theo Dietrich bestätigt das Schreiben am 15.April und kündigt eine Stellungnahme an. Am 29.Mai und am 09.Juli erinnert Walther Klinkhardt an diese Stellungnahme.

Theo Dietrich schreibt am 20.07.1957 und erklärt, dass er sich nicht gemeldet habe, da eine Abstimmung mit Ludwig Kiehn fehle. Dieser habe einen längeren Brief zugesagt, der nicht komme. Theo Dietrich verweist auf die Arbeit im Seminar und erklärt, dass Studierende keineswegs Probleme haben, auch höhere Preise zu bezahlen. Er schreibt weiterhin – ich zitiere:

„Ich bezweifle, daß wir mit unseren kleinen 2-Bogen-Blättchen den Widerhall der Kollegen finden. Herr Reble – einer der bedeutendsten Fachleute auf dem Gebiet der Geschichte der Pädagogik – hat es rundweg abgelehnt, sich an einem solchen pseudowissenschaftlichen Unternehmen zu beteiligen.

Überlegen wir uns, dass solche Urteile – öffentlich ausgesprochen – für Verlag wie für Herausgeber kein empfehlenswertes Zeugnis sind. Solche Urteile werden auch den Absatz beeinträchtigen."

Zugleich stellt er aber auch fest, dass weiterhin Quellentexte für Studierende fehlen. Er hat Verständnis für die Bedenken des Verlages und regt ein persönliches Treffen an.

Es gibt weiteren Briefwechsel, in dem man erfolglos die Umfangfrage verhandelt. Walther Klinkhardt möchte nicht den Vorwurf auf sich nehmen, pseudowissenschaftliche Veröffentlichungen herauszubringen, er möchte auch keine Häppchenkost herausbringen und er ist bereit, über 4 oder 6 Bogen zu verhandeln. Von seiner Vorstellung der Lesebögen kann er sich andererseits nicht lösen. Eine Verständigung kommt nicht zustande.

Dietrich und Kiehn führen als neues und zentrales Argument die Akzeptanz der Fachkollegen in die Planung ein. Der Verleger reagiert hierauf kaum.

Am 1. Januar 1958 berichtet Ludwig Kiehn brieflich von der Kritik seiner Hamburger Kollegen und von einer ganzen Anzahl neuer Planungen von Quellentextreihen bei den Verlagen Beltz[20] und Schöningh[21]. Er erwähnt, dass der geplante niedrige Preis verbunden mit geringem Umfang und bescheidener Ausstattung

---

20 Julius Beltz Verlag, gegr. 1841 in Langensalza, heute Weinheim.
21 Verlag Ferdinand Schöningh, Paderborn, gegr. 1847.

nicht mehr nötig sei, da die Studenten durch das Bad Honnefer Modell[22] deutlich mehr Kaufkraft entwickelten. Gemeinsam mit Theo Dietrich schlägt er vor, das Projekt zunächst zurückzustellen, die Marktentwicklung abzuwarten und möglicherweise zu einem späteren Zeitpunkt wieder aufzugreifen.
Am 28.08.1958 schreibt Theo Dietrich an Walther Klinkhardt unter anderem, dass die Ausstattung der 2-Bogen-Hefte auch von ihm als zu mager empfunden werde und die Konkurrenz durch Schöningh zu stark sei. Er resümiert: „Daher ist es gut, dass wir nichts unternommen haben".
Am 29.01.1958 gibt es den ersten Brief von Albert Reble an Walther Klinkhardt, der u.a. seine Ablehnung des Projekts Quellentexte bei Klinkhardt mit dem „außerordentlich beschränkte(m) Umfang der einzelnen Texte" begründet. Die Quellentextplanung scheint somit gestorben. In den Jahren 1958 und 1959 findet hierzu mit keinem der Herren ein weiterer Briefwechsel statt, Arbeitszeit und Reisespesen sind scheinbar Fehlinvestitionen.
Ohne diese Vorarbeiten der Jahre 1954 bis 1958 hätte man jedoch 1960 – wie im Folgenden ausgeführt – nicht so schnell zu einem tragfähigen Reihenkonzept gefunden.

Im Jahr 1959 gibt es keinen Briefwechsel zur Herausgabe von Quellentexten mit den Beteiligten.
Allerdings besucht Walther Klinkhardt im Jahr 1959 Theo Dietrich und Albert Reble in Bremen bzw. Bielefeld. Das Treffen mit Albert Reble, zu dem leider keine Gesprächnotiz vorliegt, führt am 18. Januar 1960 zu einer Neuaufnahme der Planungen. Diese neuen Planungen mit Dietrich und Reble führen erstaunlich zügig zu einem Ergebnis.

Walther Klinkhardt bezieht sich Anfang Januar 1960 in einem Schreiben an Kiehn und Dietrich auf das Treffen mit Reble und erklärt, dass der aktuelle Stand der Planung möglicher Umfänge bei zwei bis vier Bogen wäre und dass zunächst sechs Titel der Reihe A publiziert werden könnten. Er fragt, ob weiterhin Interesse bestünde.
Theo Dietrich antwortet postwendend. Er skizziert kurz den weiterhin bestehenden Bedarf, allerdings auch die Konkurrenzsituation durch eine ähnliche Reihenplanung bei Schöningh.
Auf der Basis von durchschnittlich vier Bogen pro Heft findet Theo Dietrich das Projekt ausgesprochen interessant. Seine Liste von 1957 soll revidiert werden:
„Wie gesagt, wenn Sie keine Bedenken haben, dass wir mit einem kleinen Unternehmen von geringem Umfang jedoch bei gediegener Auswahl konkurrenzfähig sind, wenn weiter Herr Reble mitzieht, sollten wir beginnen".

---

22 Honnefer Modell von 1955 zur Studienfinanzierung.

Vor allem aber soll die Reihe B „Problemgeschichtliche Reihe" forciert werden. Dieses Projekt sei in seiner Art einzigartig und werde sicher Aufsehen erregen. Professor Reble skizziert in einem sehr umfangreichen Schreiben am 5. Februar die Gesamtausrichtung eines solchen Unternehmens. Danach muss es sich von den bisherigen Konkurrenzeditionen (Küpper und Schöningh) unterscheiden, es muss günstig kalkuliert werden, es soll anders als bei den Reihen der Konkurrenz „grundsätzlich eigene Quellenschriften als solche bringen, sie (die Reihe) sollte sich dabei nicht auf kurze Texte beschränken, auf allzu umfangreiche vorerst allerdings auch möglichst verzichten. Ob der Durchschnittsumfang einfach auf 4 Bogen festgelegt werden kann, erscheint mir fraglich".

Reble schlägt vor, eine Bogenbegrenzung grundsätzlich fallen zu lassen und die Preise nach der Bogenzahl in etwa der Art der Reclampunkte[23] zu differenzieren. Die Texte sollten komplett und textlich einwandfrei herausgegeben werden. Bei der Aufstellung der Reihen A und B meint er, dass beide ihren guten Sinn haben, meint jedoch, dass die Reihe A (also die Quellentexte) „in absehbarer Zeit den besseren verlegerischen Erfolg bringen wird ... weil nach meiner Beobachtung an den Hochschulen die Neigung, für Übungen bestimmte Texte einzelner Pädagogen zugrunde zu legen und die gründlichere Erkenntnis einzelner Pädagogen bzw. die Auseinandersetzung mit ihnen zu ermöglichen, bei weitem überwiegt."

Er legt eine neue Liste von nötigen Bänden vor und erklärt hierzu Präferenzen. Unabdingbar waren Pestalozzitexte und Texte aus der Aufklärung. Zuletzt bittet er um eine möglichst baldige verlegerische vertragliche Festlegung, da ihm auch andere ähnliche Anfragen eines „erheblich größeren und bekannteren Verlages" [24] vorliegen und er weist auf eine vertragliche Bindung mit Schöningh für die Herausgabe einzelner Bände der Schöninghschen Quellentextreihe[25] hin.

Bemerkenswert ist, dass mit diesem ersten Brief von Reble die zentralen Grundlinien für die gesamte spätere Reihe fixiert sind. Insgesamt tritt Reble sehr sachorientiert, genau und zügig arbeitend, in den Briefwechsel ein. Absprachen werden von ihm eingehalten und sind auch von den Partnern einzuhalten, und er ist durchaus selbstbewußt. Die Konzeption ist vor allem ihm geschuldet, die Idee Dietrich. Nachträgliche Änderungen akzeptiert Reble nicht.

---

23 Reclams Universal-Bibliothek, die Preise werden nach Umfang ermittelt und mit Punkten auf dem Buchrücken gekennzeichnet.
24 Möglicherweise Ernst Klett, mündl. Auskunft v. Prof. Manfred Heinemann, Hannover.
25 Schöninghs Sammlung pädagogischer Schriften. Quellen zur Geschichte der Pädagogik. Hg. Theodor Rutt.

Aus einem Schreiben Walther Klinkhardts vom 15.2.1960 ist zu erfahren, dass Kiehn seine Bereitschaft zur Zusammenarbeit aus gesundheitlichen Gründen zurückgezogen hat. Ludwig Kiehn war seit 1959 krank. Insgesamt ist er aber von Beginn an zurückhaltend – und letztlich auch kein Fachmann.
In Bielefeld wird am 26.2. ein Treffen zwischen Peter Klinkhardt, dem ältesten Sohn von Dr. Walther Klinkhardt, Theo Dietrich und Albert Reble arrangiert; mittels Postkarte, Eilboten und Telegramm.
Als kleine Randnotiz: Herr Reble bietet Abholung vom Bahnhof an und beschreibt sich wie folgt: „randlose Brille, braune Baskenmütze, kleines Rot-Kreuz-Abzeichen am Mantelaufschlag des dunkelblauen Mantels".
Dieses Treffen zwischen Peter Klinkhardt, Theo Dietrich und Albert Reble führt zur verbindlichen Bestätigung der Reihe. Peter Klinkhardt hält in einem Schreiben vom 4.3.60 fest, dass man sich wie folgt geeinigt hat:
– Die Reihe heißt „Klinkhardts Pädagogische Quellentexte".
– Herausgeber sind Theo Dietrich und Albert Reble.
– Bis zum Wintersemester 1960 sollen sechs Bände vorliegen.
– Das Honorar wird mit 7,5% vom Ladenpreis angeboten.
– Der Ladenpreis soll bei einem Umfang von vier Bogen ca. DM 3,- betragen.
– Die Ausstattung soll einfach sein.
– Der erste Band, das „Ameisenbüchlein" von Christian Gotthilf Salzmann, soll Ende Mai erscheinen.
– Weiter sollen erscheinen:
  – Johann Heinrich Pestalozzi, „Abendstunde eines Einsiedlers" und „Stanser Brief" in einem Band.
  – Friedrich Schiller, „Briefe über die ästhetische Erziehung"[26].
  – Friedrich Wilhelm Dörpfeld, „Zur Theorie der Schulorganisationen"[27].
  – Joachim Heinrich Campe, „Über Zweckmäßigkeit und Unzweckmäßigkeit in Belohnungen und Strafen"[28].
  – Albert Reble will entweder „Lienhard und Gertrud", 1. Teil[29] oder „Wie Gertrud ihre Kinder lehrt"[30] herausgeben.

---

26 Friedrich Schiller: „Briefe über die ästhetische Erziehung des Menschen", hg. v. Albert Reble, Bad Heilbrunn (Klinkhardt), 1960.
27 Friedrich Wilhelm Dörpfeld: „Schriften zur Theorie des Lehrplans", hg. v. Albert Reble, Bad Heilbrunn (Klinkhardt), 1962.
28 Joachim Heinrich Campe: „Über das Zweckmäßige und Unzweckmäßige in den Belohnungen und Strafen", hg. v. Albert Reble, Bad Heilbrunn (Klinkhardt), 1961.
29 Johann Heinrich Pestalozzi. „Lienhard und Gertrud. Ein Buch für das Volk. 1. Teil", hg. von Albert Reble, Bad Heilbrunn (Klinkhardt), 1961.
30 Johann Heinrich Pestalozzi. „Wie Gertrud ihre Kinder lehrt. Ein Versuch den Müttern Anleitung zu geben, ihre Kinder selbst zu unterrichten, in Briefen", hg. von Albert Reble, Bad Heilbrunn (Klinkhardt), 1961.

In der Zwischenzeit übersenden Professor Dietrich und Professor Reble die Textvorlagen von „Ameisenbüchlein" und von den „Briefen zur ästhetischen Erziehung" zum Satz an den Verlag.
Theo Dietrich weist darauf hin, dass ihm die Originalausgabe von 1806 aus Schnepfenthal nicht vorliege, dass man aber aufgrund der Ackermannschen Ausgabe[31], die er verglichen habe, bereits anfangen könne. Änderungen seien allenfalls marginal.
Albert Reble schreibt begleitend zur Übersendung der Vorlage der „Briefe", dass er nun beide Pestalozzi-Ausgaben herausgeben wolle. Dafür seien je zehn Bogen Umfang unabdingbar.
Im übrigen schlägt er die Erweiterung der Reihe auf acht Bände zum Beginn des Wintersemesters 1960 vor. Theo Dietrich könne ja noch das „Krebsbüchlein"[32] von Salzmann übernehmen.
Per Telegramm vom 12.3.60 stimmt Walther Klinkhardt zu.

Der Verlag hat sich anscheinend vollständig ergeben. Man hat Vertrauen zu Reihe und Reihenherausgebern und man will und kann den kreativen Fluss nicht mehr hemmen – auch wenn er zu Mehrinvestitionen führt. Allerdings geht es dem Verlag auch wirtschaftlich wieder insgesamt gut. So hatte es allein von 1959 auf 1960 einen Umsatzsprung von 80% gegeben.

Herausgeber und Verlag verständigen sich, dass die Rechtschreibung an den Duden angepasst werden soll. Am 1.4. verschickt der Verlag den Entwurf des Verlagsvertrages. Dietrich und Reble (Schreiben vom 6.4.) sind mit allem einverstanden. Allerdings möchten sie nun 9 Bände herausgeben: „wahrscheinlich noch einen kleinen Salzmann, evt. aber auch Kants Pädagogik". Der Verlag ist einverstanden. Albert Reble schlägt mit der Realisierung von „Konrad Kiefer"[33] und Kants Pädagogikvorlesungen[34] in seiner Antwort zehn Bände vor. Theo Dietrich unterstützt dies mit einer ausführlichen Begründung für die Bedeutung der einzelnen Texte am 10.4.1960. Peter Klinkhardt, der offensichtlich verlagsintern[35] die Betreuung der Reihe übernommen hat, antwortet am 20.4.1960:

---

31 Christian Gotthilf Salzmann: „Ausgewählte Schriften", 2 Bde., hg. v. Eduard Ackermann, Langensalza (Gressler), 1889-1891.
32 Christian Gotthilf Salzmann: „Krebsbüchlein. Oder Anweisung zu einer unvernünftigen Erziehung der Kinder"; hg. von Theo Dietrich, Bad Heilbrunn (Klinkhardt), 1961.
33 Christian Gotthilf Salzmann: „Konrad Kiefer. Oder Anweisung zu einer vernünftigen Erziehung der Kinder. Ein Buch für's Volk"; hg. von Theo Dietrich, Bad Heilbrunn (Klinkhardt), 1961.
34 Immanuel Kant: „Über Pädagogik", hg. von Theo Dietrich, Bad Heilbrunn (Klinkhardt), 1960.
35 Die Bearbeitungskürzel wechseln von Dr. Kl. (Walther Klinkhardt) zu Kl. (Peter Klinkhardt),

"Sie plädieren so eindringlich und überzeugend für 10 Bände, daß ich mich ihren Argumenten nicht verschliessen kann und mich damit einverstanden erkläre."

Walther Klinkhardt vermittelt in seinen Briefen Geduld, Verbindlichkeit, eine allgemeine Freude am Kontakt. Mit seinem Sohn Peter Klinkhardt kommt eine neue Dynamik und vor allem Flexibilität hinzu, die entscheidend zum Fortschreiten der Reihe beiträgt.

Der Verlagsvertrag wird entsprechend geschlossen.
Von April bis Juli gibt es mehrere Briefe mit technischen Fragen, man bemängelt Fehler des Setzers, plant Werbemaßnahmen, Titel werden ausgetauscht (Salzmann, „Noch etwas über Erziehung" wird durch das „Krebsbüchlein" ersetzt), Termine werden angemahnt und man entschuldigt sich allerseits für Verzögerungen – auf der Verlagsseite, aber auch bei den Herausgebern.
Am 28.5. kommt es zu einer kleinen Katastrophe:
Theo Dietrich schreibt, dass erst jetzt der Text letzter Hand[36] bei ihm vorliege. Zu den als Satzvorlagen verwendeten Briefen ergibt sich erheblicher Korrekturbedarf. In den Fahnen fehlten „ein Satz, Satzteile und Wörter". Er unterscheidet dann bei seinen beiliegenden Korrekturen zwischen unbedingt vorzunehmenden und erst bei einer zweiten Auflage vorzunehmenden Korrekturen. Zuletzt erkundigt er sich nach der Zeitplanung.
Am 30.5. antwortet Peter Klinkhardt. Er lässt – auch aus satztechnischen Gründen – alle Korrekturen erledigen. Den Zeitplan kündigt er allerdings auf.

Diese Form von Problemen sind auch heute noch typisch für die Verlagsarbeit. Trotz sorgfältiger oder scheinbar sorgfältiger Vorarbeit werden grundlegende Vorarbeiten zu Makulatur, und Verlag und Autor müssen sich über Schadensbegrenzung verständigen. Die Lösung des Verlages – kein Kompromiss bei der Qualität, dafür ein Aufgeben des auf das Wintersemester abgestimmten Zeitplans – ist im Interesse einer langfristigen Reihenplanung alternativlos.

Am 20.7.1960 erscheint das „Ameisenbüchlein" in einer Auflagenhöhe von 4000 Stück und wird sogleich an 179 Dozenten frei versandt. Eine erste Reaktion kommt von Professor Hans Wenke[37] aus Hamburg:

---

beide unterzeichnen mit „Julius Klinkhardt".
36 Schnepfenthal, 1806.
37 Hans Wenke, Prof. Dr., Ord. Prof. f. Pädagogik, Universität Hamburg u. Direktor d. UNESCO Instituts f. Pädagogik, Hamburg, 1903-1971.

„Wollen Sie bitte den Herren Herausgebern Dietrich und Reble meine besten Glückwünsche zu diesem Unternehmen übermitteln, das ich für überaus glücklich halte und das unseren zahlreichen Proseminaren über historische pädagogische Texte gute Dienste leisten wird."

Das Ameisenbüchlein verkauft sich bis zu seinem Auslaufen 1987 9.100-mal. Der unbestrittene Bestseller der Reihe ist der Band „Kleine Schriften zur Volkserziehung und Menschenbildung"[38] von Johann Heinrich Pestalozzi mit knapp 30.000 Exemplaren, ein typischer Flop ist der Titel „Die drei Grundgebrechen der hergebrachten Schulverfassungen"[39] von Friedrich Wilhelm Dörpfeld mit 799 abgesetzten Exemplaren in den Jahren von 1961 bis 1991.

Welche Erkenntnisse lassen sich für den Verlag heute festhalten?

– Das menschliche Element kann nicht hoch genug bewertet werden, Reihenherausgeber müssen sehr sorgfältig ausgewählt werden. Die Kombination Reble / Dietrich bringt einen fantastischen Erfolg, die Kombination Kiehn / Dietrich lässt das Projekt fast scheitern. Albert Reble strukturiert die Reihe, Theo Dietrich bringt Idee und Kreativität ein. Zugleich ist er sehr skrupulös. Diese Bedenken werden von dem ohnehin bereits anderweitig überlasteten Ludwig Kiehn verstärkt. Auch Walther Klinkhardt ist hier gelegentlich zu offen. Erst Peter Klinkhardt kann im Gespann mit Reble und Dietrich die Planung zum Erfolg bringen.

– Verlagsplanungen sollten sehr flexibel ausgerichtet werden. Zwischen 1954 und 1960 ändert sich der Markt in seiner Nachfragestruktur, seiner Kaufkraft, aber auch in seinen Ansprüchen vollständig. 1954 schlägt Dietrich selbst eine Reihe von 16seitigen Texten vor, 1958 kann er dies didaktisch und wissenschaftlich nicht mehr tragen.

– Gescheiterte Planungen können eine zweite Blüte erleben. 1958 scheint die Reihe tot zu sein. Der allgemeinen Kontaktpflege Walther Klinkhardts – durch die Besuche bei Reble und Dietrich 1959, die ja keinen konkreten Anlass hatten – ist das Wiederaufleben der Idee zu danken.

– Viele Probleme im Dreieck von Kalkulation, Markt und Autoreninteressen sind völlig unverändert. Es ist immer noch schwer einzuschätzen, wie viel Studierende für verbesserte Ausstattung ausgeben möchten. Auch muss ein guter Ausgleich zwischen den angemessenen wirtschaftlichen Interessen des

---

38 Johann Heinrich Pestalozzi: „Kleine Schriften zur Volkserziehung und Menschenbildung. Abendstunde eines Einsiedlers/Stanser Brief/Über die Entstehung der sittlichen Begriffe in der Geschichte der Menschheit", hg. v. Theo Dietrich, Bad Heilbrunn (Klinkhardt) 1960.

39 Friedrich Wilhelm Dörpfeld: „Die drei Grundgebrechen der hergebrachten Schulverfassungen. nebst bestimmten Vorschlägen zu ihrer Reform", hg. v. Albert Reble, Bad Heilbrunn (Klinkhardt), 1961.

Verlages und den ebenso angemessenen wirtschaftlichen, fachlichen und persönlichen Interessen des jeweiligen Autors gefunden werden.
Der Verlag reagiert wenig flexibel auf das Anwachsen und die grundlegende Veränderung der Reihenplanung 1957 und 1958, die durch veränderte Nachfrage gut begründet ist. Allerdings möchte ich betonen, dass der Verlag in den 1950er Jahren mühsam und mit äußerst knappen Ressourcen wieder aufgebaut wurde. Kostenintensive Fehlinvestitionen konnte man sich nicht leisten, da die eigene Investitionskraft beschränkt war. Nicht immer ist das Wachstum von Großprojekten im Sinne des Projektes bzw. des Verlegers. Andererseits zeigt sich der Verlag 1960 – als die Konzeption stimmt – sehr beweglich.

Verleger und Wissenschaftler – eine spannungsreiche Beziehung
Werner Sacher

1. Historischer Rückblick

Das Verlagssystem bildete sich seit dem 14. Jahrhundert überall dort, wo größere Stückzahlen nach einem einheitlichen Verfahren hergestellt werden konnten, als eine Form der dezentralen Produktion heraus, in welcher ein Verleger für verstreut tätige Produzenten den Vertrieb ihrer Produkte organisierte und z. T. auch die Rohstoffe beschaffte. Im Bereich der literarischen Produktion etablierten sich Verleger im Gefolge des Buchdrucks mit beweglichen Lettern, der die massenhafte Herstellung von Büchern vereinfachte und damit für große Teile der Bevölkerung Literatur erst erschwinglich machte. Wissenschaftlern und Gelehrten traten in größerer Zahl im 18. Jahrhundert Buchdrucker und Verleger zur Seite, zunächst nur in nachgeordneter Position – schon allein wegen der ihnen normalerweise fehlenden akademischen Bildung. Im 19. Jahrhundert begann diese Rangfolge sich umzukehren. So konstatierte 1840 der Leipziger Altsprachler Gottfried Hermann in einer Rede anlässlich einer Gutenberg-Gedenkfeier: „Gegenwärtig ist ja der Buchhandel nicht der Diener der Wissenschaften und der Gelehrten, sondern der Herr", und er beklagt, „die Wissenschaften seien der verlagsbuchhändlerischen Gewinnsucht ausgesetzt und nähmen Schaden"[1].

Um die Wende zum 20. Jahrhundert eskalierte die spannungsreiche Beziehung zwischen Wissenschaftlern und Verlegern erstmals zu einem öffentlichen Streit, dem „Bücherstreit", veranlasst durch die Reduzierung des Buchhändlerrabatts im Jahre 1901 und ausgelöst von dem an der Universität Leipzig tätigen Nationalökonomen und Volkswirtschaftslehrer Karl Bücher. Es kam zur Gründung des „Akademischen Schutzvereins", einer Interessenvertretung der Gelehrten, die ein Gegengewicht zum Börsenverein der Buchhändler sein wollte und ver-

---

1 Zwahr 1996, S. 14.

änderte Konditionen hinsichtlich der Buchpreise, des Vertriebs und der Autorenverträge durchsetzte.²
Die Beziehung zwischen Autoren und Verlegern war aber schon von Anfang an oft eine spannungsgeladene gewesen: Die Abneigung Goethes und anderer Weimarer Dichter und Denker gegen den auch ökonomisch erfolgreichen Verleger Friedrich Justin Bertuch ist verbürgt. Aber obwohl man an ihm „Krämergeist" und eine „mercantilistische Seele" kritisierte, war Bertuch von den Schriftstellern doch stets gefragt, wenn sie einen geschäftlichen Berater oder Geld brauchten."³ Darin spiegeln sich weniger persönliche Differenzen zwischen Autor und Verleger als eine grundsätzliche Spannung „zwischen geistiger Literaturproduktion und kommerzieller Literaturdistribution"⁴ – eine Spannung, die bis heute auch das Verhältnis wissenschaftlicher Autoren zu ihren Verlegern prägt.

2. Interessen von Wissenschaftlern und Verlegern

Wissenschaftler haben ein genuines Interesse daran, ihre Ideen und Entdeckungen ihrer jeweiligen „scientific community" und einer breiten Öffentlichkeit zu kommunizieren. Das deckt sich zunächst einmal mit den Vermarktungsintentionen des Verlegers. Nur hat der Verleger auch Rücksicht auf die Interessen, den Geschmack und die Lesegewohnheiten potenzieller Leser zu nehmen. Daraus kann sich leicht ergeben, dass sich Vorstellungen des wissenschaftlichen Autors im Hinblick auf Ausführlichkeit, Diktion und wissenschaftliche Detaillierung seines Werkes nur begrenzt realisieren lassen. Ob 1862 noch stimmte, was Karl Marx an Friedrich Engels anlässlich seiner Arbeit am „Kapital" schrieb, dass die Deutschen „ein Buch nach dem Kubikinhalt beurteilen"⁵, sei dahingestellt. Gegenwärtig jedenfalls sind Fachbücher mit einem 250 Seiten übersteigenden Umfang häufig nur noch unter Schwierigkeiten abzusetzen. Leser pädagogischer Fachliteratur (Lehramtsstudenten, Lehrkräfte, Vertreter der Schuladministration) wünschen darüber hinaus unkomplizierte, ansprechend gestaltete Texte mit konkreten praktischen Beispielen und Handlungsanweisungen. Umfangreichere Lehr- und Handbücher finden in der Regel nur noch dann Akzeptanz, wenn sie den „state of the art" kompakt zusammenfassen und eine flächendeckende Examensvorbereitung ermöglichen.

---

2 Zwahr 1996, S. 15ff.
3 Seifert 1995, S. 112f. u. 117.
4 Seifert 1995, S. 116.
5 Rubel 1968, S. 84.

3. Das Selektionsproblem

Aus den mindestens teilweise unterschiedlichen Interessenlagen von Wissenschaftlern und Verlegern resultiert für diese ein Selektionsproblem, das nicht immer leicht zu handhaben ist: Ein Verlag, der auf sein Renommee achtet und kaufmännisch denkt, muss immer wieder einmal auch angebotene Manuskripte ablehnen – eine Entscheidung, die in aller Regel vom Autor nicht einfach zu verarbeiten ist, insbesondere wenn es sich um einen angesehenen Fachvertreter handelt, der womöglich in der Vergangenheit durchaus erfolgreiche Titel zum Verlagsprogramm beigesteuert hat. Auch können Ablehnungen sich dem Verleger im nachhinein durchaus als Fehlentscheidungen darstellen: Mein 1993 vom Klett Verlag wegen eines angeblich bereits verlegten ähnlichen Titels eines anderen Autors abgelehntes Manuskript „Leistungen entwickeln, überprüfen und beurteilen" erschien vor wenigen Wochen im Klinkhardt-Verlag in 5. Auflage[6] und hat sich seit Jahren als Standardlektüre in der Lehrerausbildung etabliert. Andererseits birgt auch die Annahme eines hochwertigen Manuskripts noch verlegerische Risiken: Selbst Werke von anerkannter Qualität finden nicht eo ipso guten Absatz. Unser Band „Medienerziehung konkret"[7] wurde zwar glänzend rezensiert, aber nur sehr schleppend verkauft. Der aus einer Tagung hervorgegangene Band „Jenseits von PISA"[8] musste innerhalb weniger Jahre verramscht werden, z. T. wohl, weil der Titel sich zu sehr im Mainstream vieler PISA-Publikationen verlor und das eigentliche Anliegen nicht präzise bezeichnete, z. T. auch, weil er vom Auer Verlag infolge innerer Umstrukturierungen kaum beworben wurde.
Gerade erfolgreiche Autoren achten auf das Ansehen und Image der Verlage, in denen sie publizieren, und sie prägen dieses ihrerseits zu erheblichen Anteilen mit. Es gibt aber hinreichend Beispiele dafür, dass angesehene Wissenschaftler sich verstärkt in Nachwuchsförderung, Hochschulpolitik und Politikberatung engagieren und Publikationen nur noch mit linker Hand betreiben bzw. betreiben können. Ein Verleger, der davor die Augen verschließt und weiterhin auf die Zugkraft ihrer großen Namen vertraut, schädigt durch Annahme minderwertigerer Manuskripte solcher Autoren sein Renommee – ein Renommee, das gerade diese Autoren aber selbstverständlich voraussetzen und zugleich gefährden.

---

6 Werner Sacher (2009): Leistungen entwickeln, überprüfen und beurteilen. Bewährte und neue Wege für die Primar- und Sekundarstufe. 5., überarb. u. erw. Aufl. Bad Heilbrunn: Klinkhardt Verlag (1. Aufl. 1994).

7 Werner Sacher, Barbara Asbrand, Annette Eberle u. a. (2003): Medienerziehung konkret. Konzepte und Praxisbeispiele für die Grundschule. Bad Heilbrunn: Klinkhardt Verlag.

8 Werner Sacher (Hrsg.) (2005): Jenseits von PISA. Wege einer neuen Prüfungskultur. Donauwörth: Auer Verlag.

Im Falle einer Ablehnung kann der Verleger unter mehreren möglichen Begründungen wählen: Er kann auf inhaltliche Mängel verweisen, auf das Verlagsprogramm, in welches ein bestimmtes Manuskript nicht passt, oder auf vorhersehbare Absatzschwierigkeiten. Im Allgemeinen gestaltet sich eine Ablehnung aus inhaltlichen Gründen schwierig, selbst wenn fachkundige Lektoren und Gutachter mitwirken, und sie wird auch von den meisten Autoren am wenigsten akzeptiert. Ablehnungen mit Hinweisen auf das Verlagsprogramm oder auf schlechte Marktchancen sind in der Regel weniger strittig, weil sie dem Autor erlauben, das Gesicht zu wahren. Andererseits sind sie für ihn weniger nachprüfbar, so dass sich ihm der Verdacht, diese Begründungen könnten nur vorgeschoben sein, selbst dann nahe legt, wenn sie den Tatsachen entsprechen.

Es kommen auch Fälle vor, in welchen letztlich organisatorische Begleitumstände dazu führen, dass ein Manuskriptangebot nicht weiter verfolgt werden kann: Z. B. können sich die Prozesse der Überprüfung, Begutachtung und Entscheidung in einem Maße hinziehen, dass es nicht mehr sinnvoll ist, das Werk zu publizieren – so bei aktuellen Tagesthemen, über welche die Fachdiskussion rasch hinwegschreitet, bei Prüfungs- und Examensthemen, die oft nur innerhalb enger Zeitkorridore nachgefragt werden, bei Modethemen, zu welchen eine Vielzahl konkurrierender Publikationen vorbereitet wird und erscheint.

Eine weichere Form der Selektion ist die verlagsseitig vorgeschlagene Modifizierung des Manuskripts, häufig eine Umfangsreduzierung, daneben aber auch eine ausführlichere theoretische Fundierung, ein stärkerer Praxisbezug, eine verständlichere sprachliche Formulierung, eine übersichtlichere und ansprechendere Gestaltung, in selteneren Fällen auch größere Differenzierung und Ausführlichkeit. Insbesondere Kürzungen, auch schon im Vorfeld der Manuskripterstellung vereinbarte Umfangsbeschränkungen, sind häufig potentieller Konfliktstoff zwischen Verleger und Wissenschaftler: Sie erzwingen nicht selten Vereinfachungen, die dem Wissenschaftler fachlich kaum mehr vertretbar, die dem Verleger mit Rücksicht auf die potenzielle Leserschaft unverzichtbar erscheinen. Doch auch Modifizierungsvorschläge anderer Art erfordern viel Einfühlungsvermögen und Sachkenntnis von Verlegern, Lektoren und Gutachtern: In manchen Fällen wird die Qualität des Manuskripts durch die Beherzigung solcher Vorschläge nicht gesteigert, sondern gemindert. Zeigt sich dies erst nach der Ausführung erbetener Modifizierungen, entsteht eine dilemmatische Situation: Eine Ablehnung ist dem Autor nach Ausführung der Modifizierungen nicht mehr vermittelbar. Die Annahme des modifizierten, gleichwohl noch weniger als in seiner ursprünglichen Fassung den Anforderungen entsprechenden Manuskripts aber legt sich für den Verleger einerseits moralisch nahe und ist andererseits sachlich falsch.

Ein geschickterer und noch einmal weicherer Weg der Selektion ist die Beratung und Begleitung von Publikationsprojekten durch den Verleger von den ersten Anfängen an, wie sie z. B. im Zusammenhang des Handbuchs Schule[9] praktiziert wurde. Dadurch können in vielen Fällen nachträgliche Modifizierungen vermieden werden.

Letztlich müssen in einem gewissen Umfang stets wider Erwarten schwer absetzbare Titel einkalkuliert und vom gesamten Verlagsprogramm mit getragen werden. Gelegentlich wird ein Verleger wissenschaftlicher Literatur auch den Weitblick haben müssen, ein hochwertiges Werk anzunehmen, das in kaufmännischer Hinsicht vorhersehbar wenig erfolgreich ist. Z. B. wurde die Briefedition „Eduard Spranger und Käthe Hadlich: Eine Auswahl aus den Briefen der Jahre 1903 - 1960"[10] trotz einer solchen Einschätzung verlegt – zudem noch in einer bibliophilen Ausgabe. Anderseits trug die Publikation dieser bedeutenden und weithin noch unerschlossenen zeitgeschichtlichen Quellen vermutlich einiges zur wissenschaftlichen Reputation des Verlags bei.

Ein neues Problem für verlegerische Selektionsentscheidungen schufen die externen Hochschulevaluationen der letzten Jahre: Lehr- und Handbücher sowie praxisbezogene Publikationen, die sich noch einigermaßen vermarkten lassen, und teilweise generell Monographien standen bei den Evaluationskommissionen in eher geringem Ansehen und galten kaum als Ausweis hoher wissenschaftlicher Qualifikation des evaluierten Personals. Weitaus höher angesehen waren Abhandlungen in Reviews. Diese offenkundig den Naturwissenschaften entlehnte Sichtweise bringt neue Spannungen in das Verhältnis des erziehungswissenschaftlichen Autors zu seinem Verleger: Während dieser mit Rücksicht auf die potenziellen Leser allgemein verständliche und praxisbezogene Werke favorisiert, wird der an seiner Karriere interessierte Autor gedrängt, auf der reinen und unverkürzten Wissenschaftlichkeit zu insistieren, die aber nur für einen engen Kreis von Fachkollegen verständlich ist.

4. Auflagenhöhe, Buchpreis und Verbreitungsradius

Wissenschaftliche Werke, welche nur wenige Zugeständnisse im Blick auf eine breitere Leserschaft machen, können oft nur in Kleinstauflagen gedruckt werden, was dem Interesse des wissenschaftlichen Autors an einer breiten Öffentlichkeit und weiten Bekanntheit diametral entgegenläuft. Verleger müssen Wissenschaftler hier oft „mit einer wichtigen, aber manchmal lieber ausgeblendeten

---

9 Sigrid Blömeke, Thorsten Bohl, Ludwig Haag, Gregor Lang-Wojtasik, Werner Sacher (Hg.) (2009): Handbuch Schule. Bad Heilbrunn: Klinkhardt Verlag.
10 Werner Sacher, Sylvia Martinsen (Hg.) (2002): Eduard Spranger und Käthe Hadlich: Eine Auswahl aus den Briefen der Jahre 1903-1960. Bad Heilbrunn: Klinkhardt Verlag.

Realität [konfrontieren; W.S.]: Dass sich nämlich nicht viele Menschen für bestimmte Inhalte, Bücher, Spezialzeitschriften zumindest in der von Wissenschaftlern angebotenen Form interessieren."[11] „Wissenschaft ist avantgardistisch per definitionem!"[12]
Weiter reduziert werden die Absatzmöglichkeiten für wissenschaftliche Werke durch den aus Kleinstauflagen notwendigerweise resultierenden hohen Buchpreis sowie durch die in den letzten Jahren stark gekürzten Bibliotheksetats und durch neue Verbreitungswege für Literatur über informationstechnische Medien. Dazu kommt ein schwindendes Interesse am persönlichen Buchbesitz: Nicht wenige Studenten verkaufen einen Großteil ihrer Fachliteratur nach dem Ablegen der Prüfungen. Zusätzliche Probleme bereitet das grassierende Fotokopierunwesen: Die Beträge aus der Kopierabgabe decken nicht annähernd den Erlösausfall, der letztlich nur durch den Buchpreis kompensiert werden kann.[13]

5. Honorare und Sponsoring

Wie vermutlich viele Doktoranden war ich am Ende meines Promotionsvorhabens einigermaßen überrascht, für das erste selbst verfasste Buch nicht nur kein Honorar zu erhalten, sondern auch noch einen nicht geringen Druckkostenzuschuss leisten zu müssen. Die Position des Autors bessert sich zwar mit fortschreitender wissenschaftlicher Karriere. Aber Spitzenhonorare, von denen man auf ordentlichem Niveau leben kann, werden im wissenschaftlichen Bereich zu keiner Zeit erzielt.

Was Autoren ganz allgemein und vor allem debütierende Autoren übersehen, ist die Einbettung in das Verlagsprogramm: Darin ist ihr Werk, auf das sie zu Recht stolz sein mögen, nur eines unter vielen und vielleicht bei weitem nicht einmal das bedeutendste. Verleger aber denken in Verlagsprogrammen, ja müssen in solchen denken und kalkulieren. Riskante Werke und Publikationen neuer Autoren müssen immer von anderen, Gewinn bringenderen Werken mitgetragen werden. Besonders Erstautoren sehen oft nur ihre individuelle Leistung und würden sie gerne besser präsentiert und honoriert sehen, obwohl häufig gerade sie von der Mischkalkulation ihres Verlegers profitieren.

Dabei steht für den wissenschaftlichen Autor normalerweise die Höhe des Honorars gar nicht im Mittelpunkt seines Interesses an einer Publikation. Ohnehin war das „Honorar" eines Dichters oder Künstlers ursprünglich und dem Wortsinne nach eine „Ehrengabe", d. h. eher ein kostbares Geschenk, ein Ehrentitel oder eine ehrenvolle Position als eine Gewinnbeteiligung. Auch heute

---

11 Wille / Bradshaw 2000, S. 312.
12 Lewerich 1994, S. 40.
13 Götze 1983, S. 858f.; Lewerich 1994, S. 38f.; Sachverständigenkommission 1995.

noch sind wissenschaftliche Autoren primär an ihrer Reputation und Karriere und erst in zweiter Hinsicht an der Höhe des Honorars interessiert. Daraus ergibt sich nicht zuletzt, dass Verleger „ als der regelmäßig stärkere Vertragsteil bessere Chancen haben, ihre Interessen durchzusetzen. Dies gilt insbesondere für die Honorierung."[14]

Andererseits ist das „Prestigekapital", das der Wissenschaftler durch Publikationen gewinnen kann und das neben dem politischen, institutionelle Macht beeinhaltenden Kapital eine der beiden Säulen des wissenschaftlichen Kapitals darstellt, beträchtlich[15]: Die Anerkennung des Wissenschaftlers und sein Berufserfolg hängen im Wesentlichen von Publikationen ab. Dabei kommt es sowohl auf die Häufigkeit als auch auf die Qualität der Publikationen an. Ein zugegebenermaßen vordergründiges, doch oft benutztes Kriterium für Qualität ist der Publikationsort, bei Büchern also auch der Verlag, in dem sie erscheinen. Und diesbezüglich gibt es unstreitig eine im Bewusstsein der Fachkollegen verankerte Hierarchie: Der für die Publikation gewählte Verlag dient gewissermaßen als „Markenname", der die Reputation eines Buches und des Autors mit begründet.[16] „Autoren mehren ihr Ansehen, je höher die Hürde ist, die sie überspringen müssen, um in einem Verlag zu landen. Umgekehrt riskieren sie ihren Ruf, wenn sie bei Verlagen verkehren, die für jeden zu haben sind und obendrein für ihre Dienste bezahlt werden müssen."[17]

Aber auch der Verleger hat ein genuines Interesse daran, das Renommee seines Hauses aufzubessern und zu wahren, indem er wissenschaftlich angesehene Autoren gewinnt und hält. Die Erfolgsgeschichte mancher Verlage ist eng mit dem Ansehen bekannter Wissenschaftler verknüpft. Der oben schon erwähnte Druck, den Evaluationskommissionen auf wissenschaftliche Autoren ausüben, möglichst keine anwendungsorientierte und allgemein verständliche Werke zu publizieren, bringt Verleger wissenschaftlicher Literatur in ein neuartiges Dilemma: Gewinnen sie statt der wissenschaftlichen Autoren vermehrt Praktiker als Autoren, verliert ihr Verlag an wissenschaftlichem Renommee und wird zunehmend weniger attraktiv für Wissenschaftler. Geben sie dem Drängen der Kommissionen und in der Folge der wissenschaftlichen Autoren nach, weniger wissenschaftsjournalistische Zugeständnisse zu machen, verzeichnen sie Absatzeinbußen.

Es darf aber auch nicht übersehen werden, dass die Publikation wissenschaftlicher Werke schon seit einiger Zeit nur noch mit Hilfe von Sponsoring in verschiedenen Formen möglich ist: durch Druckkostenzuschüsse von Privat-

---

14 Schricker 2000, S. 415.
15 Blaschke 2004, S. 600.
16 Blaschke 2004, S. 599f.
17 Blaschke 2004, S. 510.

personen, Unternehmen, Stiftungen und verschiedensten Organisationen und nicht zuletzt auch der Autoren selbst, welche die investierte Arbeitszeit nicht annähernd adäquat honoriert bekommen und oft sogar auf eine Honorierung verzichten. Darüber hinaus tritt der staatliche Arbeitgeber häufig in bemerkenswertem Umfang als Sponsor auf, indem er das Verfassen wissenschaftlicher Publikationen und oft auch das Layouten bis hin zur druckfertigen Datei innerhalb der regulären Arbeitszeit erlaubt[18]. Pointiert charakterisierte kürzlich Dr. Klaus Frank, der Direktor der Universitätsbibliothek Konstanz, die Situation: „Öffentlich finanzierte Forschung bringt Erkenntnisse hervor, die öffentlich bezahlte Forscher kostenlos aufbereiten und an Verlage abtreten – nur damit sie die Bibliotheken mit öffentlichem Geld wieder zurückkaufen."[19]

Diese Praxis könnte sich übrigens unter den verschärften staatlichen Sparzwängen sehr schnell ändern. In Bayern zumindest gab es schon einmal einen Wissenschaftsminister, der das Privileg von Professoren, Publikationen während der Dienstzeit vorzubereiten, öffentlich in Frage stellte.[20]

6. Förderung von Wissenschaft

Die Beziehung des Verlegers Paul Siebeck und seines Sohnes Oskar zu Max Weber ist ein Beispiel dafür, „dass die stetige Aktivität eines bedeutenden Verlegers über zwei Generationen hinweg Wissenschaftsgeschichte maßgeblich beeinflusst hat."[21] Auch wenn Verleger heute kaum noch explizit als Mäzene auftreten, so fördern sie doch ebenfalls auf vielfältige Weise Wissenschaft: Die aktuellen Wege der Förderung reichen von der verlegerischen Betreuung von Erstlings- und Qualifikationsschriften junger Wissenschaftler über die Anregung von erfolgsträchtigen Publikationsprojekten bis hin zur Zusammenführung von Autoren- oder Herausgeberteams.

Besondere Bedeutung kommt der Nachwuchsförderung zu, welche viele wissenschaftliche Verlage betreiben. Vom Glanz prominenter Autoren eines angesehenen Verlags profitiert auch jeder Neuankömmling.[22] Der Verfasser erinnert sich lebhaft an den Stolz, den er empfand, als seine Dissertation[23] 1974 in dem traditionsreichen Verlagshaus Klinkhardt erschien und er sich im Verlagsprogramm neben fachlichen Größen wie Albert Reble, Theo Dietrich, Erich E. Geißler u. a. fand.

---

18 Lewerich 1994, S. 40.
19 Bebber 2001, S. 12.
20 Thomas Goppel in einem Interview (SZ vom 15./16.11.2003).
21 Mommsen 1996, S. 19.
22 Blaschke 2004, S. 610.
23 Werner Sacher (1974): Die zweite Phase in der Lehrerbildung. Ihre Entwicklung seit 1800, aufgezeigt am Beispiel Bayerns. Bad Heilbrunn: Klinkhardt Verlag.

Gerade angesehene Fachverlage allerdings fordern von jungen Wissenschaftlern deutlich höhere Druckkostenzuschüsse als Verlage, die auf Dissertationen spezialisiert sind. Ein nochmals kostengünstigerer Weg, Dissertationen zu publizieren, besteht neuerdings in der elektronischen Verbreitung, z. B. über das Projekt „Online Dissertationen" der Deutschen Forschungsgemeinschaft. Junge Wissenschaftler können leicht den Eindruck gewinnen, ihre Situation, möglichst bei einem angesehenen Fachverlag publizieren zu müssen, werde von Verlegern rücksichtslos ausgenützt. Man erhält als junger Autor bei einem solchen Verlag jedoch nicht nur eine Publikationsmöglichkeit, sondern man erwirbt auch Leistungen für Werbung und für Ausstellungen bei Fachkongressen, man erlangt den Eintritt in eine Autoren-Community und die Teilhabe am Renommee des Verlags und seines Programms – Leistungen, die natürlich nicht kostenneutral sind.[24] Wer auf die kostengünstigeren Möglichkeiten ausweicht, läuft Gefahr, dass seine Arbeit kaum wahrgenommen wird, wie es einem meiner ersten Doktoranden erging, der seine exzellente Arbeit in Form von Microfiches veröffentlichte und in der Folgezeit beständig verärgert war, wenn er sie in einschlägigen Neuerscheinungen weder zitiert noch erwähnt fand.

Im Übrigen ist es auch für angesehene Fachverlage manchmal schwierig, nur Erfolg versprechende Nachwuchswissenschaftler zu akzeptieren: Die Autoren, welche als Aushängeschilder fungieren, präsentieren häufig auch Erstlingsarbeiten ihrer Mitarbeiter. Ein solches Manuskriptangebot abzulehnen, würde in vielen Fällen einen Konflikt mit dem „Stammautor" nach sich ziehen, der evtl., weil er jahrelang von der selbstlosen Entlastung durch einen Mitarbeiter profitiert hat, diesem die Publikation in „seinem" Verlag nachgerade zusicherte. Besonders prekär für den Verleger kann eine solche Situation dann werden, wenn der „Stammautor" auch noch Herausgeber einer Buchreihe ist.

7. Das persönliche Verhältnis

„Ein Verleger hat es in Gestalt der Autoren und Herausgeber, die für ihn produzieren, mit menschlichen Personen zu tun."[25] Wie sich das persönliche Verhältnis zwischen Autor und Verleger gestaltet, ist zunächst eine Frage der Passung von Persönlichkeitsstrukturen. Darin liegt zum einen der Grund „für manche unmessbaren Imponderabilien, die dieses Verhältnis belasten können – zugleich liegen hier auch die Möglichkeiten zu befruchtenden menschlich-persönlichen Beziehungen, die zu tiefer Freundschaft reifen können."[26]

---

24 Lewerich 1994, S. 39.
25 Götze 1983, S. 858.
26 Götze 1983, S. 858.

Im günstigsten Falle kann die Beziehung befruchtend und anregend sein und sich zu Symbiose und Freundschaft entwickeln, wie etwa die Beziehung Rainer Maria Rilkes zu seinem Verleger Anton Kippenberg.[27] Sie kann auch eine spannungsreiche oder gar völlig unlautere werden, wie etwa im Falle des Schriftstellers Wolfgang Koeppen zum Verleger Siegfried Unseld.[28] Beispiele gibt es auch im Bereich wissenschaftlicher Fachverlage.

Die persönliche Nähe zwischen dem Autor und seinem Verleger droht allerdings gegenwärtig mehr und mehr verloren zu gehen: Im Zeitalter der großen Verlagskonzerne, in denen Lektoren durch Unternehmensberater ersetzt sind und deren Verlagspolitik vom Streben nach maximaler Rendite und nach „Megasellern" beherrscht wird, haben Verleger keine Zeit und Gelegenheit mehr für die Entwicklung einer persönlichen Beziehung zu ihren Autoren. Diese vermarkten ihrerseits ihr Manuskript zunehmend, indem sie es gewissermaßen einfach an den Meistbietenden versteigern.[29]

Teilweise wird schon bezweifelt, ob angesichts der rasanten Verbreitung informationstechnischer Medien klassische Buch-Verlage und Buch-Verleger überhaupt noch eine Zukunft haben. Die anfängliche Euphorie der Technik-Freaks weicht allerdings zunehmend der Ernüchterung: Vor allem „die ungefilterten Texte und Informationen des Internets führen häufig zu Verwirrung, vor allem weil eine seriöse Qualitätskontrolle fehlt. Außerdem ergeben sich erhebliche Urheberrechtsprobleme, und auch die dauerhafte Sicherung des virtuellen Materials ist nicht gewährleistet."[30] Allem Anschein nach werden informationstechnische Medien gedruckte Bücher und Zeitschriften zwar zurückdrängen, aber nicht ersetzen.[31] Auch wenn ein Teil der bisherigen Publikationen über informationstechnische Medien erfolgt, wird es Personen in der Rolle von Verlegern bedürfen, welche Trends auf den Absatzmärkten rechtzeitig erkennen und an die Wissenschaftler zurückspiegeln, Wissenschaftler bei ihren Publikationsprojekten beraten und Öffentlichkeitsarbeit für sie leisten. Diese Aufgaben können auch im Informationszeitalter von Wissenschaftlern und ihren Mitarbeitern nicht ohne Weiteres nebenbei geleistet werden.[32]

Erfolgreiche Familienverlage, wie der Klinkhardt Verlag, der in diesem Jahr sein 175-jähriges Bestehen feiert, sind in dieser Situation alles Andere als ein obsoletes Geschäftsmodell: Es ist gut möglich, dass sogenannte „Unabhängige" (auf Neudeutsch „independents") für das Marktsegment hochwertiger wissen-

---

27 Götze 1983, S. 858.
28 Wimbauer 2006.
29 Schiffrin 2000.
30 Mittler 1996, S. 16.
31 Götze 1983, S. 858f.; Sachverständigenkommission 1995, S. 45.
32 Wille/Bradshaw 2000, S. 312.

schaftlicher Literatur sogar das eigentliche Zukunftsmodell darstellen, weil sie jene Nähe und Vertrautheit zwischen Autor und Verleger sichern, dessen das sensible und komplizierte Verhältnis zwischen ihnen bedarf.

Literatur

Bebber, Frank van (2001): Koste es, was es wolle. In: DUZ: Das unabhängige Hochschulmagazin 57, 19, S. 12-13.
Blaschke, Olaf (2004): Reputation durch Publikation. Wie finden deutsche Historiker ihre Verlage? Eine Umfrage. In: Geschichte in Wissenschaft und Unterricht, 55 (2004) 10, S. 598-620.
Götze, H. (1983): Autor und Verleger. In: Langenbeck's Archives of Surgery, Volume 361, No. 1, 1983, pp. 857-859.
Lewerich, Bernhard (1994): Warum sind wissenschaftliche Buecher so teuer? In: Forschung & Lehre, 1/2, S. 38-40.
Mittler, Elmar (1996): World Wide Web verändert die Wissenschaft. In: Deutsche Universitäts-Zeitung 52, 22, S. 16-17.
Mommsen, Wolfgang J. (1996): Die Siebecks und Max Weber. Ein Beispiel für Wissenschaftsorganisation in Zusammenarbeit von Wissenschaftlern und Verlegern. In: Geschichte und Gesellschaft 22, 1, S. 19-30.
Rubel, Maximilian (1968): Marx-Chronik. Daten zu Leben und Werk. München: Hanser.
Sachverständigenkommission Elektronische Fachinformation an den Hochschulen in Bayern (1995): Wissenschaftliche Information im elektronischen Zeitalter. [Stand und Erfordernisse]. München: Bayerisches Staatsministerium für Unterricht, Kultus, Wissenschaft und Lehre, Bericht IX.
Schiffrin, André (2000): Verlage ohne Verleger. Über die Zukunft der Bücher. Mit einem Nachwort von Klaus Wagenbach. Berlin: Verlag Klaus Wagenbach.
Schricker, Gerhard (2000): Neue Musterverträge für Autoren. Vertragsnormen. In: Forschung & Lehre 21, 8, S. 415.
Seifert, Siegfried (1995): "Verberuchte Literatur" oder: Die unendliche Geschichte vom Autor und Verleger am Beispiel Goethes und Friedrich Justin Bertuchs. In: Leipziger Jahrbuch zur Buchgeschichte, Jahrgang 5, S. 111-134.
Wille, Eva E.; Bradshaw, Alexander M. (2000): Braucht die Wissenschaft die Verlage noch? Pro & Contra. In: Forschung & Lehre 7, 6, S. 312-313.
Wimbauer, Tobias (2006): Viel Geld, aber kein neuer Roman. Siegfried Unseld zeigt in seinem Briefwechsel mit Wolfgang Koeppen Langmut. In: literaturkritik.de, Nr. 5, Mai 2006, Deutschsprachige Literatur.
Zwahr, Hartmut (1996): Inszenierte Lebenswelt: Jahrhundertfeiern zum Gedenken an die Erfindung der Buchdruckerkunst. Buchgewerbe, Buchhandel und Wissenschaft. In: Geschichte und Gesellschaft, 22, 1, S. 5-18.

Ein Bestseller entsteht... –
Zum Buch „Pädagogisches Grundwissen"
Herbert Gudjons

Einen Bestseller zu schreiben, lag mir fern. Und doch ist das Buch „Pädagogisches Grundwissen" in der Tat ein Bestseller geworden. Wir nähern uns mit den verkauften Exemplaren in nunmehr 15 Jahren der 120 000-Marke. Insofern ist die mir vorgegebene Themenformulierung für diesen Beitrag in Ordnung und erscheint angemessen.

Die Ausgangslage: Warum dieses Buch?

Kein Bestseller also war das Ziel – mein Anliegen war viel bescheidener. Wir schreiben das Jahr 1985: Im Laufe meiner langjährigen Tätigkeit als Universitätsprofessor und damit auch Prüfer meiner Studierenden war mir etwas Eigenartiges aufgefallen. Normal ist: Studenten sind immer aufgeregt, nervös und angespannt, wenn sich das Examen nähert. Das hat sozialpsychologisch erklärbare Gründe, ist aber auch mit inhaltlichen Unsicherheiten verbunden. Und hier stellte ich in vielen Gesprächen eine auffällige Orientierungslosigkeit fest. Denn: In den meisten Prüfungsordnungen der Erziehungswissenschaft wird ein „allgemeiner Überblick" gefordert, über „Grundprobleme der Erziehungswissenschaft", über ihre „Gegenstände, Forschungsergebnisse und Problembereiche". Schwammiger kann man es kaum formulieren. Kein Wunder, dass die Examenskandidaten und -kandidatinnen verunsichert, ratlos und hilflos sind, wenn sie solche Vorgaben lesen. Wo kann man sich Hilfe holen? Wer vermittelt einem diesen Überblick? Welche Gebiete gehören dazu? Was unterscheidet einen Überblick von den in der Prüfungsordnung ebenfalls verlangten „vertieften Kenntnissen" in gewählten Spezialgebieten?
Anfangs hatte ich gedacht, ich könnte den verängstigten Prüfungskandidaten und -kandidatinnen helfen, indem ich Seminare speziell zur Prüfungsvorbereitung anbot: Diese Seminare umfassten eine wissenschaftliche Analyse der Situation „Prüfung". Z. B. nach Foucault als Herrschaftsinstrument, nach psychoanalytischen Autoren als unbewusstes Autoritätsproblem, nach soziologischen Analysen als gesellschaftliches Selektionsinstrument, unter historischer

Perspektive als Ablösung von Standesprivilegien durch Leistungsnachweise usw.. Eine Fülle von Texten, Videobeispiele von Prüfungen, Rollenspiele, Simulationen von schwierigen Szenen u.a.m. sollten helfen, sich mit der Situation „Prüfung" auseinander zu setzen nur als persönlich bevorstehendes Ereignis, sondern als Phänomen einer (post-)modernen Gesellschaft. Ohne Frage haben diese Seminare vielen Studierenden ganz entscheidend geholfen, mit der belastenden Prüfungssituation besser fertig zu werden. Sie hatten gelernt, einen Großteil der Spannung zu ent-subjektivieren und zu ent-personalisieren, das heißt als von ihrer Person unabhängige, institutionell verordnete und damit gesellschaftliche Rahmenbedingungen zu begreifen. Das bedeutete immerhin eine gewisse Entlastung.

Dennoch blieb das inhaltliche Grundproblem. Was heißt „pädagogisches Grundwissen"? Wie kann ich es als Prüfungskandidat erwerben? Welche Literatur kann ich lesen? Gibt es überhaupt Bücher, die diesem Anspruch folgen und sich um eine Antwort bemühen? Außer bei den Juristen, die eine lange Tradition haben mit ihren „Repetitorien", die den Lernstoff des Studiums für den Abschluss kompakt zusammenfassen...

Erste Schritte

In einem heißen Diskussionsprozess mit meinen Mitarbeitern und Mitarbeiterinnen wurde das Anliegen hart durchgeschüttelt: Die Mitarbeiter vertraten kontroverse Positionen. *Einerseits*: Ein solches Grundwissen zu bestimmen, sei angesichts der starken Expansion der Erziehungswissenschaft völlig unmöglich, seine Abgrenzung sei an willkürliche Interpretationen gebunden, es gäbe überhaupt keinen Konsens über Aufbau, Gegenstand und Wissensbestände der Erziehungswissenschaft, die Idee eines erziehungswissenschaftlichen Kerncurriculums sei schon in der 60er Jahren gestorben, ja man sei sich noch nicht einmal einig über Plural oder Singular bei der Bezeichnung von Erziehungswissenschaft (bzw. Erziehungswissenschaften), und die Lage an den Hochschulen und Universitäten sei so verwirrend und disparat, dass man Zweifel haben könnte, ob es um dieselbe Wissenschaft gehe, und überhaupt – warum nicht einfach Pädagogik statt Erziehungswissenschaft? – So die Skeptiker.

Andererseits die Pragmatiker: Wenn schon in den Prüfungsordnungen ein solcher Überblick gefordert sei, müsse ihn das vorbereitende Studium auch anbieten, man könne doch die Prüfungsämter und Kultusministerien fragen, was sie unter diesen Grundkenntnissen inhaltlich verständen, – und schließlich solle man doch den Mut haben, einen gewissen Kanon einfach einmal zu erarbeiten und zur Diskussion zu stellen. Das wäre doch auch ein wichtiger Beitrag für das Selbstverständnis der Erziehungswissenschaft.

Damit war eine „Lebensaufgabe" für mich formuliert. Ganz praktisch bedeutete die Entscheidung für ein entsprechendes Buch, es in regelmäßigen Abständen auf den neuesten Stand der gesamten erziehungswissenschaftlichen Diskussion zu bringen, es immer wieder in den Diskurs mit Kollegen und Kolleginnen einzubeziehen und schließlich meine eigenen Auffassungen von grundlegenden Begriffen, Gegenständen, Perspektiven und entsprechenden Forschungsergebnissen zu schärfen, ja stets neu zu orientieren. „Ecclesia semper reformanda", so sagen die Theologen: Die Kirche erneuert sich ständig und ist immer wieder zu reformieren. Warum nicht auch die Erziehungswissenschaft?
Aber da hatte ich mich doch „verhoben". Eine solche wissenschaftsgeschichtliche, wissenschaftstheoretische und wissenschaftssoziologische Intention wollte und konnte ich (neben meinen anderen Engagements in der universitären Lehre, Selbstverwaltung und Studienreform, der Lehrerfortbildung, der Schriftleitung der größten schulpädagogischen Fachzeitschrift der BRD, Aufbau einer Erziehungsberatungsstelle im Norden von Hamburg, Konferenzen, Vorträgen, drei heranwachsenden Kindern und einem ständig renovierungsbedürftigen Doppelhaus) nicht leisten. Ich musste mein Anliegen stark reduzieren: Von einem Seismographen der Entwicklung der Erziehungswissenschaft zu einem pragmatisch orientierten Autor, der ein einfaches Buch schreiben wollte, um den Bedarf von Studierenden zu decken, die sich pädagogisches Grundwissen aneignen und eine akademische Abschlussprüfung meistern wollten. Und dabei haben mir natürlich auch Kollegen mit ähnlichen Büchern geholfen, die ich in der Einleitung des „Pädagogischen Grundwissens" genannt habe.

Die wichtigsten Stationen

1. Ein erster Schritt war sehr praktisch. Meine Mitarbeiter und ich nahmen Kontakt zu allen Prüfungsämtern der Hochschulen und zu den entsprechenden Abteilungen der Kultusministerien auf. Ein Schritt, der einfach klingt, aber in der deutschen Kultusbürokratie erhebliche Probleme mit sich brachte. Teilweise erhielten wir nur wenig brauchbare Fotokopien der Prüfungsordnungen, teilweise aber auch umfangreiche Erläuterungen, Kommentare und Begründungen für die entsprechenden Passagen in den Prüfungsordnungen, sowohl für Lehrämter als auch für Diplom und Magister. Am Ende dieser Recherchen stand ein riesiger Berg von völlig heterogenen Materialien. Genau dies spiegelte aber das Problem: Es gibt weder an den Hochschulen noch in den Kultusministerien einen Konsens über das, was „pädagogische Grundkenntnisse" oder „pädagogisches Grundwissen" denn nun sei.
2. Der zweite Schritt umfasste daher eine anstrengende theoretische Arbeit: In einer Mischung aus synoptischen Vergleichen der Prüfungsordnungen, Ana-

lyse ihrer Schwerpunkte und eigenen Interpretationen erarbeiteten wir einen groben Kanon von Inhalten; wir suchten nach (mit immer gleichen Begriffen umschriebenen) Wissensbeständen, Forschungsgebieten sowie aktuellen Fragestellungen der Erziehungswissenschaft, – Stand: Ende der 80er Jahre. Immer größer erschien uns dabei das Wagnis, ein Buch über „pädagogisches Grundwissen" zu konzipieren, denn die Pädagogik ist einerseits jung und andererseits schon sehr ausgeufert: Als Wissenschaft gut 200 Jahre alt (das ist jung im Vergleich etwa zur Philosophie oder zur Rechtswissenschaft), ist sie doch in den letzten Jahrzehnten so umfangreich geworden, dass ein zusammenfassender Überblick schlechthin unmöglich erschien. Einerseits schade um die Kontur dieser Wissenschaft, andererseits ein Zeichen für stürmische Entwicklung und beachtliche Zunahme an Erkenntnis. Zudem sprechen manche Erziehungswissenschaftler angesichts dieser Entwicklung von „Auflösungserscheinungen" des Leitbegriffes: „Erziehung" ist heute alles und jedes – eine derartig formulierte Verallgemeinerung des Erziehungsbegriffs ist zugleich seine Auflösung.

Dennoch suchten wir für die (von uns als zentral herausgefundenen) Gebiete dann zunächst repräsentative Texte aus einschlägigen wissenschaftlichen Veröffentlichungen, um sie in Seminaren mit Studierenden zu lesen, zu diskutieren und zu verarbeiten. Grundlage dafür war ein über mehrere Semester immer wieder veränderter fotokopierter „Reader", der den Studierenden gegen Selbstkostenpreis zur Verfügung gestellt wurde.

3. Dritter Schritt war dann das Formulieren eigener Texte zu den Hauptthemen des Readers, um die fremden Texte durch eigene Schritt für Schritt zu ersetzen (s.u.). Das brauchte viel Zeit und war Ende der 80er Jahre und bis in die 90er Jahre mein Arbeitsschwerpunkt. Gelegentlich kam meine kleine Tochter in mein Arbeitszimmer (sie weigerte sich stets anzuklopfen) und fragte anteilnehmend: „Na, hast du wieder an deinem pädagogischen *Grunzwissen* gearbeitet?" – bevor ich sie ins Bett brachte, ein Lied zur Gitarre sang oder eine Geschichte erzählte...

Diese eigenen Texte wurden in meinen Seminaren immer wieder durchgearbeitet und von den Studierenden mit hilfreichen Feedbacks versehen, die sich auf ein breites Spektrum bezogen: Inhaltliche Richtigkeit, begriffliche Korrektheit, Verständlichkeit, Leserfreundlichkeit, Aktualität, Bezug zur fachlichen Diskussion, wissenschaftliches Niveau u.v.a. Eine enorme Hilfe waren ferner die Gespräche mit meinem Kollegen Helmut Peukert an der Universität Hamburg, vor allem seine Vorlesung über die Allgemeine Pädagogik, die ich als Hörer miterlebte und in Details mit ihm diskutierte. Auch der fruchtbare Austausch mit zahlreichen andern Kollegen und Kolleginnen war wertvoll, die mich wohlwollend und kritisch bei diesem doch immerhin riskanten (weil als Größenwahn missverständlichen) Unternehmen begleitet haben.

Immer wieder musste ich nachdrücklich darauf hinweisen, dass jeder Versuch, die explosionsartige Vermehrung pädagogischen Wissens in Überblickstexten einzufangen, notwendigerweise an die persönliche Sicht des Autors, seine Konstruktion von Bedeutungen und seine wissenschaftliche Position gebunden ist. Die Lektüre der angegebenen einschlägigen, durchaus kontroversen Fachliteratur zu den einzelnen Gebieten, die im „Pädagogischen Grundwissen" dargestellt werden, mute ich den Lesern und Leserinnen zu. Sie bleibt unverzichtbar.

Das Buch ist fertig

Ende 1992 war es dann soweit: Das Manuskript eines Buches mit dem Arbeitstitel „Pädagogisches Grundwissen" war fertig. Ein Computer (mit Bildschirm in „Bernsteinfarbe", also zwischen schwarz-weiß und Farbe) und ein Drucker mit Endlospapier und perforierten Rändern, eine Dateisicherung auf riesigen (so die heutige Sicht) Disketten-Scheiben halfen, den Text so aufzubereiten, dass ich ihn einem Verlag anbieten konnte. Und nach guten Erfahrungen mit dem Klinkhardt Verlag, vor allem mit Herrn Michael Klinkhardt, dem Vater des heutigen Chefs, war meine erste Wahl klar.
Herr Klinkhardt war sehr angetan. Die technische Abwicklung geschah reibungslos und zügig. Im September 1993 hielt ich die ersten Exemplare in den Händen. Ich will nicht verhehlen, dass ich zugleich stolz und besorgt war: Was würden die Kollegen sagen, die bereits ähnliche Werke publiziert hatten, würde sich mein Buch durchsetzen, würde ich anderen vielleicht wirtschaftlich (auch das muss immer bedacht werden) unabsichtlich „das Wasser abgraben"? Oder würde das Buch ein „Flop"? Wie würde die Fachwelt auf diesen riskanten Versuch reagieren?
Nicht lange nach dem Erscheinen der ersten Auflage riefen mich mehrere Kollegen und Kolleginnen an. Hilbert Meyer aus Oldenburg meinte: „Ich wollte mich schnell zur aktuellen Problematik der Grundschule informieren und habe im »Grundwissen« nachgeschaut, – Volltreffer. Das hat mir Stunden der Suche in Lexika und Handbüchern erspart!" – Und der große Hartmut von Hentig schrieb mir anerkennend: „Endlich unternimmt einmal jemand den Versuch, die disparaten Ergebnisse unserer Wissenschaft systematisch darzustellen und zusammen zu fassen." Ähnliches teilte mir Dieter Lenzen mit, der mit seinen Arbeiten bereits einschlägige Erfahrungen gesammelt hatte. Aber es gab auch andere Meinungen und inhaltliche Korrekturen: „Sie haben da etwas verwechselt....". Es folgte eine längere Ausführung zum Computer und menschlichen Lernen meiner hochgeschätzten Kollegin Gisela Miller-Kipp, mit der ich lange Telefongespräche führte, in denen ich ihre Ideenfülle kaum mitschreiben konnte. Oder auch sehr kritisch andere Kollegen: „Ich wollte Ihnen nur sagen,

dass ich mit Ihrer Darstellung der beruflichen Bildung völlig unzufrieden bin! So knapp geht das nicht!" Und immer wieder die Rückmeldung von Diplom-Studierenden: „Unsere Themen und Berufsbereiche werden sehr stiefmütterlich behandelt!" Der größte Teil der Rückmeldungen war aber zustimmend bis begeistert. Davon kann man sich auch heute noch in den Rezensionen bei Amazon, die ich weder arrangiert noch bestellt oder beeinflusst habe, überzeugen. Immerhin, das Buch wird gelesen und ruft Antworten und Feedbacks hervor... Offensichtlich ist es brauchbar und hat eine Lücke gefüllt.

Ständige Aktualisierungen

Mit der regelmäßigen Lektüre der einschlägigen Fachzeitschriften (vor allem ZfPäd, PÄDAGOGIK, ZfE, aber auch anderer sozialwissenschaftlicher Zeitschriften und Veröffentlichungen) wurde bald klar: Dieses Buch kann nicht so bleiben, wie es ist. Spätestens alle zwei Jahre müssen neue Forschungsergebnisse, Fragestellungen, Perspektiven, Diskurse, Kongressergebnisse der Deutschen Gesellschaft für Erziehungswissenschaft, aber auch veränderte Anforderungen der Studien- und Prüfungsordnungen, Reformen im Bildungswesen etc. eingearbeitet werden. Ziemlich dramatisch wurde dieser Anspruch in der 9. und 10. Auflage 2006/2008: Das rasante Tempo der Veränderungen im Bildungsbereich führte zu zahlreichen Veränderungen des Kapitels 10 über das Bildungswesen; die neuen Trends in der Didaktik mussten in das Kapitel 9 eingearbeitet werden; die neuesten Ergebnisse der Sozialisationsforschung (2008 erschien die völlige Neubearbeitung des klassischen Handbuches der Sozialisationsforschung) erforderten eine gänzliche Neuformulierung des Kapitels 6 über Sozialisation, die Gender-Forschung machte eine neue Akzentuierung des Kapitels 12 nötig u.a.m. ABER: Der Umfang des Buches durfte nicht steigen, weil erstens eine Masse von über 400 Seiten von keinem Studenten mehr gelesen wird und weil zweitens der Preis für Studierende unangemessen in die Höhe schnellen würde.

Neben den inhaltlichen Aktualisierungen wurden dann in vielen Auflagen auch andere Teile verändert. Immer wieder sagten Studierende, dass die (von mir wohlwollend und hilfreich gemeinten) „Lernkontrollfragen" am Ende jeden Kapitels eher Ängste auslösen, Inkompetenz und Insuffizienzgefühle hervorrufen und wenig hilfreich seien. Man drücke sich ohnehin um sie herum. Ich habe sie dann später ausnahmslos gestrichen und durch weiterführende Literaturvorschläge und kurze kommentierende Hinweise auf die einzelnen Bücher ersetzt.

Gut aufgenommen wurden von Anfang an die am Ende eines jeden Kapitels aufgeführten Arbeitsvorschläge. Ihr methodischer Variantenreichtum basierte auf langjährigen Erfahrungen der Arbeit mit diesem Buch in Seminaren an der

Universität Hamburg. Immer wieder betonten Leser, dass die Visualisierungen, Grafiken und Veranschaulichungen in diesem Buch äußerst hilfreich sind. Mein Bemühen um sprachliche Eindeutigkeit, um Veranschaulichungen und um Verständlichkeit sollte den Charakter wissenschaftlichen Wissens durchaus im Blick behalten; Elementarisierung, Visualisierung und Zusammenfassung dürfen daher nicht verwechselt werden mit der Reduzierung auf bloßen Lernstoff und dessen häppchengerechter Präsentation.

Das Namensverzeichnis hingegen wurde als „Eitelkeitsbeförderung von Autoren" ohne praktischen Nutzen kritisiert, ich habe es ab der 9. Auflage gestrichen, dafür das Sachwortverzeichnis erweitert.

Einige Kollegen waren ferner dafür, die Literatur lieber am Ende des Buches zusammen zu fassen. Ich habe mich bis heute, zur 10. Auflage, dagegen entschieden, weil ich der Meinung bin, dass es den Lesern und Leserinnen mehr nützt, wenn sie die einschlägige Literatur jeweils gezielt mit Hinweisen (z. B. mit * für grundlegend) am Ende des jeweiligen Themas eines Kapitels finden. Wer sich z. B. mit Sozialisation (Kapitel 6) beschäftigt, will die einschlägige Literatur genannt bekommen, diese aber nicht erst mühsam aus dem Gesamtliteraturverzeichnis am Ende des Buches zusammensuchen müssen.

Ein großes Problem war von Auflage zu Auflage die Einarbeitung der neuesten Literatur, – und die schmerzhafte Streichung älterer, nicht mehr aktueller Titel. Als Wissenschaftler, der zu einem historischen Thema promoviert hat (Gesellschaft und Erziehung bei Pestalozzi) hätte ich am liebsten alle Titel im Literaturverzeichnis gelassen. Aber Umfang und Lesefreundlichkeit erzwangen hier schmerzhafte Schnitte.

Die bleibenden Ziele eines „Bestsellers"

1. *Eine kognitive Landkarte.* Das „Pädagogische Grundwissen" ist keine neue systematische Pädagogik. Das Buch fasst, wie bereits oben betont, viel bescheidener die klassischen Gebiete, die wichtigsten gegenwärtigen Diskussionsstränge und ausgewählte Forschungsergebnisse der Erziehungswissenschaft zu einer Art »kognitiven Landkarte« zusammen. Im Bild: Wer in eine Stadt kommt, braucht zuerst einen Stadtplan. Wenn man sich genauer mit dieser Übersicht beschäftigt, findet man Zusammenhänge, Abhängigkeiten und Querverbindungen. Anders formuliert: Erst nach einer Übersicht kann man sich (auch in der Erziehungswissenschaft) für die vertiefte Auseinandersetzung (z. B. mit dem Bildungsbegriff) entscheiden.

Dieses Buch darf allerdings nicht zur instrumentellen Wissensaneignung (Auswendiglernen, Einpauken) verleiten, sondern soll auf der Grundlage einschlägiger Sachkenntnisse das Weiterstudium anregen, das eigene Denken der Leser

und Leserinnen herausfordern und zu begründeten Positionen verhelfen. Eine solche Vertiefung in einzelne Gebiete, Fragestellungen und Probleme ist für ein Studium der Erziehungswissenschaft unverzichtbar!
Und dies führt zu einem hohen Anspruch, der nicht immer von Studierenden verstanden wird. Vor einiger Zeit erreichte mich eine e-mail von zwei Studentinnen, die sich darüber beschwerten, dass ich in dem Buch immer wieder verschiedene Positionen gegenüber gestellt, aber nicht klar gesagt hätte, welches denn nun die „richtige" sei. Sie würden sich doch wünschen, mit gesicherten Ergebnissen versorgt zu werden, denn sonst habe man doch kein nachprüfbares Wissen beim Abschlussexamen zu präsentieren... Ich habe ihnen geantwortet, dass ein Studium (und auch ein Examen) nicht darin bestehen kann, dass wissenschaftliches Wissen als „gesichertes Lehrwissen" dogmatisch übernommen und geschluckt wird, um es im Prüfungsgespräch wieder „auszuspucken". Studieren ist mehr als die fleißige Reproduktion angelernter Kenntnisse. Der Charakter erziehungswissenschaftlichen Wissens als fallibles (d.h. grundsätzlich dem Irrtum unterworfenes), hypothetisches und kritisierbares Wissen muss auch beim Studieren und dann vor allem beim „Pauken" für das Examen erhalten bleiben – eine unendlich schwere Aufgabe, auf die auch mein Buch zum „Pädagogischen Grundwissen" keineswegs verzichtet.
Sie haben mir leider nicht mehr geantwortet.

2. *Systematische Einordnung von Einzelkenntnissen.* Im Laufe der Jahre wurde mir klar, dass das Buch einen ganz anderen Anspruch stellt als die ursprünglich von mir als Muster gedachten „Repetitorien" der Juristen und anderer Fachgebiete. Es geht um ein systematisches Ziel: Einzelkenntnisse in größere Zusammenhänge einzuordnen und in einem eigenen Denkprozess kritisch zu reflektieren. Das gilt für sehr unterschiedliche „Zielgruppen".
• Für *Studierende* ist das pädagogische Studium oft leider wie ein Steinbruch. Die von ihnen disparat erworbenen Einzelkenntnisse, die Theoriebausteine, Problemaspekte und vielleicht auch Wissensbruchstücke sollten mit Hilfe dieses Buches noch einmal in einen größeren Zusammenhang gestellt und im Kontext umfassender Perspektiven reflektiert werden. Einordnen und sortieren kann zur Klarheit im Kopf helfen. Wer sich z.B. mit der Waldorf-Pädagogik beschäftigt hat, muss deren Sicht der kindlichen Entwicklung vergleichen können mit andern wichtigen Entwicklungstheorien (z.B. Piaget oder Erikson). Wer sich z.B. mit Offenem Unterricht, Praktischem Lernen und Alternativschulen auseinander gesetzt hat, muss wissen, dass die hier auftretenden Fragen und Probleme in wichtigen didaktischen Theorien grundlegend reflektiert wurden. Wer sich im Rahmen des Diplomstudiums oder des geplanten BA/MA-Abschlusses mit Institutionen der Erwachsenen-

bildung beschäftigt hat, muss auch die historischen und gesellschaftlichen Zusammenhänge analysieren können. Andernfalls bleibt er/sie vor lauter Engagement letztlich „unaufgeklärt" und wird schnell betriebsblind.
Das im Studium gelernte Theoriewissen wird in diesem Buch deshalb nicht etwa noch mal „bündig zusammengefasst", damit es Studierende dann in der folgenden Praxis „anwenden" können. Vielmehr ist ein reflexiver Umgang mit der studierten Wissenschaft das Ziel. Meist stand am Anfang des Studiums ja die große Verunsicherung der eigenen mitgebrachten Erfahrungen und Einstellungen („wahr ist doch, was ich fühle"). Diese subjektive Erfahrung hat sich dann oft verbunden mit intersubjektiv überprüfbarer, begrifflich formulierter Erfahrung („wahr ist, was kritischer Überprüfung im rationalen Diskurs standhält"). Subjektbezogenes Handlungswissen wird (im Idealfall) mit sozialwissenschaftlicher Reflexions- und Urteilskompetenz verbunden. Das ist immer noch eine gute Voraussetzung für die Praxis. Johann Gottlieb Fichte hatte das schon vor über 200 Jahren ähnlich formuliert (siehe Schluss dieses Beitrages).
Das Buch zum „Pädagogischen Grundwissen" will also helfen, die eigenen Einstellungen, das erworbene Wissen, das eigene Problembewusstsein und die Annahmen über erzieherische Phänomene noch einmal mit der Breite erziehungswissenschaftlicher Theoriebildung zu konfrontieren.
- Für *Lehrer/innen, Diplompädagogen, Magister, Seminarleiter/innen* bietet dies die Möglichkeit, sich zu „erinnern", ihr Wissen zu aktualisieren und erneut zu prüfen, ob und wo die Theorie vielleicht doch einen neuen und veränderten Blick auf die Alltagsprobleme ermöglicht; Nachdenklichkeit kann zur entlastenden Distanz führen. Allerdings sollten Lehrer und Lehrerinnen nicht gläubige Funktionäre erziehungswissenschaftlicher Theorie sein, sondern pädagogisches Grundwissen zur Erforschung ihrer eigenen Situation nutzen.
- *Referendare und Referendarinnen* können angeregt werden, noch mal genauer zu prüfen, welche ihrer Reformideen für die Schule realistisch sind. Theoretisch fundierte Kenntnisse sind auch ein gutes Argument gegen den manchmal zu hörenden Satz am Anfang des Referendariates: „Nun vergessen Sie mal alles, was Sie an der Uni gelernt haben, jetzt kommt die Praxis …"
- *Hochschullehrende* werden (fast?) alles wissen. Aber möglicherweise begrüßen sie doch den Versuch, dass hier in didaktisch reflektierter Form (mit zahlreichen Verweisen auf das vertiefende Studium) ein Überblick über das versucht wird, was ihre Prüfungskandidaten und -kandidatinnen sich aneignen sollen …

3. *Verständlichkeit und Anschaulichkeit.* Das Bemühen in diesem Buch um sprachliche Eindeutigkeit, um Veranschaulichungen und um Verständlichkeit hat den Charakter anspruchsvollen wissenschaftlichen Wissens durchaus im Blick; Elementarisierung, Visualisierung und Zusammenfassung dürfen daher nicht verwechselt werden mit der Reduzierung auf bloßen Lernstoff und dessen häppchengerechter Präsentation. Im Laufe der nun fast 15 Jahre habe ich darum immer wieder auch an einzelnen Formulierungen im Detail gearbeitet.

Interessant ist schließlich die Beobachtung, dass (nach Erfahrungen vieler Jahre) dieses Buch in zweifacher Weise hilfreich sein kann. Einmal ist es zur Vorbereitung von *Abschlussprüfungen* in Erziehungswissenschaft verwendbar (Vergewisserung allgemeiner Grundkenntnisse). Das war sein bereits beschriebenes ursprüngliches Anliegen. Zum andern lässt es sich aber auch zur *Einführung* in das Studium lesen (Orientierung über künftig zu studierende Gebiete). In beiden Fällen ist das Bedürfnis nach einem Überblick in verständlicher Sprache, nach zusammenfassender Orientierung und nach gezielten Literaturanregungen legitim.

Der bleibende Aufbau des Buches

Unabhängig von immer wieder notwendigen Akzentverschiebungen und kleineren Änderungen im Inhaltsverzeichnis hat das Buch seine Grundstruktur behalten, die sich in folgendem Aufbau niederschlägt. Seine Nähe zum jüngsten Vorschlag der Deutschen Gesellschaft für Erziehungswissenschaft für ein modernes „Kerncurriculum Erziehungswissenschaft" (2008) ist unübersehbar.

Kapitel 1: Wer Erziehungswissenschaft studiert, sucht in der Regel zunächst nach einer orientierenden Gliederung dieses meist unübersichtlichen Gebietes, das an jeder Hochschule anders aufgebaut ist. Daher stehen im Mittelpunkt Strukturierungshilfen, wie man dieses „buntscheckige Gemisch" ordnen kann.

Kapitel 2: Es gibt ein ganz unterschiedliches Verständnis dessen, was Erziehungswissenschaft eigentlich ist. Darum folgt ein Überblick über wissenschaftstheoretische Richtungen der Erziehungswissenschaft.

Kapitel 3: Dabei erhebt sich die Frage, wie wir eigentlich zu dem kommen, was wir wissen: Forschungsmethoden sind gefragt. Welche Entwicklungen zeigt die Forschungslandschaft der Gegenwart, welche Verfahren werden angewendet – mit welchen Möglichkeiten und Grenzen?

Kapitel 4: Während in den ersten drei Kapiteln die wissenschaftlichen Grundlagen und Arbeitsweisen der Erziehungswissenschaft im Mittelpunkt standen, geht es jetzt um historische Voraussetzungen der Pädagogik. Heutiges Denken über Erziehung und Bildung ist eingebunden in ideen- und sozialgeschichtliche Prozesse. Widersprüche und Grundfragen der Erziehung werden historisch entfaltet.

Kapitel 5: Gegenwärtig verändern sich die Bedingungen des Aufwachsens für Kinder und Jugendliche erheblich. Welche Entwicklungstheorien und -modelle gibt es, welche Probleme beschäftigen Kinder und Jugendliche der Gegenwart? Was muss ein pädagogisch engagierter Mensch wissen? Ein Überblick findet sich im Abriss der Entwicklungspsychologie des Kindes- und Jugendalters.
Kapitel 6: Wie wird eigentlich ein Heranwachsender „Mitglied" in einer bestimmten Gesellschaft, wie wird er/sie „sozial" und „gesellschaftlich handlungsfähig"? – eine Frage, die Sozialisationstheorien beschäftigt. An den Beispielen Familie und Schule werden zentrale Ergebnisse der Sozialisationsforschung exemplarisch vorgestellt.
Kapitel 7: Der Sozialisation untergeordnet ist der Begriff der Erziehung: Was ist eigentlich Erziehung? Welche anthropologischen und gesellschaftlichen Voraussetzungen hat Erziehung? Was versteht man heute unter Bildung? Welche aktuellen Aspekte sind zu bedenken?
Kapitel 8: Der Mensch muss lernen – vielfältig und lebenslang. Wir lernen im Alltagsleben, in Bildungsinstitutionen – aber wie? Welche Lerntheorien gibt es, welche Reichweite haben sie, was sagt die neuere Gehirnforschung? Welche Lernhilfen lassen sich möglicherweise daraus ableiten?
Kapitel 9: Lehr-/Lernprozesse verlaufen heute nicht mehr „by the way", sondern werden wissenschaftlich analysiert und geplant. Welche Modelle zur Didaktik bestimmen die Diskussion? Die wichtigsten didaktischen Modelle und neueren Unterrichtskonzepte – für die Schule ebenso gültig wie für die Erwachsenenbildung – werden vorgestellt.
Kapitel 10: Die Frage ist dabei, wie sich gegenwärtig dieses Lehren und Lernen institutionalisiert hat. Vor allem in unserem heutigen Bildungswesen. Wie sieht seine Struktur aus? Welches sind die rechtlichen Grundlagen? Welche Maßnahmen und Tendenzen kennzeichnen die gegenwärtige Bildungsreform nach PISA ? Vor allem aber wird ein Überblick über die verschiedenen Schulformen (auch der beruflichen Schulen) vermittelt. Schließlich werden die wichtigsten Schultheorien vorgestellt.
Kapitel 11: Bildung, Erziehung und Beratung vollziehen sich nicht nur in der Schule. Insbesondere für Diplom- und Magisterstudierende sowie nicht-schulbezogene BA/MA-Studiengänge sind zahlreiche außerschulische pädagogische Arbeitsfelder von großer Bedeutung: Sie reichen von der Erwachsenenbildung über die Sozialpädagogik, die Freizeitpädagogik, die berufliche Bildung bis zur Familienbildung, Kinder- und Jugendarbeit, Kulturpädagogik, Gesundheitsbildung sowie Behinderten- und Altenarbeit.
Kapitel 12: Ein Ausblick auf die Herausforderungen der Pädagogik der Gegenwart bildet den Abschluss. Postmoderne, Transformation, die Rolle der Pädagogen in der Zukunft, interkulturelle Bildung, die neuen Medien, das

Geschlechterverhältnis, insbesondere nach den neuesten Ergebnissen der Gender-Forschung, AIDS und Sexualpädagogik, Friedenserziehung, Globalisierung und Umweltbildung sind exemplarische Problemfelder.

Besondere Freude hat mir gemacht, für das Ende eines jeden Kapitels einen ebenso humorvollen wie treffenden Spruch zu finden. Als Motto für diesen Beitrag zur Festschrift des Klinkhardt Verlages über Entstehung, Ziele und Entwicklung eines „pädagogischen Bestsellers" wähle ich eine Warnung des großen Philosophen Johann Gottlieb Fichte (1762–1814):

»Man studiert ja nicht, um lebenslänglich und stets dem Examen bereit das Erlernte in Worten wieder von sich zu geben, sondern um dasselbe auf die vorkommenden Fälle des Lebens anzuwenden und es so in Werke zu verwandeln; es nicht bloß zu wiederholen, sondern etwas anderes daraus und damit zu machen, es ist demnach auch hier letzter Zweck keineswegs das Wissen, sondern vielmehr die Kunst, das Wissen zu gebrauchen.«

Doch auch für das pädagogische Grundwissen gilt eine Antwort des berühmten Soziologen Arnold Gehlen auf die Frage, was denn eigentlich Wissenschaft sei: *„Wissenschaft ist der augenblickliche geltende Irrtum..."*.

IV.
Verlegen im Netzwerk

Unter Kollegen – Arbeiten in der UTB
Volker Hühn

To everything - turn, turn, turn
There is a season - turn, turn, turn
And a time to every purpose under heaven

Die Zeiten in der Verlagslandschaft ändern sich – wenn nicht im Jahrestakt, dann doch zumindest in Dekaden. Das gilt ganz besonders für Wissenschafts- und Fachverlage. Waren die 70er die Zeit des Aufbruchs in der Bildungspolitik und einer damit verbundenen stark steigenden Nachfrage nach Lehrbüchern für Studenten, so standen die 80er für die beinahe notwendig kommende konjunkturelle Eintrübung.

Eine Eintrübung, die sich dank der deutschen Vereinigung kurzzeitig wieder aufhellte, die jedoch nicht überdecken konnte, dass die Zeiten schwieriger wurden, Jahrzehnt für Jahrzehnt, Jahr für Jahr.

Doch für alle Zeiten und alle Probleme gab es Lösungen. Durch Kreativität, konsequente Programmpolitik und hohen Qualitätsanspruch konnte auch ein kleiner Verlag überleben. Und nicht nur das: Gerade als Hecht im Karpfenteich waren diese Verlage schneller und wendiger als so manches Konzernschiff und glänzten durch erfolgreiche Buchprojekte, verdienstvolle Reihen oder gut verkäufliche Lehrbücher.

Die Stichworte, die einen Wissenschaftsverleger zu Beginn des neuen Jahrhunderts beschäftigen, sind jedoch anders gelagert und nicht mehr allein von der Konjunktur – die sich auch wieder ändert – bestimmt. Sie sind allen wohlbekannt: „E-commerce als neue Herausforderung", „open access – Freibier für alle", „Konzentration oder Kooperation – zwei Seiten der selben Medaille", „die Macht der Buch-Filialisten", „Bologna und der Bachelor", „verändertes Leseverhalten junger Menschen" - das sind nur einige der Schlagzeilen, die uns immer wieder aus den Tageszeitungen und Nachrichtenmagazinen entgegen springen. Man merkt es schnell: Es sind Themen, die sich nicht leicht ins Gegenteil verkehren oder die durch konjunkturellen Ausgleich eben nicht irgendwann wieder ins Lot geraten. Es sind fundamentale Veränderungen, mit denen wir uns auseinanderzusetzen haben. Und damit nicht genug. Das Tempo dieser Veränderungen, die Beschleunigung des Wandels und Wechsels nimmt in atemberaubender Weise zu.

Hinzu kommt, dass vielleicht das erste Mal in der Buchhandels- und Verlagsgeschichte pure Größe eine wichtige, ja sogar die entscheidende Rolle spielt. Das Machtgefüge im Buchhandel ist so austariert, dass als Partner für die stationären Sortimente nur Verlage auf Augenhöhe in Frage kommen. Und Augenhöhe bedeutet in diesem Falle Marktmacht und nicht Qualität oder Reputation in den Fachkreisen. Es sind Zeiten, in denen sich jeder Verleger überlegen muss, ob er alleine am Markt noch überlebensfähig ist, oder ob er sein Unternehmen nicht an einen der großen Konzerne verkauft. Eine ungünstige Auswahl.

Aber es gibt auch im Verlagswesen einige wenige Ausnahmen, die einem selbständigen Verleger alle Freiheiten lassen, ihm aber durch die Möglichkeiten der Kooperation das Überleben am Markt nachhaltig sichern können. Eine solche ist die UTB. Bereits im Jahr 1970 als Kooperation unabhängiger, mittelständischer Wissenschaftsverleger gegründet, vertreibt sie unter ihrem Label Lehrbücher in über 20 akademischen Disziplinen. Es war weise Voraussicht, bereits so früh einen Verbund zu gründen, der heute noch – nach beinahe 40 Jahren – erfolgreich am Markt besteht. Interessant ist in diesem Zusammenhang aber besonders, dass all die Probleme, mit denen unabhängige Verlage heute zu kämpfen haben, damals scheinbar schon vorausgesehen wurden. Wollte man UTB heute gründen, würde man es fast genau so machen.

Denn UTB bietet seinen Gesellschaftern – z.Zt. sind es 18 Verlage aus Deutschland, Schweiz und Österreich – den Raum, ihre Bücher und Projekte nach eigenen Vorstellungen und Ideen zu entwickeln. Diese absolute Freiheit in der Produktplanung und -gestaltung wird dabei auf ganz besondere Art und Weise ergänzt, die den eigentlichen Reiz der UTB ausmacht: Das Zauberwort, das maßgeblich für den Erfolg von UTB verantwortlich ist, heisst Zusammenarbeit.

Gemeinsam wird unser wichtigster Markt, der der Studierenden, betrachtet: Studentenzahlen, Entwicklungen in den einzelnen Fächern, hochschulpolitische Rahmenbedingungen. Die dort erhaltenen Informationen werden gebündelt, ausgewertet und diskutiert und dann wird in aller Offenheit gemeinsam geplant. Diese gemeinsame, kollegiale Planung und das Offenlegen aller eigenen Projekte sind so einmalig in der Verlagslandschaft, dass dieser Punkt nähere Betrachtung verdient hat. Die Kollegen in den UTB-Verlagen haben erkannt, dass es keinen Sinn macht, als Einzelkämpfer ausschließlich einzelne, kleine, in sich abgeschlossene Projekte zu planen. Sondern dass zu einem starken Marktauftritt mehr gehört. Neue didaktische Konzepte ausprobieren, eine Reihe mit vielen Titeln „füttern", ein gemeinsames Marketing, alles Dinge, die im Rahmen der UTB selbstverständlich sind und in die jeder Verlag von Anfang an eingebunden ist.

Es sind zwei Phänomene, die einen an dieser Art der Zusammenarbeit faszinieren können. Da wäre einmal das Vertrauen, das man sich gegenseitig entgegenbringt. Vertrauen, das in beinahe 40 Jahren gewachsen ist, das aber jedem neuen Verleger von der ersten Minute an ungeteilt entgegengebracht wird. Da sprechen Kollegen, die außerhalb der UTB Konkurrenten sind, offen und freundschaftlich über Verlags- und Kostenstrukturen. Da werden Infos ausgetauscht, die der eine Verleger zufällig irgendwo gehört hat und gerne weitergibt. Da wird nachgefragt, wie denn die Erfahrungen mit verschiedenen Anbietern sind, wie der neue Online-Shop läuft, wie die Zugriffe sind, oder auch mal im persönlichen Gespräch – wie die persönliche Planung des Verlegers für die Zukunft aussieht. Dies ist einmalig in einem solchen Rahmen und kann nicht oft genug als einer der entscheidenden Erfolgsfaktoren der UTB betont werden.

Und dann haben wir es nach außen – zur Marktseite hin – mit dem „Schwarm-Effekt" zu tun. Als einzelne kleine Fische tun sich alle Verlage schwer – im Meer der „Buchhandels-Haie" oder im Ozean der „Konzernverlags-Wale". Sie werden bestenfalls dort nicht beachtet, im schlimmsten Fall gefressen. Was aber passiert, wenn sich viele kleine Fische zu einem Großen zusammenfinden, kann man ganz wunderbar in der Geschichte „Swimmy" des Kinderbuchautors Leo Lionnie nachlesen. Auch dort finden sich all die vielen kleinen Fische zusammen und schwimmen nun als großer roter (!) Fisch durch die schrecklichen und bedrohlichen Meere. Und dieser große Fisch kann auch noch ganz anderes ermöglichen. Investitionen, die man alleine kaum stemmen könnte. Das Testen neuer Technologien, für die man alleine weder genug manpower, noch ausreichend Geld auf der Bank hat. Und er kann v.a. am Markt den großen Gegenspielern auf Handels-Seite die Stirn bieten.

Der große Fisch ist nun so stark, dass der „Buchhandels-Hai" ihn als einen ihm ebenbürtigen wahrnimmt, und dies ist auch eine der zentralen Stärken von UTB – seine außergewöhnlich starke Stellung in den deutschen Buchhandlungen.

Kein Buchhändler, sei er auch noch so groß und mächtig, kann seine Buchhandlung nur mit Kinderbüchern oder Reiseführern bestücken. Eine gut sortierte Fachabteilung gehört zum Standard eines jeden Buchkaufhauses. Und in einer solchen Abteilung dürfen natürlich die roten und blauen Lehrbücher nicht fehlen, denn Studierende sind eine gern gesehene Zielgruppe. Eine, die noch liest und kauft und die man sich als Stammkunden der Zukunft gerne sichert. Dies führt dazu, dass UTB weder in Verhandlungen mit den großen Filialketten der Republik, noch im Kontakt mit dem immer wichtiger werdenden Online-Buchhändler Amazon klein beigeben muss und sich seither immer erfolgreich gegen überzogene Forderungen zur Wehr setzen konnte.

Der Schwarm-Effekt führt jedoch noch zu einem ganz anderen Phänomen, auf das die Verleger gerne bauen und vertrauen. Ein Schwarm wird gesehen, wahrgenommen – und dadurch wurde UTB zu einer Marke. Zu einer Marke bei Studierenden, bei Dozenten und bei Autoren.

Wenn auch alle Untersuchungen immer wieder betonen, dass der Leser Verlagsmarken nicht wahrnimmt, so kennt doch jeder, der in den letzten 25 Jahren ein geistes- oder sozialwissenschaftliches Studium absolviert hat, die blauen und roten Bücher. Mit ihnen hat er Prüfungen bestanden, Vorlesungen verstanden und Studienzeiten überstanden. Das schafft Vertrauen, wird beim nächsten Kauf wieder berücksichtigt und als Tipp an die Kommilitonen weiter empfohlen.

Diejenigen, die mit Büchern aus dem UTB-Programm ihr Studium erfolgreich zu Ende gebracht haben und später eine akademische Laufbahn eingeschlagen haben, konnten nun auch aus fachlicher Sicht beurteilen, dass die Qualität zwischen den roten und blauen Buchdeckeln stimmt. Ein UTB können sie zur Hand nehmen, wenn sie sich einen Überblick über ein neues Thema verschaffen wollen oder wenn sie ihren Studierenden gegenüber eine Literaturempfehlung aussprechen.

Dass dies häufig der Fall ist, kann man an den Literaturlisten sämtlicher deutscher Universitäten und Fachhochschulen ablesen, auf denen UTB-Bücher überdurchschnittlich gut vertreten sind. Ein Fakt, der durch ein intensives und persönliches Dozentenmarketing bei UTB noch verstärkt wird. Diese Tatsache ist aber auch Ausdruck der über die Jahre gleich bleibend hohen Qualität – ein weiteres Ergebnis des kollegialen Miteinanders bei der UTB.

Denn jeder Titel, der bei UTB erscheint, setzt sich den prüfenden Augen von 10 Lektoren aus 10 verschiedenen Verlagen aus. Diese beurteilen vor allem, ob das ein Titel für Studierende ist; dies ist das wichtigste Kriterium für ein UTB. Wenn man UTB mit wenigen Worten charakterisieren wollte, fällt einem nur der Slogan ein: „UTB – alles, was ein Studierender braucht." Von der Einführung über das didaktisierte Lehr- und Arbeitsbuch bis hin zum Studienhandbuch. Die Kollegen beurteilen darüber hinaus aber auch die fachliche Qualität eines Titels. Ist die Gliederung einleuchtend? Stimmt das Preis-Leistungs-Verhältnis? Ist die Titelformulierung missverständlich? Diese Beurteilungen werden an den anmeldenden Verlag weitergegeben und diesen Rat kann der Verleger beherzigen – und die meisten tun es auch. So konnte UTB über all die Jahre ein in Breite und Tiefe qualitativ hochwertiges Programm aufbauen.

Ein Programm, in dem jeder Autor gerne veröffentlicht. Die starke Stellung, die UTB auf dem Autorenmarkt inne hat, ist ein klares Ergebnis dieser Qualitätsbemühungen und führt dazu, dass viele Autoren-Augen aufleuchten, wenn ihnen ein Lektor anbietet, das Buch im Rahmen der UTB zu veröffentlichen.

All diese Dinge haben Herrn Klinkhardt dazu bewogen, vor zwei Jahren der UTB beizutreten. Ein Entschluss, den die Gesellschafter sehr begrüßt haben und den er hoffentlich auch noch nicht bereut hat.

Ich persönlich glaube, er war mehr als richtig dieser Entschluss. Denn die Zeiten ändern sich und jede Zeit hat ihre eigenen Lösungen für die anfallenden Probleme.

To everything – turn, turn, turn

In diesem Sinne wünsche ich dem Verlag Julius Klinkhardt noch viele unterschiedliche Zeiten und Epochen und dass diesem Verlag immer ein solch umsichtiger Verleger wie der jetzige vorsteht, der die Zeiten erkennt und richtig deutet.

Druckerei und Verlag – eine Partnerschaft im Fluss
Reinhard Graf

Für unsere Wirtschaft und Gesellschaft bedeutet die Partnerschaft zwischen Verlag und Druckerei mehr als manch einer im ersten Moment denken mag. Denn eine der kulturell wichtigsten Aufgaben unserer Gesellschaft ist die Verbreitung von Informationen. Druckprodukte sind Träger von Informationen und stellen damit einen wesentlichen Faktor unserer freiheitlichen Grundordnung dar. Als Hersteller und Verleger von Zeitungen, Zeitschriften und Büchern, den Informationsträgern im politischen, gesellschaftlichen und individuellen Lebensbereich, genießt die grafische Branche daher hohe öffentliche Beachtung.

Sehen wir uns die Entwicklung des ‚Bücherdruckens' kurz an. Da es den Rahmen sprengen würde, näher auf alle Einzelheiten und Entwicklungen einzugehen, überfliegen wir die Geschichte des Drucks anhand folgender Momentaufnahmen:

Wir beginnen im 12. Jahrhundert: Wer kennt nicht Umberto Ecos ‚Der Name der Rose'? In dunklen Skriptorien an Schreibpulten stehende Mönche kopieren Bücher, Buchstabe für Buchstabe. Eine langwierige und stark fehlerbehaftete Art der Vervielfältigung, die nur für den eigenen Bedarf der Klöster oder betuchte Auftraggeber erschwinglich ist.

Mainz, Mitte des 15. Jahrhunderts: Ein Mann namens Johannes Gensfleisch übt, wie auch die anderen Drucker seiner Zeit, in seiner Offizin in Mainz im Humbrechthof mehrere Tätigkeiten aus: Er ist Drucker, Buchbinder, Verleger und Buchhändler in einer Person. Weltbekannt wurde er unter dem Namen Johannes Gutenberg mit seiner Entwicklung des Buchdrucks mit beweglichen Metall-Lettern. Dieser Meilenstein des Druckwesens veränderte grundlegend die herkömmlichen Methoden der Buchproduktion. Gutenberg war damit der Wegbereiter einer Medienrevolution in Europa.

Im Laufe der Jahrhunderte erforderte die zunehmende Spezialisierung der Arbeitsabläufe die Aufteilung in eigenständige Bereiche. Vereinfacht dargestellt vergibt der Verleger auf eigene Rechnung den Produktionsauftrag an Drucker und Buchbinder, die das Produkt ‚Buch' herstellen. Den Vertrieb organisiert wieder der Verlag in Zusammenarbeit mit dem Buchhandel. Für einen reibungslosen Ablauf dieser Geschäftsfelder ist eine partnerschaftliche Zusammenarbeit aller Beteiligten unabdingbar.

Wir befinden uns nun im zu Ende gehenden 18. Jahrhundert. In München erfindet der Österreicher Alois Senefelder bei Versuchen, Musiknoten preiswert zu vervielfältigen, den Steindruck bzw. die Lithographie. Er schafft damit die Grundlage des Offsetdrucks.

Es dauert noch bis Anfang des 20. Jahrhunderts, bis Erfinder in den USA und davon unabhängig in Deutschland Caspar Hermann das Offsetdruckverfahren entwickeln. Die erste Offsetdruckmaschine wird 1907 in Leipzig aufgestellt. In verhältnismäßig kurzer Zeit verdrängt diese Technik den bis dahin traditionellen Buchdruck.

Auch im Bereich der Satzherstellung kündigten sich große Veränderungen an: Der erste Schriftgießer war der uns schon hinlänglich bekannte Johannes Gutenberg. Um den enormen Bedarf an Schriften zu decken, entwickelten sich im Laufe der Zeit spezielle Schriftgießereien. Da immer mehr Verlage gegründet wurden und die zu bewältigende Informationsflut auch damals schon ständig wuchs, beschäftigten sich gegen Ende des 19. Jahrhunderts viele Erfinder damit, den Vorgang des Schriftsetzens zu automatisieren und damit zu beschleunigen. Ottmar Mergenthaler gelang es anno 1886 die erste Satzmaschine herzustellen. Ihr Name: Linotype.

Wurden Informationen bis Ende des 19. Jahrhunderts in erster Linie von Zeitungs- und Buchverlagen verbreitet, so entstand den Verlegern nun eine nicht zu unterschätzende Konkurrenz: der Rundfunk. Bedingt durch zwei Weltkriege kommt es aber erst ab der Mitte des 20. Jahrhunderts zu weit reichenden Veränderungen. Das Fernsehen erobert in Deutschland ab Ende der 1950er Jahre die Wohnzimmer, die zunächst unerschwinglichen und unhandlichen Computer werden ab ca. 1980 besonders durch die Firmen IBM, Commodore und Atari zum Heimcomputer. In Verbindung mit dem seit 1993 der Allgemeinheit zur Verfügung stehenden World Wide Web entwickelt sich das Internet in kürzester Zeit zum Informationsträger und -vermittler Nr. 1.

Die traditionellen Verlage mussten sich folglich Mitte des 20. Jahrhunderts darüber Gedanken machen, wie sie gegen die elektronischen Medien bestehen können. Aufgrund der Symbiose mit den Verlagen galt dies natürlich gleichermaßen für die Druckereien.

Stellen Sie sich nun bitte vor, wir sind bei unserem Flug durch die Geschichte des Drucks Mitte der 1970er Jahre gelandet. Wir konzentrieren uns dabei auf die Produktion von Büchern und Broschuren für wissenschaftliche Verlage.

Der Fotosatz hat bis dahin den Bleisatz weitgehend abgelöst und mit rechnergestützten Satzsystemen neue Möglichkeiten des Schriftsatzes geschaffen.

Druckerei und Verlag – eine Partnerschaft im Fluss | 219

Die Auflagengrößen von wissenschaftlichen Werken sinken ständig, weil neue Erkenntnisse der Forschung immer noch schneller eingearbeitet werden müssen. Die dadurch pro Exemplar höheren Produktionskosten können nur durch neue Techniken kompensiert werden.

Für kleinere Auflagen und qualitativ nicht zu anspruchsvolle Produkte kommen in dieser Zeit sogenannte Kleinoffsetmaschinen zum Einsatz. Als Druckplatten können hier preiswerte Papierfolien oder Polyesterfolien verwendet werden. Überhaupt liegt das größte Potenzial der Kosteneinsparung beim Druck im Druckvorstufenbereich, der die Vorlagenerstellung bis zur Druckplatte umfasst.

Während bei privaten Publikationen, z.B. Dissertationen, Habilitationsschriften u.ä., schon oft beim Satz gespart wird und einfache, mit der Schreibmaschine im linksbündigen Flattersatz erstellte Manuskripte als Druckvorlage dienen, legen die Verlage doch noch größeren Wert auf die handwerklichen Regeln des Buchdrucks.

Mit elektrischen Kugelkopf-Schreibmaschinen und später den Composer-Schreibmaschinen von IBM lassen sich, zumindest für den typografischen Laien, ansehnliche Textseiten im Blocksatz wesentlich kostengünstiger gestalten als im Fotosatz. Druckereien, die sich auf diese Produktionstechnik spezialisiert haben, stellen ihren Kunden neben mehr oder weniger umfangreichen Satzanweisungen teilweise auch DIN A4-Blätter mit hellblau gedruckten Satzspiegel-Rahmen zur Verfügung. Der Autor, der ja meistens selbst die seitenfertige Druckvorlage erstellt, weiß damit, wo bzw. in welchem Rahmen er den Text auf der Seite platzieren darf. Bei der Plattenkopie, die direkt von der Aufsichtsvorlage auf die Druckplatte erfolgt, werden dann die hellblauen Begrenzungen ‚wegbelichtet', so dass nur der schwarz geschriebene Text stehen bleibt.

Die qualitativen Ansprüche der Verlage an das Produkt Buch konnten mit diesen Lösungen aber nur zum Teil erfüllt werden. Auch die buchbinderische Verarbeitung stieß an ihre Grenzen, da z.B. fadengeheftete Produkte aufgrund der meistens nur zwei- oder vierseitigen Druckbögen nicht hergestellt werden konnten.

Sollten Abbildungen in den Text integriert werden, kam man nicht umhin, die Aufsichtsvorlagen zu verfilmen. Textfilme und Filmlithos der Abbildungen mussten anschließend zu einer kompletten Seite montiert werden. Die danach im Kopierrahmen belichteten Druckplatten erfuhren dann noch eine chemische Behandlung (Entwicklung), bevor sie in die Druckmaschine kamen. Filmbelichtung, Montage, Plattenkopie und -entwicklung waren zeitaufwendig und teuer. Die Kosten für den dazu nötigen Maschinenpark waren je nach Automatisierungsgrad und der zu belichtenden Plattengröße ebenfalls nicht unerheblich.

In den Jahren ab 1985 zeichnen sich im Satz- und Reprobereich epochale Veränderungen ab, die sich in erster Linie auf die Druckereien auswirken, daneben aber auch, nachdem sie sich etabliert hatten, auf die Verlage. Das Desktop Publishing, die Verbindung von Satz (Typografie), elektronischer Bildverarbeitung sowie Computer-Grafik auf einer gemeinsamen Ebene, revolutionierte in sehr kurzer Zeit die über 500 Jahre alten Gutenberg'schen Prinzipien der Druckformherstellung. Bezeichnenderweise wagten sich Verlage und Druckereien teilweise nur sehr zögerlich an die vor allem durch die Firmen Apple (mit dem grafikorientierten Macintosh-Computer), Aldus (PageMaker war das erste DTP-Programm) und Adobe (Entwicklung der PostScript-Seitenbeschreibungssprache zur Druckausgabe sowie Photoshop, das führende Programm für elektronische Bildbearbeitung) eingeführte neue Technik. Die uns aus dem Jahr 1886 (!) bekannte Firma Linotype entwickelte die ersten PostScript-Schriften und den ersten Filmbelichter, der mit dieser neuen Technik umgehen konnte.
Für innovative Druckereien und Verlage war die Etablierung dieser neuen Verfahren eine Chance, sich weiterhin auf dem sich rasant entwickelnden Markt der digitalen Informationsverbreitung zu behaupten.
Speziell in den elektronischen Datenträgern, vor allem der nicht mehr wegzudenkenden CD-ROM (Compact Disc Read-Only Memory) sahen viele Drucker und auch Verlage eine Gefahr für ihre Druckprodukte. In der Zwischenzeit legte sich die Aufregung: Verlage publizieren dafür geeignete Werke auf CD-ROM oder heute auch DVD und erfahren dabei datentechnische Unterstützung von ihrem Drucker, der die dazu nötige Infrastruktur in seiner Vorstufenabteilung vorhält.
Doch zurück zum eigentlichen Kerngeschäft der Druckerei, dem Aufbringen von Farbe auf das Papier. Die immer leistungsfähigeren Rechner ermöglichten es bald, Texte und Bilder in hoher Auflösungsqualität auf Film zu belichten. Wurde damit schon eine erhebliche Rationalisierung der Arbeitsabläufe erzielt, so musste doch nach wie vor der Ganzbogenfilm auf die Druckplatte kopiert werden.
Daher war der nächste Schritt naheliegend: die direkte ‚Bebilderung' der Druckplatte im Plattenbelichter. Seit 1993 kommt dieses Verfahren zum Einsatz. Computer to Plate, wie es sich nennt, spart zum einen Montage- und Filmkosten. Zum anderen bietet die direkte Belichtung der Druckplatte ein schärferes und feineres Ergebnis und ermöglicht damit eine höhere Wiedergabequalität.
Gerade im wissenschaftlichen Bereich sind textbegleitende Abbildungen oft unabdingbar. Mussten Verlage früher oft aus Kostengründen die Anzahl der Bilder stark begrenzen, so haben sich auch diese Beträge deutlich reduziert, da die Preise sowohl für Hardware (Scanner) wie auch Software (z.B. Photoshop) deutlich gesunken sind. Einhergehend damit haben sich der Aufwand und da-

mit die Kosten für Farbabbildungen in Büchern verringert. Diese Vorteile nützen viele Verlage zur Herausgabe von höherwertigen Büchern.
Der rasante Siegeszug der elektronischen Verarbeitung von Daten wäre nicht denkbar ohne ein standardisiertes Datenformat, das den problemlosen Austausch von Daten unter allen am Druck beteiligten Parteien erlaubt. Es spielt somit keine Rolle, mit welchen Plattformen und Programmen im Vorfeld gearbeitet wurde. Nach vielen Verbesserungen erfolgte die Erhebung des 1993 von Adobe entwickelten Portable Document Formats, kurz PDF genannt, zum internationalen Standard (ISO 32000) Mitte 2008.
Wir haben uns nun etwas von der eigentlichen Buchproduktion im wissenschaftlichen Bereich entfernt und die allgemeinen Entwicklungen im Offsetdruck betrachtet. Gehen wir doch noch einmal zurück in die 1980er Jahre. Zunehmend erfassen Autoren ihre Manuskripte zu Hause auf dem Personal Computer und gestalten und umbrechen, leider mangels typografischer Kenntnisse meistens mehr schlecht als recht, ihre Texte selbst. Sie liefern die Seiten sozusagen druckreif beim Verlag ab, der damit die Möglichkeit hat, mehr Titel zu produzieren. Die wachsende Titelmenge geht aber auch zu Lasten der Auflagenhöhe. Hier sind nun wiederum die Druckereien gefordert, entsprechende Lösungen anzubieten.
Die Variante, mit Laserdrucker ausgedruckte Seiten, also Aufsichtsvorlagen, direkt auf die Druckplatte zu kopieren, wurde oben schon erwähnt und war für den Offsetdruck eine preiswerte Lösung. Trotzdem gibt es relativ hohe fixe Kosten, nämlich die Druckplattenherstellung. Weshalb also nicht gleich ein Buch im Laserdruckverfahren drucken?
Dazu kann ich aus Erfahrung sagen, dass die Verlage dieser Technik anfangs sehr skeptisch gegenüberstanden. Es war kein ‚echter' Druck und die Wiedergabequalität aufgrund der niedrigen Auflösung nicht mit der gewohnten Randschärfe, das Papier kam meist wellig aus dem Drucker, die Registerhaltigkeit ließ zu wünschen übrig und die Weiterverarbeitung war meist auch von schlechter Qualität. Firmen wie Xerox und Océ, deren Laserdrucktechnik sich in Büroumgebungen bereits bewährt hatte, ließen jedoch nicht locker und arbeiteten beständig an der Verbesserung der Qualität. Neue, für den Laserdruck geeignete Papiersorten wurden entwickelt, Geräte mit höherer Auflösung konstruiert und feinere Toner hergestellt, und es wurden Zusatzaggregate für die Verarbeitung integriert. Es dauerte aber dann doch ungefähr bis ins Jahr 2000, bis diese Verbesserungen und der Vorteil, Kleinstauflagen kostengünstig einkaufen zu können und damit das Auflagenrisiko zu minimieren, die Verlage überzeugten. Ein neues Schlagwort war geboren: Books on Demand-Produktion. Denn ein weiterer Vorteil war, dass auch Nachauflagen schnell und kostengünstig produziert werden konnten. Innovative Druckereien sahen darin ihre Chance, ihren

Verlagskunden eine wirtschaftliche Alternative zum Offsetdruck anzubieten. Dabei darf nicht verschwiegen werden, dass der Digitaldruck auch heute noch verschiedenen Einschränkungen unterliegt. Hier ist es die Aufgabe der Drucker, die Verlage entsprechend des ‚Machbaren' zu beraten.

Die analoge Druckvorstufe mit Filmbelichtung, Montage und Plattenkopie wurde in den meisten modernen Druckereien vollständig von der digitalen Druckvorstufe verdrängt. Selbst wenn manchmal als Ausgangsbasis nur Aufsichtsvorlagen vorhanden sind – zum Beispiel Laserausdrucke oder schon gedruckte Bücher, für die es weder Filme noch Daten gibt –, stellt das kein Problem dar. Schnelle Hochleistungsscanner digitalisieren diese Vorlagen mit relativ geringem Aufwand.

Gemeinsamer Nenner sowohl für den Offsetdruck wie auch das BoD-Verfahren sind also Daten. Und diese Daten können die Drucker den Verlagen auf einfachem Wege auch in unterschiedlichen Formaten (PDF, HTML usw.) für vielfältige weitere Verwendungszwecke, wie beispielsweise Internetauftritte, Datenbanken oder digitale Datenträger, zur Verfügung stellen.

Die Kommunikation zwischen Verlag und Druckerei wird ebenfalls von dem allgemeinen technischen Wandel beeinflusst. Kann sich heute noch jemand an die gelben, laut vor sich hin ratternden Telexlochstreifen erinnern, mit denen Anfragen und Angebote vor ein paar Jahrzehnten ausgetauscht wurden? Wird das Schicksal der Telefaxe einmal den gleichen Weg gehen und von den E-Mails vollständig verdrängt werden? Kaum vorstell-, aber doch denkbar!

Auch das Auftragswesen wandelt sich zunehmend. Große Verlage und Druckereien wickeln Druckaufträge bereits heute elektronisch direkt über Internet-Portale ab. Und die Preise für standardisierte Druckprodukte lassen sich auf einigen Internetseiten von Druckereien durch Eingabe von wenigen Eckdaten schnell ermitteln.

Wagen wir noch einen kurzen Ausblick auf die Zukunft:

Wie wird es weitergehen? Internet, digitale Medien, E-Book – ich bin mir sicher, dass wir noch einige Überraschungen erleben werden. Aber es gibt auch viele offene Fragen: Haltbarkeit der Speichermedien, Kompatibilität der Dateiformate mit neuen, heute vielleicht noch gar nicht vorstellbaren Systemen und so weiter. Das alles braucht uns mit einem Buch in der Hand nicht zu interessieren. Und ob man dann später einmal von ‚Meilensteinen' sprechen wird, können wohl erst unsere Nachfahren beurteilen. Ich bin daher sehr zuversichtlich, dass das gedruckte Wort trotz Rundfunk, Fernsehen und Internet Bestand hat. Dabei ist zur Bewältigung der großen Flut an Informationen ein partnerschaftliches Zusammenspiel von Verlag und Druckerei nach wie vor unabdingbar.

Der VdS, die Verlage und die Erziehungswissenschaften – eine Notiz über ein entstandenes Netzwerk
Andreas Baer

Bevor ich mit meiner eigentlichen Notiz beginne, muss ich zunächst wenige Vorstellungshinweise geben, damit die geneigten Leser verstehen können, wovon ich schreibe. Zunächst zum „VdS": Dieser ist ein Verband, nennt sich vollständig VdS Bildungsmedien e.V. und repräsentiert bundesweit die Schulbuch- und Bildungsmedienhersteller. Die Verlage: das sind seine Mitglieder, stolze 85 derzeit, die primär für die Elementarbildung, für die Schule, die Ausbildung und die Erwachsenenbildung produzieren. Zu diesen Mitgliedern zählt auch eine nennenswerte Zahl von Wissenschaftsverlagen, genauer: von Verlagen, die für die Erziehungswissenschaften publizieren; der Verlag Julius Klinkhardt ist ein renommierter Verlag in dieser Gruppe. Und seit über sieben Jahren wird diese Gruppe im Vorstand des VdS von Andreas Klinkhardt vertreten. Zwischen diesen Wissenschaftsverlagen und den Erziehungswissenschaften gibt es eine lange und auch erfolgreiche gemeinsame Geschichte, was naturgemäß durch die einschlägige Publizistik begründet ist. Die Gesamtbranche der Schulbuch- und Bildungsmedienverlage hatte indes zu den Erziehungswissenschaften über Jahre eher temporäre, punktuelle Kontakte – und vice versa. Heute sieht die Lage anders aus: Die Branche und die Wissenschaft sind sich deutlich näher gekommen, und sie haben Körbe gemeinsamer Interessen festgestellt. Wie das?

Seit PISA ist vieles anders

Man kann den Beginn dieser neuen Beziehungen zwischen Bildungsverlagswesen und Erziehungswissenschaft auf jene Zeit datieren, in der die erste PISA-Studie für öffentliche Furore sorgte, indem sie dem deutschen Schulwesen die rotschimmernde Gelbe Karte zeigte. Bis dato hatte die Branche der Schulbuch- und Bildungsverleger wie auch die Erziehungswissenschaften im Kern ein dezidiertes Eigenleben geführt – wofür es viele Gründe gab. Von regelmäßigen, vielleicht sogar institutionalisierten Kontakten oder gar von einem gemeinsamen Netzwerk war man seinerzeit weit entfernt. In den Erziehungswissenschaften und sogar in den Fachdidaktiken war das Medium „Schulbuch" in seinen mittlerweile komplett ausdifferenzierten Erscheinungsweisen als mitunter zentrales Mittel im „Wissenstransferprozess" in tiefe Vergessenheit geraten. Joachim Kahlert hat diesen Zustand und dessen Entwicklung sehr prägnant in mehreren Veröffentlichungen dokumentiert und die Wege, die zur wissenschaftlichen Abseitsstellung des Mediums Schulbuch führten, erklärt.

Die Bildungs- und Schulbuchverlage hatten es in jener Zeit schwer, sich aktiv in einem grundlegenden Bildungsdiskurs zu engagieren: Ihr Alltag ließ dies weiland kaum zu. Der war u.a. von voluminösen Lehrplanausstößen der Kultusadministrationen belegt, die es umzusetzen galt; digitale Medienkonzepte und Produkte sollten rasch entwickelt wie realisiert werden; die „Frühe Bildung" verlangte eine Neupositionierung – um nur einige wenige Beispiele zu nennen. Als dann PISA 2000 die bundesrepublikanische Gesellschaft erschütterte, stimulierte Andreas Klinkhardt eine Diskussion in unserem Verband mit dem Ziel, eine intensive wie nachhaltige Kooperation zwischen Wissenschaft und Gesamtbranche zu begründen. Die Analyse der aktuellen Situation war schnell erledigt, sie ergab, dass Bildungsverlage und Erziehungswissenschaften ein Füllhorn gemeinsamer Themen haben, zum Teil auch gemeinsame Aufgaben. Bildungsstandards, Kerncurricula, heterogene Lerngruppen, Professionalisierung der Lehrkräfte, binnendifferenzierter Unterricht, schulische Fördersysteme, Portfolio-Methode – dies sind nur einige Stichworte aus einer schier unendlichen Liste letztendlich gemeinsamer Themen. Dann wurde von Andreas Klinkhardt die „Plattform-Strategie" entwickelt, die allerdings rein zufällig jener in der Autoindustrie nicht unähnlich ist: Der Verband organisiert ein Format, entwickelt mit Erziehungswissenschaftlern ein inhaltliches Konzept und sichert die innere Gestaltungsfreiheit. So entstand die Reihe der Symposien anlässlich der Bildungsmesse didacta, die mit neun Impulsreferaten zum Thema „Leistungsbeurteilung nach PISA" unter der Federführung von Werner Sacher begann. Seither wurden insgesamt – zwischen 2003 und 2008 – neun dieser Symposien angeboten, und zwar gemeinsam mit den Universitäten Hamburg, Dresden, Nürnberg-Erlangen, Dortmund, Koblenz-Landau, Tübingen und Oldenburg sowie mit dem VS Sonderpädagogik und der Laborschule Bielefeld. Thematisch wurde auf diesen Veranstaltungen von insgesamt rund 60 namhaften Erziehungswissenschaftlern ein breites Spektrum Pisa-zentraler Fragestellungen behandelt: „Heterogene Lerngruppen", „Chancen und Risiken der Integrationspädagogik", „Persönlichkeit stärken – Leistung fördern in Kindertagesstätte und Grundschule" oder „Lernen aus Evaluationsergebnissen – Verbesserungen planen und implementieren" – und noch vieles mehr.

Der VdS, die Verlage und die Erziehungswissenschaften

Das bis heute messbare Gesamtergebnis dieser Symposien ist zunächst in quantitativer Hinsicht – zurückhaltend formuliert – kolossal: Über 12.000 Besucherinnen und Besucher wurden in toto auf den Veranstaltungen registriert, ein Volumen, das selbst die Skeptiker sichtbar erstaunen ließ und natürlich auch die Veranstalter selbst. Und es kamen genau die Zielgruppen, die für diesen Veranstaltungstyp angedacht waren: Lehrkräfte, Erzieherinnen und Erzieher, Erziehungswissenschaftler, Entwicklungspsychologen, Studierende der Erziehungswissenschaften und Fachleute des Bildungswesens aus Behörden, Verbänden und Institutionen. Die „Plattform-Strategie" von Andreas Klinkhardt war und ist vorzüglich gelungen.

Von Frankfurt nach Reckahn

Damit nicht genug. Den Verlegern war natürlich sofort bewusst, dass der große Themenbereich „Bildung & Erziehung" anfangs dieses Jahrtausends vehement in den Mittelpunkt des öffentlichen Interesses und der öffentlichen Diskussionen gerückt war – und dort auch für absehbare Zukunft bleiben würde. Die schulische Problemlage in Deutschland war in den internationalen Leistungsvergleichen im Fettdruck beschrieben; viele – komplizierte – Themen waren darin angesprochen und auf komplexe Art miteinander verknüpft. Die sofort eintretenden Debatten z.B. um die Lösung der konstatierten schulischen Defizite wurden typischerweise in den individuellen Diskussionsräumen geführt – also in der Landespolitik, in den spezifischen Verbänden wie Organisationen, in den Medien. Vor diesem Hintergrund entstanden die „Reckahner Bildungsgespräche". Andreas Klinkhardt, Uwe Sandfuchs und Hanno Schmitt schrieben im Sommer 2004 das „philosophische" Drehbuch für die Bildungsgespräche, das davon ausging, das eine zielsichere Schulreform in Deutschland und damit die Bewältigung der vielfachen Herausforderungen für die schulische Bildung *„kaum zwischen Einzelinteressen, Tagespolitik und Finanzproblemen angemessen gelöst werden kann. Der von Sachargumenten getragene Austausch gerade zwischen Erziehungswissenschaft und Bildungspolitik kommt häufig zu kurz."* Ihr Vorschlag: es muss ein unabhängiges Forum geschaffen werden, auf dem aktuelle Kernfragen von Erziehung und Bildung diskutiert sowie Vorschläge zur produktiven Lösung entwickelt werden können – und zwar im oben beschriebenen Sinne. Das Forum sollte im Rochow-Museum in Schloss Reckahn angesiedelt werden – ein beziehungsreicher und stimmiger Ort. Bewusst wollte man mit der Ortswahl an den preußischen Schulreformer, Schriftsteller und Schulbuchautor Friedrich Eberhard von Rochow (1734-1805) erinnern. Denn durch Rochow und die von ihm dort initiierten Bildungsgespräche wurde Reckahn weiland zu einem Zentrum der Aufklärung und modellbildend für die Entwicklung des Volksschulwesens in Deutschland.

Der Trägerkreis wurde zügig etabliert. Ihm gehören bis heute drei Erziehungswissenschaftler – neben den bereits erwähnten Uwe Sandfuchs, Hanno Schmitt auch Heinz-Elmar Tenorth – wie vier Repräsentanten der Schulbuch- und Bildungsbranche an: Peter Kalb, Andreas Klinkhardt, Gerd-Dietrich Schmidt und der Autor dieser Zeilen. Veranstalter wurden die Universität Potsdam, die Technische Universität Dresden, die Humboldt Universität Berlin sowie der VdS Bildungsmedien e.V. (Frankfurt). Dieser Kreis entscheidet über Themen, Referenten und Diskutanten.

Die Zusammensetzung des Trägerkreises wie auch die Anspielung auf die Vergangenheit bestätigten von vornherein das Grundkonzept des Gesprächsforums: So wie Rochow in Reckahn zeitgenössische Größen aus Wirtschaft, Politik und Wissenschaft zusammenführte, so wurden auch die neuzeitlichen Gespräche konzipiert als offene Dialogveranstaltung zwischen den unterschiedlichsten Erfahrungsbereichen. Den Initiatoren ging es darum, engagierte Einzelpersonen aus Schulpraxis, Wissenschaft, (Bildungs-)Wirtschaft und Politik zusammenzuführen, um auf diese Weise zumindest zu versuchen, institutionenübergreifend produktive Veränderungsmöglichkeiten in den schulischen und pädagogischen Systemen festzustellen und zu erörtern. Es war auch wesentlicher Teil des Konzeptes der Reckahner Gespräche, den Teilnehmerkreis auf eine bestimmte Personenzahl zu beschränken – ansonsten hätte der hochgesteckte Anspruch nicht realisiert werden können. Die Teilnehmer werden bis heute – auch dies eine zentrale Idee von Andreas Klinkhardt – eingeladen.

Die ersten „Reckahner Gespräche" der Neuzeit – also nach Rochow! – fanden im Mai 2006 zu einem der spannendsten Themenkomplexe statt, die die Bildungsdiskussion bis heute kennt: „Bildungsstandards – von der Definition zur besseren Schule?" Als Impulsreferenten hatte u.a. die Creme de la creme der deutschen PISA-Forscher zugesagt, als Co-Referenten hochkarätige und an den Entscheidungshebeln sitzende KMK- und Landespolitiker. Als Diskutanten waren zu dieser zweitägigen Debatte rund 60 prominente Fachexperten aus gleich sieben Kultusministerien, aus den Landesinstituten für Lehrerbildung, aus den Eltern- und Lehrerorganisationen, aus überregionalen Tages- und Wochenzeitungen wie Agenturen, aus wirtschaftsnahen Stiftungen, aus den Erziehungswissenschaften und natürlich aus den Schulbuch- und Bildungsverlagen gekommen.

Ein Gesprächskreis in einer solchen Zusammensetzung war – nach nicht wissenschaftlich geklärter Lage der Dinge – noch nie zusammen gekommen, um über Pädagogik, Schule, Bildung und Bildungsfinanzierung zu diskutieren. Bis dato dominierte eine eher traditionelle Debattenkultur, die nahezu ausschließlich in „ingroups", also in den Fachgesellschaften und -organisationen unter weitgehendem Ausschluss „Dritter" gepflegt wurde. In Reckahn kamen quasi aus dem Stand – fast – alle am schulischen Bildungsprozess Beteiligten oder ihn Begleitenden zusammen, was schon zunächst als fast sensationell zu bewerten ist. Damit war Teil eins dieses neuen Konzeptes aufgegangen. Die Frage war nun, ob denn die Gespräche selbst den hochgesteckten Ansprüchen würden folgen können oder ob es weiterhin die bekannte „Frontenbildung" und Diskursrituale – der erneute Vortrag vorformulierter Bekanntheitsmuster – geben würde. Nichts dergleichen geschah: die so heterogen zusammengesetzte Konferenz diskutierte offen, inhaltlich auf dem erwartet hohen Niveau, mit Wortwitz und gleichsam mit gegenseitigem Respekt. Andreas Klinkhardts Idee aus dem Sommer des Jahres 2004 hatte sich komplett materialisiert.

Schlussendlich

Die Symposien No. 10 und 11 werden 2009 in Hannover stattfinden, die „Reckahner Gespräche" jähren sich im Jahr 2009 zum vierten Mal. Beide Veranstaltungstypen sind fest etabliert – bei den Verlegern wie bei den Erziehungswissenschaftlern, Politikern, Journalisten und den vielen anderen Teilnehmern.
Was nun haben aber die Bildungs- und Schulbuchverlage von diesem Angebot und diesen Resultaten? Warum betreiben sie diesen Aufwand? Sie haben sich zunächst einmal als genauso kompetenter wie seriöser Gesprächspartner für komplexe, gleichwohl aktuelle und wesentliche pädagogische Themen präsentiert – bei Themen, die in unterschiedlicher Intensität für ihre strategischen Planungen und ebenso für ihre Alltagsarbeit bedeutend sind. Sie haben ihre Erkenntnisse und Positionen auf diesen Plattformen und in diesen Foren nicht nur darstellen können, sie haben sie auch sozusagen inhaltlich verankern können in der Reformdiskussion – was angesichts der Tatsache, dass die Bildungsverlage eine elementare Funktion in der Reformumsetzung wahrnehmen, notwendig ist. Sie haben zudem für sie wichtige neue Zielgruppen mobilisiert, die zum Teil mit den bekannten Kommunikationsmethoden nur schwer erreichbar sind. Und sie begannen, sich ein Netzwerk aufzubauen, das institutionenübergreifend und sozusagen multilateral angelegt ist und eine für die Bildungs- und Schulbuchverlage ganz wichtige Mission erfüllen kann: die Bedeutung des Schulbuchs im Unterricht, im Aus- und Weiterbildungsprozess der Lehrkräfte wie natürlich auch im wissenschaftlichen Diskurs substanziell zu fördern.

Vom Buchstaben zum Buch – vom Typoskript zu XML
Thomas Tilsner

In Deutschland bieten mehr als 600 Fach- und Wissenschaftsverlage Autoren die Möglichkeit, qualitätsbewusst zu veröffentlichen. Sie garantieren als Familienbetrieb oder innerhalb einer Konzernstruktur professionell betreute, effiziente Herstellungs- und Produktionsabläufe und Absatzwege – bei gedruckten Werken und auch im Bereich der digitalen Publikationsformen. Sie haben sich oft auf einen klar definierten Fach- oder einen Wissenschaftsbereich spezialisiert. Bei Klinkhardt ist das die Erziehungswissenschaft.
Die Zielgruppen eines Wissenschaftsverlags sind Wissenschaftler und Forscher (an Universitäten, Forschungs- und Bildungseinrichtungen), Lehrpersonal an Universitäten und Fachhochschulen sowie pädagogischen Hochschulen, Studenten und Bibliotheken. Klinkhardt publiziert überwiegend für diese potentiellen Käufer und Leser akademische Lehrbücher, Studien- und Grundlagenliteratur sowie Handbücher, wissenschaftliche Editionen, Forschungsberichte und Dissertationen sowie Jahrbücher und Zeitschriften.

Ein Verlagsprofil entsteht über die Jahre zwar wesentlich über die Inhalte und die Autoren, aber eben doch nicht allein. Einen wichtigen Anteil hat auch das Erscheinungsbild der Publikationen, das bestimmt wird durch Papier, Einband sowie äußere und innere Gestaltung, die Druck- und Bindequalität.
Im Wissenschaftsverlag hat dabei der Autor im Herstellungsprozess vom Manuskript zum fertigen Buch meist einen höheren Stellenwert als der Romanautor im Publikumsverlag. Seine Arbeit ist in der Regel mit der Vorlage des Manuskripts nicht getan.
Diese beiden Aspekte der Buchherstellung sollen hier kurz skizziert werden, bevor in Grundzügen auf die neuen Herausforderungen für Autor und Verlag eingegangen werden soll, die sich hinter Schlagworten wie „XML" und „cross media publishing" verbergen.

Qualitätsbewusste Herstellung als Aspekt des Verlagsprofils

Für das Profil eines Wissenschaftsverlags, der viele seiner Titel auch in kleinen Auflagen von 150 bis 500 Exemplaren veröffentlicht, hat das Erscheinungsbild seiner Publikationen und Buchreihen dabei eine nicht zu unterschätzende Funktion, um Autoren zu gewinnen und zu binden. Eine gewisse Einheitlichkeit einer Buchreihe und die gestalterische Anpassung an die jeweilige Publikationsform und ihren Zweck sind dabei unabdinglich.
So setzt Klinkhardt zum Beispiel etwa seit dem Jahr 2000 für alle seine Veröffentlichungen ein hochwertiges gelblich-weißes Werkdruckpapier mit 1,5fachem Volumen und geglätteter Oberfläche ein, das chlor- und säurefrei sowie alterungsbeständig nach ANSI 3948 und ISO 9706 und entweder FSC- oder PEFC-zertifiziert ist. Die lesefreundliche „sanfte" Färbung und die weiche Oberfläche in Kombination mit einem ruhigen Schriftbild tragen zu einem Buch bei, das man gerne in der Hand hält und mit dem man gerne arbeitet.

Die Ausstattung, also die formale Gestaltung eines Buches, bestimmt die Außenwirkung. Sie umfasst das Format, Einband (Material und Typografie) und Bindung sowie die Innenausstattung, also den Satzspiegel, Schriftart und -größe, das Papier sowie Abbildungen.
Format und Satzspiegel entscheiden im Zusammenspiel mit der Typographie über die Lesbarkeit – also darüber, mit welcher Leichtigkeit oder Anstrengung ein Leser die gebotenen Informationen aufnehmen kann.
Papierqualität, Bindeart und Umschlag entscheiden über Haltbarkeit und Nutzwert für den wissenschaftlichen Arbeiter oder beim Lernen am Schreibtisch. Bei Klinkhardt fällt die Wahl bei Paperbacks regelmäßig auf die Dispersionsklebebindung als die haltbarste Form der Klebebindung, um Langlebigkeit zu erreichen. Hardcover werden fadengeheftet.
Gestalterische Elemente wie Fotos, Abbildungen, Tabellen können Akzente setzen, den Wiedererkennungswert erhöhen und den Lese- und Lernfluss steigern.

Verdeutlichen wir dies am Beispiel der Typographie, hier verstanden als Gestaltungsprozess, in dem mit Hilfe von Schriftart, Schriftgröße, Schriftabstand, Linien, Bildern, Abbildungen und Tabellen aber auch freien Flächen Druckwerke in Abhängigkeit von ihrem Zweck für die jeweilige Zielgruppe gestaltet werden.
Denn gute Typographie erleichtert den Lese- und Informationsfluss vom Autor zum Leser – wenn dem jeweiligen Charakter und Zweck des Werks Rechnung getragen wird. Ein Studienbuch, das auf eine Modul-Prüfung vorbereiten und

den Hauptzweck „Lernen" tragen soll, muss anders gestaltet sein als eine wissenschaftliche Monographie zu einem Thema für Spezialisten und dieses wiederum anders als ein Handbuch.

So kann man unterscheiden zwischen verschiedenen Arten des Lesens, die abhängig sind von der Informationserwartung des Lesers und der angebotenen Text- und Publikationsform:
- Das lineare Lesen, bei dem der Text Wortgruppe für Wortgruppe, Satz für Satz, Zeile für Zeile, Seite für Seite meist mit Muße gelesen wird (Romane, Biographien, Essays, thematische Aufsatzsammlungen).
- Das informierende Lesen, bei dem Texte „quer gelesen" werden, um den Nutzwert für die eigene Leseerwartung und das aktuelle Informationsbedürfnis zu erfassen. In der Regel sind die Texte stärker gegliedert und Teilinformationen in Abbildungen und/oder Tabellen zusammengefasst (Doktorarbeiten, wissenschaftliche Aufsatzsammlungen, Tagungsbände).
- Das differenzierende Lesen, bei dem Texte durch den geübten Leser selektiert werden. Die Textmenge kann daher groß und die Schrift klein sein (Literaturverzeichnisse, Anhänge, Quellen).
- Das konsultierende Lesen, bei dem bestimmte Begriffe genau nachgelesen werden. Der suchende Leser ist gezielt auf der Suche nach knapper, präziser Information. Beispiele sind Stichwörter in Nachschlagewerken wie Hand- oder Wörterbüchern, aber auch Fußnoten und Register. Entscheidend für diese Art Informationsaufnahme ist die Gliederung und typographische Klarheit, die „ins Auge springen" muss, da sich die Nutzung jeweils auf nur ein Textelement konzentriert.
- Das selektierende Lesen, bei dem es um das Erfassen von sich unterscheidenden Textteilen wie Einführung, Definition, Merksatz, Zitat, Aufzählung, Aufgabe geht, insgesamt also schwerpunktmäßig um das Wiederholen von Lernstoff und das Lernen bestimmter Inhalte (Lehr- und Studienbücher).

Der Autor als „Mitarbeiter" im Herstellungsprozess

Für den Autor – und vergessen wir den/die Herausgeber nicht – bedeutet das heute, dass er bereits beim Schreiben nicht nur Vorgaben aus dem Lektorat umsetzen, sondern auch herstellerische Aspekte der Buchherstellung im Blick behalten muss. Auf diese Arbeit lässt er sich bereits mit seiner Unterschrift unter den Vertrag ein, will er mit seinem Werk das Verlagsprogramm bereichern und das Verlagsprofil mitprägen. Der Autor wird sich dabei im Regelfall auf bereits existierende Standards und „Workflows" des wissenschaftlichen Verlags seiner Wahl stützen können. Er wird zunehmend in die Druckvorstufe eingebunden.

Bezog sich der Begriff Typoskript – analog zum „Manuskript" – bis Ende des letzten Jahrhunderts noch auf mit der Schreibmaschine innerhalb eines vorgegebenen Rahmens erstellte und zu Buchseiten gestaltete Texte, so versteht man heute darunter einen mit einem gängigen Textverarbeitungsprogramm verfassten Autorenbeitrag, der den gestalterischen Verlagsvorgaben für eine bestimmte Publikationsform oder Buchreihe Rechnung trägt.

Da sich die Buchherstellung besonders für wissenschaftliche Verlage stark gewandelt hat, kommt der Aufbereitung des eigenen Textes durch den Autor in den letzten Jahren immer größere Bedeutung zu. Der Digitaldruck ermöglicht immer kleinere Druckauflagen. Da diese sich aber kaufmännisch nicht anders kalkulieren lassen, müssen die Autoren auch die parallel entstandenen Möglichkeiten des „digitalen Satzes" wahrnehmen. Der Autor insbesondere von Dissertationen und wissenschaftlichen Spezialthemen, die in einer kleinen Auflage erscheinen, wie auch Herausgeber von Tagungsbänden liefern im Regelfall Vorlagen, die unmittelbar als Druckvorlage („Aufsichtvorlage") bestimmt sind.

Dazu erhalten sie vom Verlag entsprechende Vorgaben, die sehr detailliert und konkret sind. Für den wissenschaftlichen Autor ist damit der Umgang mit Word auch unter gestalterischen Aspekten zur notwendigen (und nicht selten lästigen) Pflicht geworden.

Der Verlag gibt dann – nicht selten nach dennoch mehreren Korrekturgängen – diese Vorlagen als Aufsichtvorlagen in die Druckerei und sollte sich im Normalfall die Kosten des Satzes erspart haben, die eine Publikation des jeweiligen Titels ansonsten verhindert hätten.

Die Herstellungsabteilung hat heute an dieser Stelle der Druckvorlagenerstellung wichtige beratende, erläuternde und motivierende Funktion gegenüber dem Autor und setzt teilweise erheblich früher in die Autorenkommunikation ein.

Aber auch bei Titeln, die aufgrund ihrer Auflage, Bedeutung und Reichweite, noch weitreichendere Anforderungen an Gliederung, innere Gestaltung und Typographie erforderlich machen und die deshalb im Haus oder von einem externen Dienstleister gesetzt werden, muss der Autor sein Typoskript heute in einer Weise dem Verlag abliefern, die diesen Gestaltungsmaßstäben bereits Rechnung trägt.

Die Abläufe werden vernetzt, was sich gerade beim Einsatz von Bildern bemerkbar macht. Der Autor bekommt schon beim Abschluss seines Vertrages Datenformate vorgegeben und Dateien werden ständig zwischen Autor und Verlag ausgetauscht. Teilweise werden die Dateien dabei schon im „Lektoratsprozess" formatiert, so dass der letzte Fahnenlauf und die Druckfreigabe „imprimatur" (lat. „es werde gedruckt") reine Formsache sind.

Vom Buchstaben zum Buch – vom Typoskript zu XML

Herausforderungen an Autor und Hersteller im digitalen Zeitalter

Nun darf man zwar vereinfacht festhalten, dass sich im digitalen Zeitalter insgesamt die Herstellung eines Buches für den geübten Autor und den Verlag vereinfacht und auch beschleunigt hat. Das gilt zunächst aber nur für traditionelle Publikationsformen, also gedruckte Bücher und Zeitschriften.

Parallel erschaffen die Möglichkeiten des digitalen Datentransfers und der weltweiten Vernetzung von Wissenschaft, Forschung und inzwischen auch Lehre, aber zugleich ganz neue Nutzungsbedürfnisse und Informationsanforderungen. Hier hat in diesem Jahrtausend eine starke Individualisierung eingesetzt, die durch die technische Entwicklung getragen wird.
Es gibt immer mehr (bezahlbare) multifunktionale (Klein-)Hardware, die es ermöglicht, zu jeder Zeit an praktisch jedem Ort online an große Datenmengen und Informationen zu gelangen. Der Nutzer, sein Informationsverhalten und Aktualitätsbedürfnis rücken immer stärker in den Mittelpunkt.

Vor diesem Hintergrund entstehen auch für wissenschaftliche Verlage neue Herausforderungen, die sich in der Frage konzentrieren: Welche Voraussetzungen müssen geschaffen sein, damit ein Wissenschaftsverlag gemeinsam mit dem Autor und Herausgeber aktuelle und vorhandene Inhalte in neue Publikationsformen und Informationskanäle transportieren kann, ohne dass für jede dieser Ausprägungen jeweils neue Produktionsabläufe (und damit Aufwand und Kosten) entstehen.

Digitale Publikationsformen, die auch für den Wissenschaftsverlag Bedeutung haben, sind beispielsweise:
- eBooks,
- PDF-Downloads,
- CD-ROM-/DVD-Angebote,
- Internetseiten / Online-Zeitschriften,
- Intranet-Angebote.

Die Herausforderung an Autor und Hersteller der nächsten Jahre verbirgt sich hinter den Schlagworten
- Crossmediales Publizieren und
- Single Source Publishing.

Diese drehen sich eigentlich nur um eine Frage: Wie gelingt es, möglichst ohne steigende Herstellungsausgaben geeignete Inhalte für unterschiedliche Produktionskanäle auch mehrfach gleichzeitig oder zeitversetzt zu publizieren und die Folgen von kleiner werdenden Auflagen des Produkts Buchs auszugleichen, um für den Autor Verbreitung (und Honorar …) und für den Verlag Gewinn zu realisieren.

Wichtigste Voraussetzung ist, dass alle am Herstellungsprozess beteiligten Parteien kompatibel arbeiten, was die angewendete Technik angeht. Die herstellungstechnischen Aspekte müssen von Anfang an im Auge behalten und berücksichtigt werden, was wie oben gezeigt, eine grundlegend neue Entwicklung gegenüber der früheren Buchproduktion darstellt.
Für einen reibungslosen Ablauf der Produktion im Verlag sind also klar definierte und vor allem aufeinander abgestimmte Datenformate unverzichtbar.

Die digitalen Produkte sind nicht immer getrennt von den gedruckten Produkten zu betrachten, denn es besteht ein enger inhaltlicher Zusammenhang, beide basieren auf denselben Inhalten. Digitale Produkte, wie etwa DVD oder CD-ROM, sind mit erheblichen Problemen für kleine Verlage verbunden, da sie hohe organisatorische und finanzielle Anforderungen stellen.
Unterschieden werden können digitale Produkte, die weitgehend deckungsgleich mit den Printprodukten sind und solche, die ein Ergänzungsangebot darstellen. Es gibt ferner eigenständige digitale Produkte, die im Internet Inhalt darstellen, die Inhalte sind dabei meist kostenlos, aber zeitlich nur begrenzt zugänglich.

Der größte Vorteil digitaler Produkte liegt in den Recherchemöglichkeiten. Jederzeit kann über große Datenbestände verfügt werden und geeignete Dokumente für die Suche rasch identifiziert werden. Diese Recherchierbarkeit wird von den Nutzern erwartet, ist aber auf der redaktionellen Seite mit viel Aufwand und Kosten verbunden, denn die Dokumente müssen entsprechend aufbereitet werden.

Durch den Einsatz von XML wurde eine der problemanfälligsten Übergabepunkte bei der Produktion eines Titels weitgehend „entschärft": Die Schnittstelle zwischen Verlag und Satzbetrieb. Durch sein zugrunde liegendes Konzept zwingt XML dazu, die Dokumente zugleich sehr sorgfältig in Form, Inhalt und Struktur zu bearbeiten. Die in den XML-Auszeichnungsmarkierungen, den „Tags", hinterlegte strukturelle Information dient dabei der Automatisierung eines der wichtigsten Grundsätze der Typografie: „Behandle Gleiches stets gleich". So markiert ein „Tag" das Stichwort, ein anderes den dazugehörigen Text, ein weiteres den Autor und ein letztes die Literaturhinweise für einen Eintrag in einem Lexikon oder Wörterbuch. Mit einem „Tag" können aber auch Informationen hinterlegt werden, die nicht für den Nutzer bestimmt sind, sondern der organisatorischen Arbeitserleichterung des Verlags dienen (Bearbeitungsstand/Imprimatur, Textlänge für Honorarabrechnung, Erstellung von Versandlisten für Belegexemplare etc.)

Damit wird der Autor und Herausgeber im wissenschaftlichen Verlag noch stärker in die Herstellung und den „Work-flow" eingebunden. Bei „Cross media publishing"-Produkten wie dem in Vorbereitung befindlichen Klinkhardt-Lexikon der Erziehungswissenschaft ist er als Teil des Herstellungsprozesses unverzichtbar, um eine medienneutrale Datenhaltung als die werthaltigste Form der Abspeicherung und Archivierung von Verlagsinhalten zu erreichen. Denn:

- eine echte Mehrfachverwertung von Daten wird erst durch die konsequente Pflege eines zentralen, anwendungsneutral strukturierten Informationsbestandes als Datenbank oder in XML möglich.
- Nur dann können automatisierte Herstellungsschritte im Satz, bei der CD-ROM-Umsetzung und der Internetanbindung durch Skripting-Lösungen erfolgen.
- Nur durch die optimale Aufschlüsselung der Informationen/Daten für beliebig komplexe Suchanfragen können diese so für die Nutzung aufbereitet werden, dass frei definierbare Anfragen und sekundenschnelle Antworten im WWW ermöglicht werden.

Der klassische Herstellungsprozess verändert sich weiter und stärker. Schriftsetzer – gerade erst zum Mediengestalter avanciert – und Hersteller sind zunehmend auch Programmierer, Konvertierer, Datenpfleger und Content Manager. Das Ziel ist die Schaffung eines medienneutralen Workflows in der Druckvorstufe.

Literatur

Blana, H.: Die Herstellung – Ein Handbuch für die Gestaltung, Technik und Kalkulation von Buch, Zeitschrift und Zeitung, München, London, New York, Oxford, Paris 1986.
Lucius, W.D.v.: Verlagswirtschaft, Konstanz 2005.
Ott, T.: Pagina - Das Kompendium, www.pagina-online.de/index.php?id=30.
Röhring, H.-H.: Wie ein Buch entsteht – Einführung in den modernen Buchverlag, Darmstadt 2003.

V.
Anhang

V.
Anhang

Vorbemerkung

Eine eingehende Dokumentation der Verlagsentwicklung sollte an dieser Stelle stehen.
Bedingt durch den Verlust des Verlagsarchivs kann die Entwicklung der Firma nicht vollständig nachgewiesen werden. Insbesondere für die Zeit zwischen 1902 und 1945 mangelt es an Quellen und Belegen. Trotz der Unterstützung durch die Deutsche Nationalbibliothek in Frankfurt und Leipzig waren nicht alle Lücken zu schließen. Besonders bedauerlich ist dies bei den herstellerischen Betrieben von Julius Klinkhardt, die in den knapp siebzig Jahren ihrer Existenz führende Branchenbetriebe mit weltweiten Kontakten waren.
Wichtige Quellen waren neben dem Verlagsarchiv verschiedene Gesamtdarstellungen der Firmengeschichte – insbesondere die Festschriften von 1884 und 1984 – der Eintrag zu Julius Klinkhardt in Rudolf Schmidt, Deutsche Buchhändler, Deutsche Buchdrucker. Beiträge zu einer Firmengeschichte des deutschen Buchhandels. Band 3. Berlin/Eberswalde 1905.
Diese Chronologie beschränkt sich daher auf die wichtigsten Eckdaten – soweit diese bekannt sind.

Anders sieht es bei der Dokumentation des Verlagsprogrammes aus. Hier wäre eine weitgehend vollständige Dokumentation mit der Hilfe von Bibliothekskatalogen durchaus denkbar. Diese Bibliographie verzichtet bewusst darauf und versucht, mit Hilfe der Darstellung typischer oder besonders markanter Titel ein Bild von der inhaltlichen und strategischen Entwicklung des Verlages in den jeweiligen Epochen der Firmengeschichte entstehen zu lassen.
Die Titelauswahl erfolgte auf der Basis des Verlagsarchives, des im Internet verfügbaren Kataloges der Bibliothek für Bildungsgeschichtliche Forschung in Berlin und auf der Basis von Antiquariatskatalogen.

Von der Firmengründung bis zum Kaiserreich 1834-1871
Friedrich Julius Klinkhardt

1834	Julius Klinkhardt gründet den Verlag durch Übernahme von J. Sührings Verlagsexpedition in Leipzig	
1841	Eröffnung einer Sortiments- und Kommissionsbuchhandlung	
1848	Beginn der Zusammenarbeit mit Vertretern der sächsischen Lehrerschaft und damit des Schulbuchgeschäfts	
1850	Verkauf der Sortimentsbuchhandlung	
1861	Kauf der Buchdruckerei von Umlauf & Lüders, Leipzig	
1869	Angliederung einer Buchbinderei	

Friedrich Julius Klinkhardt

Flügel's Handbuch der englischen Handelskorrespondenz. ^{5}1850
Einer der sieben Titel aus J. Sühring's Verlagsexpedition. 1850 erschien die fünfte Auflage.

Aus dem Börsenblatt 43 / 24.10.1834
In meinem Verlag ist soeben erschienen:
Was haben die Stadträthe Sachsens für die Verbesserung ihrer Gelehrtenschulen getan? Historische Andeutungen zu Beantwortung dieser Frage zunächst in Bezug auf des Herrn Directors Lindemann neueste Schrift von ......
r. gr. 8. geh. 3gr.
Da ich dieses Schriftchen nur an sächsische Buchhandlungen pro novit. versandt habe, so ersuche ich die übrigen Herren Collegen, die sich davon Absatz versprechen, gefälligst à cond. zu verlangen.
Leipzig, den 16.Octbr. 1834.   Julius Klinkhardt

Florey, Robert: Schriftgemäße Predigtentwürfe über Texte eines vollständigen Kirchenjahres, 1837
Die verschiedenen Predigttextsteller von Robert Florey erschienen bis zur Jahrhundertwende, zuletzt herausgegeben von seinem Sohn William Florey.

Kell, Julius: Die Noth der Armen. Eine Volksschrift, 1845
Kell veröffentlichte insgesamt zehn Titel im Verlag. Es sind politische Schriften und Bücher für den Religionsunterricht.

Berthelt, August/Jäkel, Julius/Petermann, Klaus/ Thomas, Louis: Lebensbilder I und II. Lese- und Schreibfibel für Elementarschulen, 1848
1874 haben die 54. bzw. 49. Auflage Gesamtauflagen von 720.000 bzw. 680.000 Exemplaren erreicht. Die Titel wurden in neuen Bearbeitungen (Oskar Ostermai) bis in die 1920er Jahre angeboten. Ab 1850 erschienen Band III und IV für Oberklassen und höhere Bildungsanstalten.

Allgemeine Deutsche Lehrerzeitung, herausgegeben von August Berthelt unter Mitwirkung mehrerer Schulmänner, 1852
Das Organ des Deutschen Lehrervereins erschien bis 1915, die Auflage der ersten Ausgabe betrug 750 Exemplare.

Berthelt, August: Anweisung zum deutschen Sprachunterricht, 1852
Berthelt begründete nach 1848 den Sächsischen Lehrerverein und war Vorstandsmitglied im Deutschen Lehrerverein. Bei Klinkhardt veröffentlichte er Schulbücher und Lehrerhandbücher zu verschiedenen Fächern.

Dittes, Friedrich: Das menschliche Bewußtsein, wie es psychologisch zu erklären und pädagogisch auszubilden sei. 1853
Friedrich Dittes prägte das pädagogische Programm des Jahres in den kommenden Jahrzehnten nachhaltig durch die Herausgabe des Pädagogiums, das zugleich Monatsschrift und Buchreihe ist.

Reinert, Emil: Anweisung zum Schlittschuhfahren, 1860
Einer von 12 Titeln des 1860 übernommenen Verlages L.Mertens (Ratgeberliteratur) aus Leipzig.

Beeger, Julius: Motiviertes Gutachten über das Emeritierungsgesetz vom 26. Mai 1868, 1868
In diesem Gesetz wurden die Ruhestandsmöglichkeiten für evangelische Pfarrer im Königreich Sachsen geregelt.

Falke, Jacob: Die deutsche Trachten- und Modenwelt. 2 Bände, 1869
Einer von 22 Titeln des 1869 übernommenen volkswirtschaftlich ausgerichteten Verlages von Gustav Mayer in Leipzig.

Die Produktion im Kaiserreich

Verlag: Friedrich Julius Klinkhardt (bis 1881)
Robert Julius Klinkhardt (bis 1908),
Wilhelm Julius Klinkhardt (ab 1899)
Druckerei: Bruno Klinkhardt (bis 1897),
Viktor Klinkhardt (ab 1901)

1870	Aufnahme der Söhne Robert Julius und Bruno als Teilhaber in die Firma
1871	Ankauf der Lithographischen Kunstanstalt J.G. Bach in Leipzig
1871	Ankauf der Gustav Schelterschen Schriftgießerei, Leipzig
1877	Gründung einer Filiale in Wien, Beginn der Zusammenarbeit mit Markus Stein
1881	Tod von Friedrich Julius Klinkhardt Gründung einer Filiale in Berlin
1883	Übernahme der Manz'schen k.k. Hof-Verlags- und Universitäts-Buchhandlung in Wien gemeinsam mit Markus Stein
1884	611 Beschäftigte am 31.12.1884
1896	Unter der Leitung von Bruno Klinkhardt als Vorstand des deutschen Buchdruckervereins wird der Buchdruckertarif mit den Vertretern der Gehilfenschaft verhandelt
1897	Tod von Bruno Klinkhardt
1899	Wilhelm Julius Klinkhardt wird Teilhaber
1901	Übernahme des Verlags von G.A. Glöckner Dr. Viktor Klinkhardt wird Teilhaber
1903	650 Beschäftigte
1908	Tod von Robert Julius Klinkhardt Trennung von der Manz'schen Verlagsbuchhandlung mit einer Abfindungssumme von 1.682.000 Mark

> Zitiert aus Rudolf Schmidt: Deutsche Buchhändler. Deutsche Buchdrucker. Band 3. Berlin/Eberswalde 1905, S. 548-552.
> http://www.zeno.org/Schmidt-1902/A/Klinkhardt,+Julius:
> Heute umfaßt das Leipziger, Liebigstr. 6 gelegene Geschäft folgende Zweige: Verlag, Buchdruckerei, Lithographische Anstalt, Xylographie, Zinkographie, Galvanoplastische Anstalt, Stereotypie, Schriftgießerei und Buchbinderei. Während 1870 etwa 45 Angestellte beschäftigt wurden, war das Personal 1875 auf 226, 1880 auf 371, im Jubiläumsjahr 1884 auf 611 gestiegen und beträgt heute 650 Personen. Die technischen Betriebszweige arbeiten mit folgenden Hilfsmaschinen. a) Buchdruckerei: 70 Schnelldruck-, Handpressen usw., Buchbinderei: 68 Schneid-, Falz-, Heftmaschinen usw., Prägepressen; b) Gießerei: 84 Complett-, Handgießmaschinen, Fräsmaschinen, Messinghobel-, Präge-, Gravier- usw. Maschinen; c) Steindruckerei: 15 Schnelldruck-, Handpressen usw.; d) Zinkographie: 3 Maschinen; zusammen 240 Maschinen.

Dittes, Friedrich: Grundriß der Erziehungs- und Unterrichtslehre. Leipzig/ Wien, Julius Klinkhardt, 1877, 6., verbesserte Auflage
Neben das Schulbuchgeschäft treten erfolgreiche Titel zur Lehrerbildung.

Hildebrand, Rudolf: Vom deutschen Sprachunterricht in der Schule und von deutscher Erziehung und Bildung überhaupt. 2. Auflage, 1879
Die zwanzigste Auflage des Titels erschien 1936, eine letzte Ausgabe wurde 1950 publiziert.

Ebhardt, Franz (Hrsg.): Der gute Ton in allen Lebenslagen. Ein Handbuch für den Verkehr in der Familie, in der Gesellschaft und im öffentlichen Leben. Unter Mitwirkung erfahrener Freunde und autorisirter Benutzung der Werke Madame d'Alqins. 5. neu durchgesehene und ergänzte Auflage 1881
Dieser Klassiker des guten Benehmens erlebt 1928 seine 22. Auflage.

Holyoake, George Jacob: Geschichte der redlichen Pioniere von Rochdale. Ins Deutsche übersetzt, mit einem Anhang und statistischen Mittheilungen versehen von H. Häntschke. Mit einem Vorwort von E. Schenck, 1888
Programmatische Schrift der britischen Genossenschaftsbewegung, deutsche Lizenzausgabe.

Kopp, Josef: Zur Judenfrage nach den Akten des Prozesses Rohling – Bloch, 1886
Josef Kopp verteidigte den Rabbiner Bloch erfolgreich in einem aufsehenerregenden Antisemitismusprozess. Dokumentation: http://www.diss-duisburg. de/Internetbibliothek/

Die Deutsche Schule. Monatsschrift. Hrsg. im Auftrage des deutschen Lehrervereins von Robert Rissmann, 1897-1957
Rissmann schrieb neben seiner Herausgebertätigkeit eine Anzahl erfolgreicher Pädagogiklehrbücher.

Langebach, Otto: König Albert Festgabe des Sächsischen Pestalozzi-Vereins zum 70. Geburtstage und 25 jährigen Regierungs-Jubiläum,1898
Festgruß, König Alberts Jugend, im ersten dänischen Krieg, bei Düppel, im deutsch-französischen Krieg, St.Privat, bei Beaumont, bei Sedan, bei Mac Mahon, um Paris. König Albert als Friedensfürst,Königin Carola. Schlußgesang.

Thüringen in Wort und Bild. Herausgegeben von den Thüringer Pestalozzivereinen, 1900
Die Serie zu verschiedenen deutschen Provinzen wurde in den 1990er Jahren von der Buchhandelsgruppe Weltbild im Reprint neu vertrieben.

Lehrerverband der Altmark: Altmärkischer Sagenschatz, 1908
Ein Beispiel für die breite Publikationstätigkeit der Lehrervereine, die häufig als Herausgeber von Schulbüchern auftraten.

Messmer, Oskar: Lehrbuch der Psychologie für werdende und fertige Lehrer, 1909
Der Verlag entwickelt einen Programmschwerpunkt in der pädagogischen Psychologie.

Reishauer, Hermann: Der Militärdienst der Volksschullehrer. Gesetzliche Bestimmungen und Erlasse nebst Vorschlägen zur finanziellen Vorbereitung für den einjährigen Dienst, 4. veränderte Auflage 1901
Ein weiteres Beispiel für das Engagement des Verlages in allen Belangen des Lehrerberufes.

Kühnel, Johannes: Moderner Anschauungsunterricht. Eine Reformschrift, 1913
Johannes Kühnel prägte den Programmbereich Lehrerbildung in den kommenden Jahren.

Pfister, Oskar: Die psychoanalytische Methode. Eine erfahrungswissenschaftlich-systematische Darstellung. Mit einem Geleitwort von Prof. Dr. Sigmund Freud, 1913
Pfister gilt als Pionier der modernen Psychologie.

Grunder, Friedrich: Land-Erziehungsheime und Freie Schulgemeinden. Aus vieljähriger Praxis in Deutschland, England, Frankreich und der Schweiz. ‚Pädagogium', 1916
Ansätze der Reformpädagogik werden auch während des Krieges reflektiert.

Trescher, A. / Otto, C.: Rechnen für Metallarbeiter. Heft 2. C Die Kalkulation für Maschinenbauer Mechaniker und Elektriker, 1916
Ein frühes Beispiel für den sich zügig entwickelnden Verlagsschwerpunkt Berufsschulpädagogik.
Mittenzwey, L.: Mathematische Kurzweil, 7. Auflage 1918
333 Aufgaben, Kunststücke, geistanregende Spiele, verfängliche Schlüsse, Scherze, Überraschungen u. dergl. aus der Zahlen- und Formenlehre.

Die Weimarer Republik
Verlag: Wilhelm Julius Klinkhardt
Druckerei: Dr. Viktor Klinkhardt (bis 1929)

1929	Stilllegung der Druckerei. Das Ende der wirtschaftlich maroden Druckerei verursacht erhebliche Schwierigkeiten für den profitablen Buchverlag bis in die vierziger Jahre hinein. Aufnahme der Gesellschaft für Buchverlag AG als stiller Teilhaber Verkauf des bedeutenden betriebswirtschaftlichen Verlages G.A. Gloeckner in diesem Zusammenhang
1932	Aufnahme von Dr. Walther Julius Klinkhardt als Teilhaber

Wilhelm Julius Klinkhardt

Schmieder, Isidor: Einführung in System und Geschichte der Philosophie. Mit Leseproben aus den Werken großer Philosophen. Für höhere Schulen bearbeitet von J. Schmieder, 1919
Ein Schulbuch für die Sekundarstufe.
Hänsch, Rudolf / Mückenberger, Paul / Löffler, August / Schimpf, Heinrich: Die Praxis des heimatkundlichen Unterrichts. Stoffe zur Heimatkunde auf allen Stufen unter besonderer Berücksichtigung des 3. u. 4. Schuljahres, 1921
Ein Beispiel für die frühe Pflege des Sachunterrichts im Verlag.
Müller, Lotte: Vom Deutschunterricht in der Arbeitsschule, 1921
Der schülerorientierte Ansatz von Lotte Müller wird bis heute rezipiert.
Stößner, Artur: Lehrbuch der Pädagogischen Psychologie. Auf Grundlage der physiologisch-experimentellen Psychologie bearbeitet, Sammlung von Lehrbüchern für den Pädagogik-Unterricht, Band 1, 8. Auflage, 1921

Die dritte Auflage des Lehrbuchs erschien 1911, die 9. Auflage 1930.
Leipziger Lehrerverein (Hrsg.): Die Arbeitschule – Beiträge aus Theorie und Praxis – , 4. Auflage 1922
Reformpädagogische Ansätze werden im Verlagsprogramm rezipiert, allerdings nicht als Programmschwerpunkt.
ABC-Fibel: Der Bunte Baum. Die Dresdner Fibel, 1926
Die Fibel wurde vom Dresdner Lehrerverein herausgegeben und von Klinkhardt vertrieben.
Anleitung für den Haushaltungsunterricht. Hrsg. von Leipziger Haushaltungslehrerinnen, 1926
Die Berufsschulliteratur erscheint in Form kurzer Hefte (hier: 32 S.).
Tögel, Hermann: Germanenglaube, 1926
Die sechsbändige Reihe „Der Werdegang der christlichen Religion" wurde 1921 begründet und 1933 abgeschlossen.
Schmieder, Alfred: Allgemeine Unterrichtslehre. Sammlung von Lehrbüchern für den Pädagogik-Unterricht Band II, 3.Auflage 1926
Neben der Reihe „Pädagogium" erschienen in der „Sammlung von Lehrbüchern für den Pädagogik-Unterricht" Bücher für die Lehrerbildung.
Hoffmann, E.T.A.: Meisterwerke der Literatur Band 28: Meister Martin, der Küster, und seine Gesellen, 1928
Aus einer umfangreichen Reihe von Klassikern für den Schulgebrauch.
Loesche, Georg: Geschichte des Protestantismus im vormaligen und im neuen Österreich, 1930
Immer noch finden sich Titel aus der evangelischen Theologie.
Staedke, Hildegard: Die Entwicklung des enzyklopädischen Bildungsgedankens und die Pansophie des J.A. Comenius. Geleitwort von Prof. Dr. Aloys Fischer. Dissertation München, 1930
Zunehmend werden neben reiner Ausbildungsliteratur wissenschaftliche Titel herausgegeben.

Das Verlagsprogramm im Dritten Reich
Wilhelm Julius Klinkhardt
(bis 1934)
Walther Julius Klinkhardt

1935	Wilhelm Julius Klinkhardt stirbt
1936	Walther Julius Klinkhardt ist Gauobmann des Bundes reichsdeutscher Buchhändler im Gau Sachsen II
1936	Auszahlung der Gesellschaft für Buchverlag AG, vermutlich im Rahmen der Arisierung
	Aufnahme von Ernst Reclam als stiller Gesellschafter
1939	Beginn des Wehrdienstes von Walther Klinkhardt
1942	Auszahlung von Ernst Reclam
1943	Verlust des Verlagsgebäudes durch Bombenschaden am 4.12.1943. Durch in Druckereien und Außenlagern verbliebene Lagerbestände kann der Betrieb fortgeführt werden.
1944	Ende des Wehrdienstes von Walther Julius Klinkhardt

Walther Julius Klinkhardt

Eine Reihe von Beispielen zum Berufsschulbuch im Verlag:

Altmann-Gädke, Gertrud: Leichtes Kochen nach Grundrezepten. Kochbüchlein für Berufs-, Haushaltungs-und Frauenschulen, 1936
Klimpel, Alfred: Berufskunde für Fleischer. Grundbegriffe und Grundgesetze zur Gewinnung, Verarbeitung und Verwertung des Fleisches. 1. Teil, 1937
Püschel, Marianne / Großmann, Elisabeth: Erprobtes Haushalten - Handbuch der hausfraulichen Arbeit, 1936
Villwock-Bielefeld, Charlotte: Nahrungsmittellehre mit Ernährungsrichtlinien – Arbeitsgrundlagen und Arbeitshilfen, 4., verbesserte Auflage 1942
Engelmann, Martin: Garten- und Blumenpflege – Gegebenheiten, Ratschläge, Forderungen, 2. Auflage 1945
Das Buch erschien im März 1945.
Die Deutsche Schule. Zeitschrift der Reichsfachschaft 4 (Volksschule) des Nationalsozialistischen Lehrerbundes. 41. Jahrgang, Heft 11
Geleitet von Kurt Higelke, 1937

Beiträge (u.a.): Kampf dem Verderb! / Frauengestalten germanisch-deutscher Vergangenheit im Mädchenunterricht der Volksschule / Der Vierjahresplan des Führers im Unterricht der Volksschule / Turnen in der Grundschule / Neues aus der Schulgesetzgebung.

Faulwasser, Arthur (Hrsg.): Aus deines Volkes Seele – Auswahl deutscher Dichter und Gedichte für junge Deutsche, 1937

Die Sammlung, u.a. mit Gedichten des völkischen Schriftstellers Will Vesper, erlebte mehrere Auflagen.

Fritschen, Walther von: Von deutscher Baukunst. Baustilkunde in geschichtlichem Aufriß. Mit Vorwort von Adolf Hitler, 1939

Higelke, Kurt: Neubau der Volksschularbeit. Plan, Stoff und Gestaltung nach den Richtlinien des Reichserziehungsministeriums vom 15. Dezember 1939, 1942

Befindet sich auf der Liste der aus Bibliotheken auszusondernden Literatur der sowjetischen Militärverwaltung von 1946.

Dobers, Ernst: Rassenkunde. Forderung und Dienst, 1942

Tumlirz, Otto: Abriß der Jugend- und Charakterkunde, 1940

Der Titel wurde bis in die 1960er Jahre nachgedruckt. Otto Tumlirz hatte großen Anteil am Wiederaufbau des Verlages nach 1945.

Neuanfang in Oberbayern (1948–1963)
Walther Julius Klinkhardt

1946	Übersiedlung nach Bad Heilbrunn in Oberbayern
1948	Lizenz zur Gründung einer Versandbuchhandlung
1950	Lizenz zur Fortführung von Julius Klinkhardt in Bad Heilbrunn. Das Leipziger Stammhaus wird abgewickelt. Eintritt der Vereinigten Gesellschaften für Auskunftei und Wirtschaftsdienst AG als stille Gesellschafterin
1958	Ausscheiden der stillen Gesellschafterin

Klinkhardts Pädagogische Abrisse:
Mit dieser erfolgreichen Reihe gelang es, den Verlag in den fünfziger Jahren in der Lehrerbildung neu zu etablieren. Einige Beispiele:

Huber, Franz: Allgemeine Unterrichtslehre im Abriss, 1950
Der „Huber" war von 1950 bis 1991 in immer neuen Auflagen lieferbar.
Ruß, Willibald: Geschichte der Pädagogik im Abriss, 1952
Das Buch erlebte bis 1973 neun Auflagen.
Netzer, Hans: Erziehungslehre im Abriss, 1953
Der Band konnte in 118.717 Exemplaren abgesetzt werden.

Neuhoff, Walther: Die Milchlinge (Lactarii). Die Pilze Mitteleuropas, Bd. IIb, 1956
Aus dem Verlag Dr. Werner Klinkhardt wurden die Publikationen der Deutschen Gesellschaft für Pilzkunde übernommen.
Meinertz, Friedrich. Heilpädagogik, 1962
Ein zuletzt 1999 bearbeiteter Standardtitel des Verlags.
Klinkhardts Pädagogische Quellentexte, hg. v. Theo Dietrich und Albert Reble
Die Reihe prägte das Gesicht des Verlages in den 1960er und 1970er Jahren. Einige Beispiele:
Pestalozzi, Johann Heinrich: Kleine Schriften zur Volkserziehung und Menschenbildung, 1962
Rochow, Friedrich Eberhard von: Schriften zur Volksschule, 1962
Das Buch ist das älteste gegenwärtig noch lieferbare Klinkhardt-Buch.
Teuscher, Hans (Hrg.): „Singet froh". Sing- und Spielbuch für die Volksschulen. II. Teil. 5. bis letztes Schuljahr, 1952
Eine Kooperation mit Schroedel in Hannover. Bis Ende der siebziger Jahre wurden Schulbücher für das Allgemeine Schulwesen produziert.

Beispiele aus Verlagskooperationen
> *Walther Klinkhardt finanzierte den Neustart 1949 unter anderem durch eine ganze Anzahl von Kooperationen mit anderen Verlagen, in die er die Rechte einbrachte:*

Altmann-Gädke, Gertrud / Hansen, Karl: Säugling und Kleinkind. Handwerk und Technik / Julius Klinkhardt, 1955

Kern, Artur: Rechtschreiben in organisch-ganzheitlicher Schau. Georg Westermann / Julius Klinkhardt, 1955

Schmiedel, Hans / Süss, Johannes: Physik für technische Berufe. Handwerk und Technik / Julius Klinkhardt, 1955

Voigt, Paul/Linek, August: Das Fachrechnen der Maschinenschlosser und Mechaniker, Werkzeugmacher & Technischer Zeichner. Beispiele & Aufgaben. Franz Ehrenwirth / Julius Klinkhardt, 11. Auflage 1952

Göpfert, Hertha / Wendt, Heinz: Das Rechnen der Schneider und Buchführungsübungen. Handwerk und Technik / Julius Klinkhardt, 13. verbesserte Auflage 1951

Vom Schulbuch zur Erziehungswissenschaft 1964–1994
Walther Julius Klinkhardt (bis 1968)
Michael Walther Klinkhardt (bis 1994) und
Peter Julius Klinkhardt (bis 1992)

Michael Walther Klinkhardt    Peter Julius Klinkhardt

1964	Michael Walther und Peter Julius Klinkhardt werden als Teilhaber in den Verlag aufgenommen
1968	Walther Julius Klinkhardt stirbt
1973	Umsatzsteigerung im Bereich Pädagogik zu 1969 117%

Firmenchronologie und Auswahlbibliographie | 251

1979	Einschneidende, sich in den nächsten Jahren fortsetzende Umsatzrückgänge
1981	Ende der Kooperation mit Schroedel und damit des Bereichs Schulbuch
1992	Peter Julius Klinkhardt zieht sich aus der aktiven Verlagsarbeit zurück
1994	Verdoppelung des Umsatzes zu dem Umsatz des Jahres 1989

Maier, Karl Ernst: Jugendschrifttum. Formen, Inhalte, pädagogische Bedeutung, 1965
Jugendschrifttum (später „Jugendliteratur") konnte über 160.000 mal abgesetzt werden.
Gerth, K. u.a. (Hg.): Lesebuch 65. Landesausgabe Bayern. Hermann Schroedel Verlag/Julius Klinkhardt, 1967
Das Lesebuch 65 war der Prototyp eines neuen, zeitgemäßen Lesebuchs. Der jetzige Verleger erlebte es in seinem Deutschunterricht.
Geißler, Erich E.: Erziehungsmittel, 1967
Der wichtige Titel war bis in die neunziger Jahre lieferbar.
Mücke, Rudolf: Der Grundschulunterricht. Wesenszüge, Analysen und Beispiele, 1967
Ein maßgeblicher Titel für die Ausbildung der Grundschullehrerinnen und -lehrer.
Kaiser, Franz-Josef: Arbeitslehre. Materialien zu einer didaktischen Theorie der vorberuflichen Erziehung, 1969
Der Titel basiert auf einer Dissertation und wurde in über 10.000 Exemplaren abgesetzt.
Klink, Job-Günter: Klasse H 7 e, 1974
Klink kehrte für ein Jahr von der Universität in die Schulpraxis zurück und dokumentierte diese Erfahrungen.
Rabenstein, Rainer (Hg.): Erstunterricht. Reihe „Didaktische Grundrisse", 1974
Rainer Rabenstein begleitet den Verlag als Herausgeber und Autor über fünf Jahrzehnte und drei Verlegergenerationen.
Tenorth, Heinz-Elmar: Hochschulzugang und gymnasiale Oberstufe in der Bildungspolitik von 1945 - 1973. (Würzburger Arbeiten zur Erziehungswissenschaft), 1975
Albert Reble gab diese Reihe in den siebziger Jahren heraus.
Ramseger, Jörg: Gegenschulen. Radikale Reformschulen in der Praxis, 1975
Spätestens jetzt waren die 68er auch in Oberbayern angekommen.

Meiers, Kurt (Hg.): Erstlesen. Studientexte zur Grundschuldidaktik, 1977
Die zunächst von Rainer Rabenstein, heute von Günther Schorch herausgegebene Reihe umfasst mittlerweile knapp 40 Bände.

Gudjons, Herbert: Praxis der Interaktions-Erziehung, 1978
Mit diesem Band (später: Spielbuch Interaktionserziehung) begann die Zusammenarbeit mit Herbert Gudjons.

Dietrich, Theo: Zeit- und Grundfragen der Pädagogik, 2., ergänzte Auflage 1984
Theo Dietrich beriet den Verlag als Gutachter bis in die späten 1990er-Jahre.

Tulodziecki, Gerhard / Breuer, Klaus / Hauf, Annemarie: Konzepte für das berufliche Lehren und Lernen. Zur Vermittlung naturwissenschaftlicher Grundlagen, technischer Verfahren und neuer Technologien im beruflichen Unterricht. Julius Klinkhardt/Handwerk und Technik, 1984
Bis heute pflegen die Verlage Handwerk und Technik und Julius Klinkhardt ihre Zusammenarbeit.

Prange, Klaus: Erziehung zur Anthroposophie – Darstellung und Kritik der Waldorfpädagogik, 1985
Der heute in dritter Auflage lieferbare Band löste heftige Diskussionen aus.

Liedtke, Max (Hrsg.): Handbuch der Geschichte des Bayerischen Bildungswesen. 4 Bände, 1991
Band I erschien 1991, abgeschlossen wurde das Werk mit Band IV im Jahr 1998.

Glaser, Hermann: Behagen und Unbehagen in der Kulturpolitik. Ein Essay. Theorie und Praxis in der Erwachsenenbildung, 1992
Der Band erschien im Rahmen der sehr umfangreichen Zusammenarbeit mit der Pädagogischen Arbeitsstelle (PAS) des Deutschen Volkshochschulverbandes (später DIE).

Krawitz, Rudi: Pädagogik statt Therapie. Vom Sinn individualpädagogischen Sehens, Denkens und Handelns, 1992
In den neunziger Jahren wurde das Gebiet Sonderpädagogik zügig ausgebaut.

Keck, Rudolf W. / Sandfuchs, Uwe (Hg.): Wörterbuch Schulpädagogik. Ein Nachschlagewerk für Studium und Schulpraxis, 1994
Das Buch war ein Muster für eine Reihe weiterer Wörterbücher zu Teildisziplinen der Erziehungswissenschaft.

Gudjons, Herbert: Pädagogisches Grundwissen. Überblick – Kompendium – Studienbuch, 1993
Kein Band prägt das Gesicht des Verlages seit der ersten Auflage 1993 bis zur zehnten Auflage und ca. 120.000 verkauften Exemplaren heute so nachhaltig wie dieser.

Der Verlag in der Gegenwart (1995 bis heute)
Andreas Klinkhardt

1995	Andreas Klinkhardt tritt als Komplementär der KG in die Firma ein, Peter Julius Klinkhardt und Michael Walther Klinkhardt werden neben Stefan Reclam-Klinkhardt und Renate Siegert Kommanditisten
2000	Gründung des Verlagssegments Klinkhardt forschung
2002	Erste Verleihung des Julius-Klinkhardt-Preises zur Förderung des wissenschaftlichen Nachwuchses in der historischen Bildungsforschung gemeinsam mit der Sektion Historische Bildungsforschung der DGfE an Dr. Gabriele Kremer. Wahl des Verlegers in den Vorstand des vds, Verband für Bildungsmedien e.V, Frankfurt/M.
2006	Aufnahme des Verlages in den Gesellschafterkreis der utb, Stuttgart
2008	Gründung des Instituts für Positive Peerkultur gemeinsam mit Günther Opp, Halle

Theunissen, Georg: Pädagogik bei geistiger Behinderung und Verhaltensauffälligkeiten, 1995
  Das in vierter Auflage lieferbare Buch ist ein Beispiel für die Lehrbücher, die das „Rückgrat" des Verlagsprogramms der Gegenwart bilden.
Dauber, Heinrich: Grundlagen humanistischer Pädagogik. Integrative Ansätze zwischen Therapie und Politik. Schriftenreihe zur Humanistischen Pädagogik und Psychologie, 1997
  Die fruchtbare Zusammenarbeit mit Heinrich Dauber steht für eine Öffnung des Programms.
Albin Dannhäuser: Erlebte Schulgeschichte 1939 bis 1955, 1997
  In der Kooperation mit dem Bayerischen Lehrerinnen- und Lehrerverband (BLLV) wird eine der ältesten Verlagstraditionen fortgeführt.
Köhnlein, Walter / Marquardt-Mau, Brunhilde / Schreier, Helmut (Hg.): Kinder auf dem Wege zum Verstehen der Welt. 1997
  Seit 1995 publiziert Klinkhardt die Schriftenreihe der Gesellschaft für Didaktik des Sachunterrichts.

Schmitt, Hanno / Link, Jörg-W. / Tosch, Frank (Hg.): Bilder als Quellen der Erziehungsgeschichte, 1997
Mit diesem Band begann die enge Zusammenarbeit mit der Historischen Kommission der DGfE (heute: Sektion Historische Bildungsforschung).

Reinhoffer, Bernd: Heimatkunde und Sachunterricht im Anfangsunterricht. Entwicklungen, Stellenwert, Tendenzen. Klinkhardt forschung, 2000
Mit diesem Titel startet das Segment Klinkhardt forschung.

Einsiedler, Wolfgang / Götz, Margarete / Hacker, Hartmut / Kahlert, Joachim / Keck, Rudolf W. / Sandfuchs, Uwe (Hg.):
Handbuch Grundschulpädagogik und Grundschuldidaktik, 2001
Vor allem Uwe Sandfuchs entwickelte ein neues, sehr erfolgreiches Studienbuchkonzept.

Gudjons, Herbert: Frontalunterricht. Integration in moderne Unterrichtsformen, 2002
Der Band spricht Studierende ebenso wie Lehrer an.

Apel, Hans Jürgen / Sacher, Werner (Hg.): Studienbuch Schulpädagogik, 2002
Bereits 2007 konnte die dritte Auflage des Werkes im Rahmen der Zusammenarbeit mit der utb erscheinen.

Thurn, Susanne / Tillmann, Klaus-Jürgen: Laborschule – Modell für die Schule der Zukunft, 2005
Dieser Band markiert den Start einer fruchtbaren Zusammenarbeit mit der Laborschule Bielefeld.

ZfG: Zeitschrift für Grundschulforschung: Heft 2008/ 1: Zeit und Lernen. Mathematisches Lernen, 2008
Die Zeitschrift entwickelt sich zum zentralen Organ der Grundschulforschung.

Mead, George Herbert: Philosophie der Erziehung. Herausgegeben und eingeleitet von Daniel Tröhler und Gert Biesta, 2008
Ein bisher unbekannter Text von Mead konnte in deutscher Erstausgabe herausgebracht werden.

Autorenverzeichnis

Baer, Andreas, VdS Bildungsmedien, Frankfurt/Main.

Graf, Reinhard, AZ Druck und Datentechnik, Kempten.

Gudjons, Herbert, Prof. (em.), Dr., Universität Hamburg.

Hartmann, Rüdiger, Deutschen Jugendinstitut, München.

Hühn, Volker, UTB, Stuttgart.

Klinkhardt, Andreas, Verlag Julius Klinkhardt, Bad Heilbrunn.

Link, Jörg-W., Dr., Universität Potsdam.

Matthes, Eva, Prof., Dr., Universität Augsburg.

Meyer-Willner, Gerhard, Dr., Universität Braunschweig.

Overhoff, Jürgen, PD., Dr., Universität Potsdam.

Pehnke, Andreas, Dr., Professor, Universität Greifswald.

Sacher, Werner, Prof. i. R., Dr., Universität Erlangen-Nürnberg.

Sandfuchs, Uwe, Prof. i. R., Dr., Technische Universität Dresden.

Tilsner, Thomas, Verlag Julius Klinkhardt, Bad Heilbrunn.

Tosch, Frank, Prof., Dr., Universität Potsdam.